REFORMA CONSTITUCIONAL Y FRAUDE A LA CONSTITUCIÓN (1999-2009)

COLECCIÓN SERIE ESTUDIOS

Títulos publicados

1. *Historia de la Legislación Venezolana*, Tomo I, Tomas E. Carrillo B., Academia de Ciencias Políticas y Sociales, 1ra. Edición, 1984, pp. 447.
2. *Estudios Penales*, Víctor M. Álvarez, Academia de Ciencias Políticas y Sociales, 1ra. Edición, 1982, pp. 190.
3. *Comentarios Jurídicos*, José R. Duque Sánchez, Academia de Ciencias Políticas y Sociales, 1ra. Edición, 1982, pp. 438.
4. *El Estado Crisis y Reforma*, Allan R. Brewer Carías, Academia de Ciencias Políticas y Sociales, 1ra. Edición, 1982, pp. 285.
5. *Tres Ángulos del Derecho*, Tomas Polanco Alcántara, Academia de Ciencias Políticas y Sociales, 1ra. Edición, 1982, pp. 115.
6. *Juicios y Reflexiones*, Oscar García Velutini, Academia de Ciencias Políticas y Sociales, 1ra. Edición, 1982, pp. 137.
7. *Interpretación Progresiva de La Ley, Estudios Jurídicos*, Rene De Sola, Academia de Ciencias Políticas y Sociales, 1ra. Edición, 1982, pp. 258.
8. *Estudios Regionales*, Pascual Venegas Filardo, Academia de Ciencias Políticas y Sociales, 1ra. Edición, 1983, pp. 123.
9. *La Delimitación de Áreas Marinas y Submarinas al Norte de Venezuela*, Isidro Morales Paúl, Academia de Ciencias Políticas y Sociales, 1ra. Edición, 2006, pp. 315.
10. *La Jurisdicción Constitucional*, Orlando Tovar Tamayo, Academia de Ciencias Políticas y Sociales, 1ra. Edición, 1983, pp. 155
11. *Derecho Internacional Público* I, Antonio Linares, Academia de Ciencias Políticas y Sociales, 1ra. Edición, pp. 326.
12. *La influencia del matrimonio sobre la Nacionalidad de la Mujer en la Legislación Venezolana*, Gonzalo Parra Aranguren, Academia de Ciencias Políticas y Sociales, 1ra. Edición, 1983, pp. 532.
13. *Omnia. Estudios Sociales, Históricos Políticos y Jurídicos*, Tulio Chiossone, Academia de Ciencias Políticas y Sociales, 1ra. Edición, 1983, pp. 418.
14. *Las Relaciones Internacionales como disciplina Académica Autónoma*, Carlos Sosa Rodríguez, Academia de Ciencias Políticas y Sociales, 1ra. Edición, 1983, pp. 255.
15. *Derecho Internacional Público II*, Antonio Linares, Academia de Ciencias Políticas y Sociales, 1ra. Edición, 1983, pp. 317.
16. *Derecho Internacional Público,* Antonio Linares, Tomo III, Academia de Ciencias Políticas y Sociales, 1ra. Edición, 1983, pp. 276.
17. *Problemas del Crédito Agropecuario en Venezuela*, Tomas Enrique Carrillo Batalla, Academia de Ciencias Políticas y Sociales, 1ra. Edición, 1983, pp. 385.
18. *El trabajo doméstico. Ensayos y Palabras*, Víctor M. Álvarez, Academia de Ciencias Políticas y Sociales, 1ra. Edición, 1984, pp. 457.
19. *Derecho Internacional Público IV*, Antonio Linares, Academia de Ciencias P Sociales, 1ra. Edición, 1992, pp. 352.
20. *Comentarios a la Ley del Trabajo*, Jesús Araujo, Academia de Ciencias Políticas y Sociales, 1ra. Edición, 1984, pp. 390.
21. *Monografías Selectas de Derecho Internacional Privado*, Gonzalo Parra Aranguren, Academia de Ciencias Políticas y Sociales, 1ra. Edición, 1984, pp. 685.

22. *Evolución Constitucional de nuestra República y otros textos*, Ambrosio Oropeza, Academia de Ciencias Políticas y Sociales, 1ra. Edición, 1985, pp. 180.

23. *Un Futuro Democrático*, Luis Mata Mollejas, Academia de Ciencias Políticas y Sociales, 1ra. Edición, 1985, pp. 180.

24. *La nueva Constitución venezolana: 1961*, Ambrosio Oropeza; Academia de Ciencias Políticas y Sociales, 2da. Edición, Caracas, 1986, pp. 521.

25. *Historia de la Legislación Venezolana*. Tomas Enrique Carrillo Batalla, Tomo II, Academia de Ciencias Políticas y Sociales, 1ra. Edición, 1985, pp. 280.

26. *Estudios Regionales. Historia de la Legislación Venezolana* Tomo III, Tomas E. Carrillo B. Academia de Ciencias Políticas y Sociales, 1ra. Edición, 1985,

27. *Sobre derechos personales y la dignidad humana*, Oscar García Velutini, Academia de Ciencias Políticas y Sociales, 1ra. Edición, 1986, pp. 161.

28. *La propiedad y la utilización privada de las playas*, José Melich Orsini, Academia de Ciencias Políticas y Sociales, 1ra. Edición, 1986.

29. *La Reforma de la Administración de Justicia*, Ezequiel Monsalve Casado, Academia de Ciencias Políticas y Sociales, 1ra. Edición, 1986, pp. 185.

30. *Ensayos de Derecho Procesal Civil Internacional*, Gonzalo Parra Aranguren, Academia de Ciencias Políticas y Sociales, 1ra. Edición, 1986, pp. 428.

31. *Jurisprudencia de la Corte Suprema de Justicia: Sala de Casación Civil años 1-1-78 al 10-8-83 y Votos Salvados del Autor*, José Román Duque Sánchez; Academia de Ciencias Políticas y Sociales, Caracas, 1986, pp. 409.

32. *Derecho Internacional del Espacio Ultraterrestre*, Antonio Linares, Academia de Ciencias Políticas y Sociales, 1ra. Edición, 1987, pp. 640.

33. *Yo, abogado de este domicilio*, Tomas Polanco Alcántara, Academia de Ciencias Políticas y Sociales, 1ra. Edición, 1987, pp. 832.

34. *La protección internacional de los Derechos del Hombre*, Asdrúbal Aguiar, Academia de Ciencias Políticas y Sociales, 1ra. Edición, 1987, pp. 240.

35. *Bolívar y la vigencia del Poder Moral*, J.J. Cordero Ceballos, Academia de Ciencias Políticas y Sociales, 1ra. Edición, 1988, pp. 99.

36. *Política Exterior y Relaciones Internacionales*, Isidro Morales Paúl, Academia de Ciencias Políticas y Sociales, 1ra. Edición, 1989, pp. 333.

37. *Aspectos en la técnica de la formalización del recurso de casación*, José S. Núñez Aristimuño; 3ra. Edición, Caracas, 1990, pp. 227.

38. *Los Derechos Humanos en Venezuela: Casi 200 años de historia*, Allan R. Brewer Carias, Academia de Ciencias Políticas y Sociales, 1ra. Edición, 1990, pp. 470.

39. *Nuevos Estudios Jurídicos,* Leopoldo Borjas, Academia de Ciencias Políticas y Sociales, 1ra. Edición, 1990, pp. 603.

40. *Lineamientos de un nuevo sistema de Propiedad Industrial*, Hildegard Rondón De Sanso, Academia de Ciencias Políticas y Sociales, 1ra. Edición, 1991, pp. 192.

41. *Casación Civil*, José G. Sarmiento Núñez, Academia de Ciencias Políticas y Sociales, Tercera Edición, 1998, pp. 242.

42. *El Golfo de Venezuela*, Rafael Sureda Delgado, Academia de Ciencias Políticas y Sociales, 1ra. Edición, 1994, pp. 485.

43. *Evolución del Derecho Laboral en Venezuela*, Sandra Álvarez de Escalona, Academia de Ciencias Políticas y Sociales, 1ra. Edición, 1993, pp. 360.

44. *Técnica Cambiaria*, Leopoldo A. Borjas H., Academia de Ciencias Políticas y Sociales, Segunda Edición, 1993, pp. 405.

45-46. *La Responsabilidad Civil por Hechos Ilícitos*, José Melich Orsini, Academia de Ciencias Políticas y Sociales, Tercera Edición, 2006, pp. 1112.

47. *El Código Procesal para Iberoamérica*, Varios, Academia de Ciencias Políticas y Sociales, 1ra. Edición, 1994, pp. 210.

48. *La Concertación Social en America Latina*, Oscar Hernández Álvarez, Academia de Ciencias Políticas y Sociales, 1ra. Edición, 1994, pp. 161.

49. *El problema ambiental y los incentivos Fiscales*, Gileni Gómez MUCI, Academia de Ciencias Políticas y Sociales, 1ra. Edición, 1994, pp. 165.

50. *El Régimen Legal de la Crisis Bancarias*, Alfredo Morles Hernández, Academia de Ciencias Políticas y Sociales, 1ra. Edición, 1994, pp. 132.

51. *Venezuela y la evolución del derecho del mar en materia de delimitación marítima*, Angelina Jaffe Carbonell, Academia de Ciencias Políticas y Sociales, 1ra. Edición, 1996, pp. 270.

52. *La jurisprudencia de los Tribunales Internacionales y los Principios del Derecho Internacional Marítimo,* Vol. I, Isidro Morales Paúl, Academia de Ciencias Políticas y Sociales, 1ra. Edición, 1998, pp. 160.

53. *Asamblea Constituyente y Ordenamiento Constitucional*, Allan R. Brewer Carías, Academia de Ciencias Políticas y Sociales, 1ra. Edición, 1999, pp. 335.

54. *Las Naciones Unidas y los derechos humanos en la construcción de la paz: lecciones de la América Central*, Pedro Nikken; (Trabajo de Incorporación a la Academia de Ciencias Políticas y Sociales), Academia de Ciencias Políticas y Sociales, Caracas, 1999, pp. 264

55. *La Jurisprudencia de los Tribunales Internacionales y los Principios del Derecho Internacional Marítimo,* Vol II, Isidro Morales Paúl, Academia de Ciencias Políticas y Sociales, 1ra. Edición, 2000, pp. 220.

56. *La jurisprudencia de los tribunales internacionales y los principios de derecho internacional marítimo,* volumen III, Isidro Morales Paúl; Angelina Jaffé Carbonell, Caracas, 2001, pp. 263.

57. *La motivación de la sentencia y su relación con la argumentación Jurídica*, Ramón Escobar León, Academia de Ciencias Políticas y Sociales, 1ra. Edición, 2001, pp. 160.

58. *La prescripción extintiva y la caducidad,* José Melich-Orsini, Academia de Ciencias Políticas y Sociales, Segunda Edición, 2006, pp. 231.

59. *La Resolución de Contratos por Incumplimiento*, José Melich Orsini, Academia de Ciencias Políticas y Sociales, 1ra. Edición re-impresión de la Segunda, 2003, pp. 700.

60. *Modos de Extinción de las obligaciones*, José Melih-Orsini, Academia de Ciencias Políticas y Sociales, Segunda Edición, Segunda, 2006, pp. 505.

61. *Doctrina General del Contrato*, José Melich-Orsini, Academia de Ciencias Políticas y Sociales, Cuarta Edición, 2006, pp. 959.

62. *Arbitraje Societario*, Carlos Molina Sandoval, Academia de Ciencias Políticas y Sociales, 1ra. Edición, 2006, pp. 183.

63. *Cuestiones de Derecho Societario*, Alfredo Morles Hernández, Academia de Ciencias Políticas y Sociales, 1ra. Edición, 2006, pp. 239.

64. *De la comercialidad de las operaciones inmobiliarias en el derecho venezolano*, Rene De Sola, Academia de Ciencias Políticas y Sociales, 1ra. Edición, 2006, pp. 100.

65. *La Transacción*, José Melich-Orsini, Academia de Ciencias Políticas y Sociales, 1ra. Edición, 2006, pp. 258.

66. *Saneamiento y Evicción*, Enrique Urdaneta Fontiveros, Academia de Ciencias Políticas y Sociales, 1ra. Edición, 2006, pp. 212.

67. *Historia y actualidad del Régimen Jurídico de la propiedad agraria*, Enrique Lagrange, Academia de Ciencias Políticas y Sociales, 1ra. Edición, 2006, pp. 404.

68. *Fusión y Escisión Internacional de Sociedades Mercantiles*, Mercedes Mayo Catalano, Academia de Ciencias Políticas y Sociales, 1ra. Edición, 2007, pp. 242.

69. *La representación voluntaria*, José Melich-Orsini, Academia de Ciencias Políticas y Sociales, 1ra. Edición, 2007, pp. 242.

70. *Derecho Internacional Público*, Angelina Jaffé Carbonell, Academia de Ciencias Políticas y Sociales, 1ra. Edición, pp. 622.

71. *Las Constituciones de Venezuela*, Allan R. Brewer-Carías, Academia de Ciencias Políticas y Sociales, Tomos I y II, 3era. Edición ampliada y actualizada, 2008, pp. 1696.

72. *Los poderes del juez y el control de la actividad judicial*, Román J Duque Corredor, Academia de Ciencias Políticas y Sociales, 1ra Edición, 2008, pp. 184.

73. *Vicios redhibitorios y saneamiento*, Enrique Urdaneta Fontiveros, Academia de Ciencias Políticas y Sociales, 1ra. Edición, 2008, pp. 276.

74. *El derecho venezolano sobre la letra de cambio (Explicaciones de Clase)*, René De Sola, Academia de Ciencias Políticas y Sociales, 5ta. Edición autorizada, 2008, pp. 136.

76. *La Extradicción en Venezuela*, Doctrina, Tratados y Asistencia Internacional en materia Penal, Alberto Arteaga Sánchez, Academia de Ciencias Políticas y Sociales, 1ra. Edición, 2008, pp. 264.

77. *Los contratos enlazados. El subcontrato*, James-Otis Rodner S., Academia de Ciencias Políticas y Sociales, 1ra. Edición, 2008, pp. 248.

78. *El proceso constituyente venezolano de 1999*, Lolymar Hernández Camargo, Academia de Ciencias Políticas y Sociales, 1ra. Edición, 2008, pp. 285.

79. *Breves estudios de Derecho Mercantil*, Alfredo Morles Hernández, Academia de Ciencias Políticas y Sociales, 1ra. Edición, 2008, pp. 371.

80. *Procesos sobre la propiedad y la posesión*, Román J. Duque Corredor, Academia de Ciencias Políticas y Sociales, 2da. Edición revisada, corregida y actualizada, 2009, pp. 528.

81. *El principio de la legalidad*, Gonzalo Pérez Luciani, Academia de Ciencias Políticas y Sociales, 1ra. Edición, 2009, pp. 200.

82. *Reforma constitucional y fraude constitucional (Venezuela 1999-2009)*, Allan R. Brewer-Carías, Academia de Ciencias Políticas y Sociales, 1ra. Edición, 2009, pp. 279.

Email: abrewer@bblegal.com
allanbrewercarias@gmail.com
http:// www.allanbrewercarias.com

Hecho el Depósito de Ley
Depósito Legal: lf 53720093402874
ISBN: 978-980-6396-64-7

Academia de Ciencias Políticas y Sociales
Palacio de las Academias, Avenida da. Universidad, Bolsa a San Francisco
Apartado 1121-A - Caracas, 1015, Venezuela
Teléfono: (0058 212) 482 88 45 / 482 86 34
Fax: 0058-212-483 26 74
Email: acienpoli@cantv.net
http://www.acienpol.com

Diagramación, composición y montaje por: Francis Gil,
en letra Times New Roman 12,5, Interlineado Exacto 14,5 Mancha 18,5 x 11,5

La edición consta de 1000 ejemplares

Allan R. Brewer-Carías

Profesor de la Universidad Central de Venezuela

Individuo de Número de la
Academia de Ciencias Políticas y Sociales

REFORMA CONSTITUCIONAL Y FRAUDE A LA CONSTITUCIÓN (1999-2009)

Prólogo de

Román José Duque Corredor

COLECCIÓN ESTUDIOS

Nº 82

Academia de Ciencias Políticas y Sociales
Caracas 2009

PRÓLOGO

LEGITIMIDAD, DEMOCRACIA Y REFORMA CONSTITUCIONAL

Román J. Duque Corredor

Presidente de la
Academia de Ciencias Políticas y Sociales

Los temas de las modificaciones a la Constitución han sido preocupación constante de la Academia de Ciencias Políticas y Sociales. Aparte de su interés científico este Cuerpo está consciente que la interpretación, el trámite y el contenido de esos cambios son estándares del comportamiento legítimo y democrático de los poderes públicos y sobre todo de la eficacia de la jurisdicción constitucional. Dentro de esa línea de principios, la Academia, presenta, en su Colección Estudios, el Ensayo "Reforma Constitucional y Fraude a la Constitución (1999-2009"), *de la autoría reconocida y acreditada del Dr. Allan Brewer Carías, uno de los juristas más completos con los que cuenta nuestra cultura jurídica; para honra de esta Corporación, a la cual pertenece como destacado Individuo de Número, y para legítimo orgullo de nuestro país por la importancia que tienen sus obras para la ciencia jurídica universal.*

El contenido de este Ensayo, que abarca desde el derecho comparado constitucional sobre la reforma constitucional en América Latina y Venezuela; el proceso constituyente de 1999 fuera del marco de la Constitución de 1961, el régimen de tran-

sición constitucional sin aprobación popular, la renuncia de la jurisdicción constitucional a controlar la propuesta aprobada por la Asamblea Nacional de "reforma constitucional de 2007", para derogar la estructura fundamental de Constitución, la enmienda constitucional de 2009 para permitir la reelección indefinida anteriormente rechazada por el referéndum popular de 2007, y la utilización de la función interpretativa de la Constitución por la jurisdicción constitucional para introducir modificaciones en sus principios y estructura; motivan reflexiones sobre la legitimidad, la democracia y los cambios constitucionales. Sobre todo cuando con ellos se quiere materializar posturas personales o imponer ideologías únicas. Por ello, a propósito del Ensayo del Profesor Brewer Carías, me permitiré, expresar algunas reflexiones sobre estos temas; puesto que poca cosa podría decir sobre los que él trata con tanta pluma diestra y autorizada. En verdad, que ante propuestas de reforma constitucional, que persiguen fines y propósitos hegemónicos, personalistas e ideológicos, que en el fondo son una transformación de la estructura del Estado democrático mediante la utilización de los mecanismos formales de cambios constitucionales, o mediante el ejercicio del poder de revisión de la Constitución a través de la interpretación jurisdiccional de sus disposiciones y por referéndum plebiscitarios; cabe reflexionar, en primer término sobre su legitimidad, cuando se trata de Constituciones que son modelos axiológicos concebidos como normas, propias del neoconstitucionalismo que se orienta por estándares denominados principios[1].

---

1 Neoconstitucionalismo es una corriente iusfilósofica (Dworkin, Alexy, Zagrebelsky, Nino, entre otros), que considera que la Constitución se compone principalmente de principios, que son valores morales positivizados, interpretables mediante el método de la ponderación y no de la subsunción que contrapone esos valores a la literalidad y que para su aplicación se guía por su dimensión y no por su jerarquía; y que por ser principios supremos de la Constitución y la manifestación de los derechos inviolable de las personas, representan el contenido sustancial limitativo de la función legislativa y de las reformas constitucionales y que obliga a los

Aunque los prólogos no son sino la presentación o introitos que preceden a las obras; y que por ello no pueden ser otro estudio sobre los mismos temas tratados en ellas creo, que vale la pena partir de la afirmación que lo que Pedro de Vega llama "ethos colectivo"[2]*, si es un límite para la reforma constitucional, en este tipo de Constituciones, inclusive para el poder constituyente derivado atribuido al pueblo organizado como cuerpo electoral. En efecto, los valores y principios consensuados en la Constitución material, imponen limitaciones a los cambios constitucionales, de cuyo respeto depende la legitimidad de esos cambios, con relación de lo que es justo, lícito y democrático. Pienso, que todo cambio constitucional que rompa ese consenso acerca de lo que la sociedad adoptó como los valores de la democracia que unen a sus miembros y que les permiten convivir y coexistir con sus discrepancias y disensos, es ilegítimo. En efecto, por ejemplo, las modificaciones de la alteridad para imponer una unilateralidad; rompen el consenso o el* ethos colectivo *que permiten a la sociedad convivir sin necesidad de una uniformidad. Ese consenso ético colectivo, de valores políticos y principios jurídicos y sociales, refundidos en la Constitución, en su Preámbulo, en el propósito de refundar la República para lograr una sociedad democrática, y en sus artículos 2° y 3°, como los valores superiores de la propia Constitución y de todo el ordenamiento jurídico nacional y como los fines esenciales del Estado; así como en su artículo 6°, relativo al tipo de gobierno democrático, participativo, electivo, descentralizado, alternativo, responsable, pluralista y revocable, de todas las entidades políticas de la República; son el conjunto de limitaciones que el poder constituyente se impuso a su poder de revisión constitucional*

---

jueces a interpretar el Derecho a la luz de las exigencias de esos valores y de la justicia vinculados en el caso (Ver, Sussana Pozzolo, *Neoconstitucionalismo y Especificidad de la Interpretación Constitucional,* Universidad de Génova, Italia).

2 *La Reforma Constitucional y la Problemática del Poder Constituyente,* Tecnos, 5ª Reimpresión, Madrid 2000, p. 75.

para garantizar la continuidad de su proyecto de Estado democrático social de Derecho y de Justicia. De modo que todo intento o propuesta de reforma a la Constitución, que rompa con ese consenso, por parte de los poderes constituidos a quienes les atribuyó el poder de revisión de la Constitución, donde se debe incluir el cuerpo electoral organizado para incentivar y aprobar estas reformas, debe ser controlado principalmente por la jurisdicción constitucional, como poder constituido creado precisamente como garantía de la integridad de los principios constitucionales.

Por supuesto que parto de la idea que la democracia además de su significado político, a través de sus componentes de la libertad, la igualdad y la justicia, adquiere valor moral, lo que se refuerza con su vinculación con la ética, la justicia, la responsabilidad, la solidaridad y la preeminencia de los derechos humanos, como se consagra en el artículo 2° constitucional. En este orden de ideas, Juan Pablo II consideraba la democracia "una empresa moral"[3]*, porque cuando un pueblo decide vivir conforme aquéllos elementos de la democracia, su consagración constitucional es la manifestación de su voluntad de no querer ser mandado sino dirigido conforme esos valores. Lo cierto es que el neoconstitucionalismo moderno llenó de contenido axiológico al concepto político de la democracia y al concepto formal de Constitución. En este contexto, los cambios constitucionales debe ser democráticos, so pena de no ser legítimos. Aparte que al regularse constitucionalmente el ejercicio de la soberanía popular como fuente de la democracia, también ésta debe operar dentro de la Constitución y no fuera de ella; por lo que los límites del ethos colectivo impuestos por el constituyente para garantizar la continuidad de su proyecto político, también condicionan la legitimidad de la soberanía popular. En efecto,*

---

3 Ver, Juan Pablo II; Encíclica *Centessimus annus,* 46. Y. Soler, C., "La Valoración de la democracia en el Magisterio de Juan Pablo II", 1978-1994, en *Ius Canonicum,* Vol., XXXVII, N° 1998, pp. 619 a 632.

por ejemplo, la "democracia de masas" no legitima el absolutismo ni convierte en legítimo lo ilegítimo, en lícito lo ilícito, en moral lo inmoral o lo antidemocrático en democrático o el atentado a los derechos fundamentales en ética. Una mayoría no puede deslegitimar la sociedad o el Estado trastocando las reglas que el cuerpo social consideró como las bases de su ethos colectivo democrático. Así, por ejemplo, "la tiranía de la mayoría" no sería "democracia", porque esta axiológica y políticamente parte del supuesto que los ciudadanos son autónomos y que se autodeterminan libremente y que la mayoría no es sino una necesidad empírica de funcionalidad de la gobernabilidad que no puede subyugar a las minorías. La democracia constitucional, que es la que se consagra, por ejemplo, en nuestra Constitución, se basa en la idea de que la comunidad sea gobernada por los ciudadanos, pero que éstos están obligados a observar estándares normativos que le fijan principios para que ese gobierno de las mayorías sea en verdad democrático[4]*. Una reforma constitucional, en resumen, que se aparte de ese modelo axiológico de democracia no es legítima; y que además, si esa modificación se esconde bajo el ropaje de los formalismos de la reforma constitucional puede ser calificado de fraude a la Constitución. En efecto, este, en pocas palabras, es* "la utilización del procedimiento de reforma para, sin romper con el sistema de legalidad establecido, proceder a la creación de un nuevo régimen político y un ordenamiento diferente"[5].

El problema no es tanto lo especulativo acerca de lo que es reforma constitucional o mutaciones constitucionales, fuera de los límites formales y materiales, sino el de sus controles para evitar que se sometan al pueblo decisiones ilegítimas, no solo porque exceden las formalidades sino sobre todo cuando traspasan el ethos colectivo. *En ese aspecto, el Profesor Brewer-Carías, al analizar comparativamente la reforma constitucional en Amé-*

---

4 Sussana Pozzolo, *Obra citada,* pp. 348 y 349.

5 Pedro De Vega, *Obra citada,* p. 291.

rica Latina, llega a la conclusión que por aplicación del principio de la supremacía constitucional, las regulaciones y procedimientos de reforma o enmienda constitucionales, deben estar sujetos al control de constitucionalidad por parte de los órganos de la Jurisdicción Constitucional; pero advierte que ninguna Constitución Latinoamericana establece expresamente la competencia de estos órganos para controlar la constitucionalidad sustantiva de las reformas constitucionales. Y a propósito de la enmienda para permitir la reelección indefinida, que con anterioridad había sido rechazada popularmente por antidemocrática mediante referéndum del 2007; el Profesor Brewer-Carías comenta la decisión N° 53 de la Sala Constitucional de fecha 3 de febrero de 2009, que estableció que la prohibición de repetir en un mismo período reformas constitucionales rechazadas; es solo aplicable a la Asamblea Nacional y no a las manifestaciones de revisión constitucional del pueblo; y plantea la discusión de si en verdad se violentó un límite impuesto por el constituyente a la propia voluntad popular. En otras palabras, que, independientemente del criterio interpretativo que sostuvo dicha Sala, que evidentemente no otorgó valor alguno al rechazo popular de las reformas; cuando el límite temporal de las reformas en un mismo período es precisamente un límite impuesto al ejercicio mismo de la soberanía popular, para que como poder constituyente derivado no se vuelva a pronunciar sobre algo que ya rechazó, ciertamente que el desconocimiento de ese límite por el mismo pueblo, de carácter formal y material, bien pudo ser revisado por aquél órgano a través de su función de custodio de la integridad de los valores de la Constitución. De no haberse interpretado el artículo 345 constitucional, por la referida Sala de manera equivocada, y, por el contrario, de haberlo interpretado correctamente como una prohibición de sucesivas consultas populares hasta conseguir las modificaciones constitucionales que han sido rechazadas; no solo hubiera sido posible controlar la utilización de la enmienda por parte de la Asamblea Nacional para encubrir simuladamente la reelección indefinida de la reforma constitucional rechazada el 2007; sino incluso el nuevo pronunciamiento popular sobre otro pronunciamiento del mismo pueblo que ya había negado la reelección indefinida, dentro del mismo período constitucional, por considerarla la antidemocrática.

A mi manera de ver, en este caso, me atrevo a afirmar, que resultaba controlable no solo el mecanismo, que generó esa nueva consulta, es decir, la simulación de la enmienda aprobada por la Asamblea Nacional para replantear de nuevo la reforma rechazada por el pueblo; sino inclusive la misma consulta popular como actividad de un poder constituyente derivado, sujeta a límites temporales y sustanciales. La interpretación jurisdiccional comentada permite que a través de plesbicistos sucesivos se pueda estar enmendando la Constitución, para obviar los límites impuestos a los procedimientos de modificación de la Constitución y a su contenido, entre otros el límite temporal fijado a las reformas constitucionales, por lo que el principio de la supremacía de la Constitución resulta baladí, insignificante e inútil.

El planteamiento del cual parto, es que, una vez aprobada la Constitución, en los casos de sus modificaciones posteriores a través de los propios procedimientos de revisión establecidos por el poder constituyente, por decisión de los poderes constituidos o por iniciativa o decisión del pueblo organizado en cuerpo electoral; el cumplimiento de los límites impuestos por el constituyente, temporales, formales y materiales, pueden ser controlados por los órganos jurisdiccionales encargados de salvaguardar su integridad, porque, en todo caso, por ejemplo, el pueblo estaría actuando como un poder público a quien el poder constituyente le delegó la facultad de revisar y de modificar la Constitución. Ello, en virtud de que la soberanía popular ha sido juridificada por el poder constituyente en razón de que el ejercicio de la soberanía, como forma de gobierno, es además de una actividad política también una actividad jurídica, y por tanto regulada por el Derecho. Y por cuanto además, todas las personas, y por ende, cuando se organizan en cuerpo electoral, tienen el deber de cumplir la Constitución, como se consagra en el artículo 131 constitucional.

Si son graves las mutaciones constitucionales, es decir, los cambios de la Constitución por encima y fuera de los límites temporales, formales y materiales impuestos por el constituyente a la revisión constitucional que atribuyó a los poderes constituidos; de mayor gravedad son los que se derivan de las interpretaciones de los Tribunales Constitucionales; cuando resuelven dudas relativas al sentido de las disposiciones constitucionales. Porque de guardianes de la Constitución se convierten en hacedores de la Constitución, o cuando por ejercer un activismo judicial de proyectos políticos, ideológicos o personalistas, asumen la función de un poder constituyente derivado. Baste recordar la concepción de Hans Frank, que como jurista consideraba que "la Constitución es la voluntad del Führer". En este sentido, por el contrario, la Constitución venezolana de 1999 adoptó un proyecto político sobre la base de una democracia social de Derecho y de Justicia, porque es el que más se ajusta a una sociedad donde priva la libertad, la igualdad, el pluralismo y la preeminencia de los derechos inherentes a la dignidad humana. Ese régimen democrático tiene en el pluralismo una de sus mejores expresiones, y la Constitución que lo incorpora como valor superior del ordenamiento jurídico no puede ser interpretada bajo la concepción de la jurisprudencia de valores que en definitiva son los que profesan los propios jueces que la interpretan, sino conforme con aquellos valores que consolidan el pluralismo. En este sentido Giancarlo Rolla, advierte que la Constitución no puede ser la expresión homogénea de una concreta ideología, puesto que ésta es un sistema de valores y de relaciones entre los poderes del Estado y entre estos y los ciudadanos que es la expresión del sentir común de varios grupos; y que, por tanto, ese compromiso colectivo favorece una interpretación de sus disposiciones que exprese la convergencia entre las fuerzas políticas y entre las clases sociales, en torno a la perspectiva de renovación o superación del pasado, conforme los objetivos y principios de esos propósitos, en cuyo compromiso están obligados los poderes públicos y los ciudadanos[6].

Por ello, dentro de esa concepción de la democracia constitucional no caben interpretaciones de la Constitución contrarios a ese ethos *político democrático. Por esta razón, dentro de la llamada Teoría de la Constitución que sustituye la Teoría del Estado, la inspiración del interprete de la Constitución no puede ser la "Frankiana", antes aludida, sino la expresión jurídica del orden que diseñó el constituyente y que aceptó la población al aprobar el proyecto político contenido en la Constitución y no la voluntad que pueda tener algún líder o dirigente o gobernante, o hasta los jueces, respecto de cómo debe ser aplicada la Constitución para llevar a cabo sus proyectos políticos, ideológicos o personales. En efecto, la Constitución es más un deber ser normativo que un sistema puramente formal, por lo que la interpretación jurídica del Derecho contenido en la Constitución no puede ser contraria a lo que ella misma define como Sociedad y Estado, que en nuestro caso deben guiarse por los valores y fines que también define como superiores de su ordenamiento jurídico y como esenciales de la conducta legítima del Estado. En este orden de ideas, en el caso venezolano, al igual de lo que señala Rubio Llorente para España, "no hay otra Constitución que la Constitución democrática"*[7]*. De aquí, que acertadamente el Profesor Ismael Bustos, considera respecto de la interpretación constitucional que desde el punto de vista de la norma de la Constitución el Estado representa un ordenamiento jurídico, y que desde el punto de vista del poder público el Estado es la ins-*

---

6 Citado por Kamel, Cazor Aliste y Mónica, Fernández Gutiérrez en "Constitución, Principio Democrático y Reformas Constitucionales", *Revista de Derecho*, Vol. XIII, Universidad Austral de Chile, diciembre 2002, pp. 153.

7 Francisco, Rubio Llorente, *La forma del poder,* Centro de Estudios Constitucionales, Madrid, 1997.

titucionalización del poder[8]*; de modo que la norma constitucional no se debe utilizar para que el poder no esté sujeto a la Constitución; porque el derecho constitucional como elemento constitutivo del Estado democrático no es sino una limitación del poder político estatal; por lo que es incomprensible que en ese tipo de Estado se interprete la Constitución para desinstitucionalizar el Estado liberándolo de los límites que ese mismo derecho le impone. Pienso que la interpretación dada por la Sala Constitucional en su Sentencia N° 53 de fecha 3 de febrero de 2009, no se corresponde con una interpretación dentro del derecho constitucional de una sociedad y un Estado democrático.*

Dentro del orden de ideas anterior, y en el contexto de lo que se puede llamar derecho constitucional democrático, que como dijimos es más deber ser que forma, la orientación para interpretar sus disposiciones no puede tener por fin el promover un régimen sin limitaciones o sin controles, ni tampoco extender lo que algunos llaman "los enclaves antidemocráticos"[9]*, como por ejemplo los rezagos del centralismo autocrático que pudieran permanecer en la Constitución. De allí que, por ejemplo, no responde al derecho constitucional democrático la interpretación que la Sala Constitucional dio al artículo 164 de la Constitución, en su Sentencia N° 565 de 15 de abril de 2008, en el sentido que las competencias que de manera exclusiva la propia Constitución otorga a los Estados, por ejemplo, en materia de conservación, administración de autopistas y carreteras nacionales, no son tales competencias exclusivas sino concurrentes, sujetas incluso a reversión a favor del Poder Nacional; o que las competencias exclusivas en relación con los puertos y aeropuertos nacionales de uso comercial, dada su coordinación, pueden*

---

8 Ismael, Bustos, "Teoría del Estado", *Separata de la Revista de la Facultad de Ciencias Jurídicas y Sociales*, Universidad Central de Chile, Santiago, 2002.

9 Genaro, Arraigada, "*Democracia en Chile*". Doce Conferencias, CIEPLAN; Santiago, 1986, p. 154.

hasta ser intervenidas por el Poder Nacional, es decir, eliminadas por decisiones administrativas. Pues bien, como acertadamente lo indica el Profesor Brewer-Carías, dicha Sala al mutar el texto del artículo 164, antes citado, mediante una interpretación vinculante, en perjuicio del federalismo descentralizado que consagra el artículo 4° constitucional, promovió el centralismo, que según la Exposición de Motivos de la Constitución es antidemocrático.

Sin entrar a discutir el tema de los límites que a su función interpretativa se imponen a los tribunales constitucionales, no cabe duda que la libertad de decisión de los diferentes tribunales, a los cuales los artículos 27 y 335 de la Constitución han encargado también de la protección de los principios y derechos constitucionales, y el respeto del principio de la separación de los poderes, de la reserva legal y de la reserva del poder constituyente; son límites de esa función interpretativa. Es importante recalcar, en consecuencia, que en un derecho constitucional democrático la interpretación de la Constitución no es discrecional ni ilimitada; ni mucho menos puede ser un poder de revisión de la Constitución. En este sentido, afirma Helmut Simon; que: "La decisión constitucional por una democracia con división de poderes veda una interpretación sin límites que eludiendo la reforma constitucional, difumine los lindes entre interpretación y potestad normativa y haga subrepticiamente soberano a quien es únicamente custodio de la Constitución"[10]. Sin embargo, a propósito del análisis que hace el Profesor Brewer-Carías de la Sentencia N° 22191 de la Sala Constitucional de fecha 22 de noviembre de 2007, que desestimó una acción de amparo constitucional en contra del acto sancionatorio de la reforma constitucional adoptado por la Asamblea Nacional, porque subvertía el

10 Citado por Francisco Zúñiga Urbina, "Control de Constitucionalidad de la Reforma Constitucional", Estudios Constitucionales, noviembre año/4, número 002, Centro de Estudios Constitucionales, Santiago de Chile, *Revista del Centro de Estudios Constitucionales*, p. 433.

procedimiento para la modificación de la Constitución en su estructura y principios fundamentales; entre otras razones porque se trata de un proceso complejo, vale la pena incidir brevemente en el control de constitucionalidad de la reforma constitucional.

Por supuesto, que para la consideración de este tema se parte de la premisa que existen límites constitucionales temporales, procedimentales y de quórum de participación electoral y de votación mayoritaria que se imponen a la reforma constitucional atribuida al poder constituyente derivado, donde ha de incluirse a la población organizada electoralmente. En efecto, si no se admite la existencia de tales límites, no podría hablarse de un control de constitucionalidad de la reforma constitucional. En mi criterio, del Preámbulo y de los artículos 1°, 2°, 3°, 4°, 6° y 7°, de la Constitución venezolana de 1999, así como de sus artículos 340, 341, 342, 343, 344, 345 y 350, se derivan límites al poder constituyente derivado para las modificaciones constitucionales, no solo temporales y formales, sino también materiales derivados del ethos colectivo consagrado por el pueblo al aprobar refrendariamente la nueva Constitución. Sobre todo de los artículos 19, 20, 22 y 23, de la misma Constitución, que consagran derechos fundamentales, que por ser inherentes a la dignidad humana son inalienables e irrenunciables e intangibles. Inclusive para algunos esos límites obran también sobre el poder constituyente originario[11]; lo que en Venezuela parece desprenderse del artículo 350 constitucional. Ya las Constituciones de Bolivia, Colombia, Costa Rica y Panamá, dentro de la competencia de la jurisdicción constitucional comprenden el control de la constitucionalidad de la reforma constitucional. De manera que esa jurisdicción ejerce un control preventivo o represivo en los casos en que los actos o mecanismos que se adoptan para promover la

11 Ver, Humberto, Nogueira Alcalá citado por Francisco Zúñiga Cisneros, en su trabajo "*Control de Constitucionalidad de la Reforma Constitucional*", ya citada, p. 416.

reforma constitucional o para someterla a la consulta popular, no respeten esos límites. Así como también para el caso de violación de los límites materiales derivados de su modelo axiológico normativo. Competencia esta, a mi juicio, insita en la atribución genérica que le confiere a la Sala Constitucional el artículo 335 de la Constitución venezolana, de garantizar la supremacía y eficacia de la Constitución. Otros sistemas no admiten el control de constitucionalidad de la reforma constitucional, porque el poder constituyente derivado carece de límites temporales, formales y materiales. O, porque el contenido de las reformas son "cuestiones políticas" o "cuestiones de oportunidad o de emérito"; o porque la voluntad soberana es jurídicamente incontrolable; lo que no impide que no pueda plantearse la inconstitucionalidad de los actos de someter a consulta popular proyectos de reforma claramente violatorios de la Constitución[12]*. En el caso de Venezuela, por lo que dijimos anteriormente, lo cierto es que en nuestro país, a mi juicio, el respeto a los derechos fundamentales, inherente a la dignidad de las personas, por su carácter inalienable e irrenunciable, son un límite al Poder derivado o instituido, impuesto por el poder constituyente originario. E, inclusive es una limitación que impuso el pueblo al poder constituyente originario al aprobar refrendariamente la Constitución. No se trata, en mi concepto de límites meta jurídicos ni meta positivos, sino que por el contrario devienen de valores positivizados.*

Muchas son las reflexiones que sugieren o provoca el Ensayo del Profesor Brewer Carías, pero las limitaciones de un Prólogo las prohíben. Lo cierto es que si acaso las que me he atrevido a formular tienen algún mérito, es atribuible a la inspiración que me llevó su enjundioso Estudio, de una actualidad indiscutible y que además, son una lección permanente, que solo puede impartir una mentalidad de jurista como la del Profesor Brewer Carías, por su inteligencia, profundidad e ilustración, y

---

12 Pedro, De Vega, *Obra citada*, p. 301.

sobre todo por su autoridad científica. Puede decirse de él, como ha ocurrido en nuestra historia a otros ilustres venezolanos, que aún desde lejos siguen construyendo Patria. Y que según su pensamiento de verdadero jurista, para que esa Patria sea de todos ha de guiarse por valores imperecederos del respeto de la Constitución y de la Ley, como garantía de la democracia como orden jurídico de la libertad, de lo cual la Obra escrita de Brewer-Carías, entre ella la de este Ensayo, es un digesto de la ciencia jurídica venezolana.

Caracas, Palacio de las Academias, 10 de junio de 2009.

INTRODUCCIÓN

Toda Constitución, como manifestación de la voluntad del pueblo expresada como poder constituyente originario, prevalece y debe prevalecer sobre la voluntad de todos los órganos constituidos del Estado, incluyendo el órgano judicial que ejerce la Jurisdicción Constitucional, por lo que su modificación o reforma sólo puede llevarse a cabo conforme se dispone en su propio texto, como expresión-imposición de la voluntad popular producto de ese poder constituyente originario.

Este postulado de la supremacía de la Constitución en tanto que norma fundamental implica, como lo dijo Alexander Hamilton en 1788, no sólo que "ningún acto legislativo contrario a la Constitución, puede ser válido", sino que "negar esto significaría afirmar que... "los representantes del pueblo son superiores al pueblo mismo; que los hombres que actúan en virtud de poderes, puedan hacer no sólo lo que sus poderes no les autorizan sino también lo que les prohíben".[1]

La contrapartida de la obligación de los órganos constituidos de respetar la Constitución, de manera que el poder constituyente originario prevalezca sobre la voluntad de dichos órganos estatales constituidos, es el derecho constitucional que todos los ciudadanos tienen en un Estado Constitucional, a que se respete la voluntad popular expresada en la Constitución, es decir, *el*

---

1 *The Federalist* (ed. B.F. Wright), Cambridge, Mass. 1961, pp. 491-493.

derecho fundamental a la supremacía constitucional. Nada se ganaría con señalar que la Constitución, como manifestación de la voluntad del pueblo, debe prevalecer sobre la de los órganos del Estado, si no existiere el derecho de los integrantes del pueblo de exigir el respeto de esa Constitución, y además, la obligación de los órganos jurisdiccionales de velar por dicha supremacía.

El constitucionalismo moderno, por tanto, no sólo está montado sobre el principio de la supremacía constitucional,[2] sino que como consecuencia del mismo, también está montado sobre el derecho del ciudadano a esa supremacía[3], que se concreta, conforme al principio de la separación de poderes, en un derecho fundamental a la tutela judicial efectiva de la supremacía constitucional, es decir, a la justicia constitucional.

Por ello, el mismo Hamilton, al referirse al papel de los Jueces en relación con dicha supremacía constitucional también afirmó:

> "Una Constitución es, de hecho, y así debe ser considerada por los jueces, como una ley fundamental. Por tanto, les corresponde establecer su significado así como el de cualquier acto proveniente del cuerpo legislativo. Si se produce una situación irreconciliable entre ambos, por supuesto, la preferencia debe darse a la que tiene la mayor obligatoriedad y validez, o, en otras palabras, la Constitución debe prevalecer sobre las Leyes, así como la intención del pueblo debe prevalecer sobre la intención de sus representantes."

---

2 Véase Allan R. Brewer-Carías, *Reflexiones sobre la Revolución Norteamericana (1776), la Revolución Francesa (1789) y la Revolución Hispanoamericana (1810-1830) y sus aportes al Constitucionalismo Moderno.* 2ª Edición Ampliada, Serie Derecho Administrativo Nº 2, Universidad Externado de Colombia, Editorial Jurídica Venezolana. Bogotá 2008, pp. 84 ss., 175 ss., 272 ss.

3 Véase Allan R. Brewer-Carías, "El amparo a los derechos y libertades constitucionales (una aproximación comparativa)" en Manuel José Cepeda (editor), *La Carta de Derechos. Su interpretación y sus implicaciones*, Editorial Temis, Bogotá 1993, pp. 21-81.

Con base en estos postulados se desarrolló, no sólo la doctrina de la supremacía de la Constitución, sino también, aún más importante, la doctrina de "los jueces como guardianes de la Constitución", tal como lo expresó el mismo Hamilton al referirse a la Constitución como limitación de los poderes del Estado y, en particular, de la autoridad legislativa, afirmando que:

> "Limitaciones de este tipo sólo pueden ser preservadas, en la práctica, mediante los Tribunales de justicia, cuyo deber tiene que ser el de declarar nulos todos los actos contrarios al tenor manifiesto de la Constitución. De lo contrario, todas las reservas de derechos o privilegios particulares, equivaldrían a nada."[4]

De estos postulados puede decirse que en el constitucionalismo moderno surgió el sistema de justicia constitucional en sus dos vertientes, como protección de la parte orgánica de la Constitución, y como protección de su parte dogmática, es decir, de los derechos y libertades constitucionales, lo que en definitiva, no es más que la manifestación de la garantía constitucional del derecho fundamental del ciudadano al respecto de la supremacía constitucional. Esa garantía es la que precisamente implica el poder atribuido a los jueces de asegurar la supremacía constitucional, sea declarando la nulidad de los actos contrarios a la Constitución, sea restableciendo los derechos fundamentales vulnerados por acciones ilegítimas, tanto de los órganos del Estado como de los particulares. La justicia constitucional es, así, el instrumento jurídico para canalizar los conflictos entre la voluntad popular y los actos de los poderes constituidos; razón por la cual se la ha considerado históricamente como el sustituto a la revolución[5] o del ejercicio del derecho de resistencia o revuelta que defendía John Locke[6].

---

4 *The Federalist* (ed. B.F. Wright), Cambridge, Mass. 1961, pp. 491-493.

5 Véase Sylvia Snowiss, *Judicial Review and the Law of the Constitution,* Yale University Press, 1990, p. 113.

6 Véase John Locke, *Two Treatises of Government* (ed. Peter Laslett), Cambridge UK, 1967, pp. 221 ss.

Pero por supuesto, en esta concepción del juez constitucional para en caso de opresión de los derechos, de abuso o de usurpación, sustituyera a la revolución como la vía de solución de conflictos entre el pueblo y los gobernantes, los constructores del Estado Constitucional nunca pensaron que podía ser el propio juez constitucional el que usurpara el poder constituyente y violara la constitución. En el esquema del Estado constitucional no hay forma alguna de controlar judicialmente al juez constitucional, por lo que incluso se establece en general que sus sentencias no son revisables.

El constitucionalismo moderno, por tanto, está montado sobre el principio de la soberanía popular, la supremacía constitucional y la rigidez de las Constituciones, por lo que para llevar a cabo una reforma de la Constitución, los tres principios han de ser observados y ninguno de ellos puede prevalecer en sacrificio de los otros. La soberanía popular debe respetarse siempre que se manifieste de acuerdo con la propia voluntad popular, y la supremacía constitucional no puede ser relegada bajo la excusa de que el pueblo quiere manifestarse. Por lo que se refiere a la rigidez constitucional, la misma debe regularse de manera de permitir los cambios y la adaptación de la Constitución, de manera que la voluntad popular pueda expresarse y que los hechos no desmoronen el derecho.

Para ello, precisamente las Constituciones, como manifestaciones de la voluntad popular, establecen los mecanismos y procedimientos para su reforma, los cuales confirman el principio de la rigidez, y ellos deben respetarse por los órganos del Estado. Toda manipulación de las normas constitucionales para producir su reforma o modificación sin sujetarse a los procedimientos constitucionales no sólo es inconstitucional sino que puede calificarse como un “fraude a la Constitución.” Sobre ello se refirió hace ya varias décadas, G. Liet-Veaux al estudiar las revoluciones de Italia, Alemania y Francia cuando se establecieron los regímenes fascista y nacional-socialista, precisando que el fraude constitucional consiste en crear un nuevo órgano de revisión encargado de dictar una nueva Constitución, distinto al previsto en esta; o en la utilización del procedimiento de reforma para, sin romper con el sistema de legalidad establecido, proceder a la creación de un nuevo régimen político y un ordenamiento constitucional diferente[7]. Como lo ha establecido la propia Sala Constitucional del Tribunal Supremo de Justicia en la sentencia N° 74 de 25 de enero de 2006, al señalar que un *fraude a la Constitución* ocurre cuando se destruyen las teorías democráticas "mediante el procedimiento de cambio en las instituciones existentes *aparentando respetar las formas y procedimientos* constitucionales", o cuando se utiliza "del procedimiento de reforma constitucional para proceder a la creación de un nuevo régimen político, de un nuevo ordenamiento constitucional, sin alterar el sistema de legalidad establecido, como ocurrió con el *uso fraudulento de los poderes* conferidos por la ley marcial en la Alemania de la Constitución de *Weimar*, forzando al Parlamento a conceder a los líderes fascistas, en términos de dudosa legitimidad, la plenitud del poder constituyente, otorgando un poder legislativo ilimitado. Ha agregado además la Sala Constitucional que un *falseamiento de la Constitución* ocurre cuando se otorga "a las normas constitucionales una interpretación y un sentido distinto del que realmente tienen, que es, en realidad, una modificación no formal de la Constitución misma", concluyendo con la afirmación de que "Una reforma constitucional sin ningún tipo de límites, constituiría un fraude constitucional."[8]

De ello resulta, además, que las modificaciones a la Constitución, conforme al texto expreso de la misma, no pueden realizarse por la Jurisdicción Constitucional por más poder que tenga

7 Véase G. Liet-Veaux, "La fraude à la Constitution", *Revue du Droit Public,* París 1943, pp. 116-150.

8 Véase en *Revista de Derecho Público* N° 105, Editorial Jurídica Venezolana, Caracas 2006, pp. 76 ss

de interpretar la Constitución, sino sólo mediante los procedimientos precisos que se establecen en las propias Constituciones.

Cualquier modificación de la Constitución efectuada fuera de dichos procedimientos, es inconstitucional e ilegítima, razón por la cual la Jurisdicción Constitucional, al ejercer su facultad de interpretación del contenido y alcance de las normas constitucionales no puede, en forma alguna, "modificar" la Constitución, sobre todo si no se trata de normas que sean ambiguas, imprecisas, mal redactadas y con errores de lenguaje. Si lo hace, lo que estaría realizando sería un falseamiento de la Constitución, es decir, una "mutación" ilegítima y fraudulenta de la misma, que falsea su contenido.[9]

A continuación, en este contexto de la reforma constitucional y el fraude a la Constitución,[10] estudiaremos lo que en la última década ha ocurrido en Venezuela, en la materia, analizando: en *primer lugar*, el tema general de la reforma constitucional y el control constitucional, en un marco comparado; en *segundo lugar*, el proceso de sanción de la Constitución en 1999 por una Asamblea Nacional Constituyente configurada al margen de la Constitución de 1961, el golpe de Estado que dio contra los poderes constituidos y la violación de la nueva Constitución antes de que comenzara a surtir efectos; en *tercer lugar*, la primera violación de la Constitución de 1999, un vez aprobada por el pueblo, antes de ser publicada, con el establecimiento de un régimen transitorio no aprobado por el pueblo; en *cuarto lugar*, la rechazada "Reforma constitucional" de 2007, aprobada en fraude a la Constitución, y la renuncia del juez constitucional a controlar su constitucionalidad; en *quinto lugar* los rechazados

---

9 Véase Néstor Pedro Sagües, *La interpretación judicial de la Constitución*, Buenos Aires 2006, pp. 56-59, 80-81, 165 ss.

10 Véase en general sobre el tema, Allan R. Brewer-Carías, "La demolición del Estado de Derecho en Venezuela. Reforma Constitucional y fraude a la Constitución (1999-2009)," en *El Cronista del Estado Social y Democrático de Derecho*, No. 6, Editorial Iustel, Madrid 2009, pp. 52-61

cambios constitucionales que se habían propuesto en 2007 y su inconstitucional implementación; en *sexto lugar*, la "Enmienda constitucional" de 2009 para permitir la reelección continua e indefinida, aprobada en fraude a la Constitución, con la anuencia del juez constitucional; y por último, en *séptimo lugar*, la ilegítima mutación de la Constitución por la Sala Constitucional del Tribunal Supremo de Justicia, como Jurisdicción Constitucional que ha estado al servicio del autoritarismo.

PRIMERA PARTE:

REFORMA CONSTITUCIONAL Y CONTROL DE CONSTITUCIONALIDAD

I. RIGIDEZ Y REVISIÓN CONSTITUCIONAL

1. *La revisión constitucional entre el derecho y los hechos*

Si algo caracteriza a las Constituciones rígidas es, precisamente, la previsión en sus textos de procedimientos específicos y, en general, complejos para llevar acabo su revisión, sea a través de reformas generales o mediante enmiendas o modificaciones puntuales a sus previsiones.[23] Normalmente estos procedimientos de revisión constitucional se han establecido desde el inicio de la aparición de los Estados o de su reconstitución, como producto de una Asamblea o Convención constituyente que en nombre del pueblo aprobó la Constitución.

---

23 Véase sobre este tema Allan R. Brewer-Carías, "Reforma Constitucional y Control de Constitucionalidad," en *Reforma de la Constitución y control de constitucionalidad. Congreso Internacional*, Pontificia Universidad Javeriana, Bogotá Colombia, Bogotá, 2005, pp. 108-159; y en *Libro Homenaje al Padre José Del Rey Fajardo S.J.*, Fundación de Derecho Público, Universidad Valle del Momboy, Editorial Jurídica Venezolana, Caracas Valera, 2005, Tomo II, pp. 977-1011. Igualmente, Allan R. Brewer-Carías, "Modelos de revisión constitucional en América Latina," en *Boletín de la Academia de Ciencias Políticas y Sociales*, enero-diciembre 2003, N° 141, Año LXVV, Caracas 2004, pp. 115-154.

El objetivo de estos procedimientos de revisión constitucional como parte del pacto político contenido en la Constitución, es la preservación del mismo, de manera que no puedan éstas ser modificadas unilateralmente por grupos aislados, sino mediante la participación de todas las fuerzas o componentes de la sociedad política. Por ello, incluso, ha sido común en los Estados federales que surgieron como consecuencia de un pacto político entre Estados, el establecer mecanismos para garantizar la participación de éstos en los procesos futuros de revisión constitucional. Así ocurrió, por ejemplo, en la misma Constitución Norteamericana con la cual se inició el federalismo mismo (Art. V) en 1787, en la cual se prevé la ratificación de las enmiendas por tres cuartas partes de las Asambleas legislativas de los Estados o por Convenciones (constituyentes) constituidas en tres cuartas partes de los Estados; y así también se estableció, veintidós años después, en la primera Constitución federal adoptada con posterioridad, la Constitución de los Estados de Venezuela de 1811, en la cual se previó la posibilidad de aprobar reformas por las dos terceras partes de las Legislaturas provinciales (Art. 135).

Los procedimientos de revisión constitucional en las Constituciones rígidas, por tanto, son procedimientos establecidos para proteger el pacto político constitucional que contienen, de manera de evitar modificaciones unilaterales y al contrario, asegurar la participación de todos los componentes políticos de la sociedad. En principio, por tanto, las normas que los regulan tienen un marcado tinte conservador respecto de la Constitución y sus principios, por lo que los procedimientos establecidos para la revisión buscan lograr consensos.

Pero las Constituciones, como normas supremas reguladoras de la sociedad, en ningún caso pueden ser de carácter eterno ni estático, ni pueden pretender dejar políticamente congelada a la sociedad. Estas necesariamente cambian, como también cambian los sistemas políticos, por lo que la excesiva rigidez constitucional que impida la adaptación progresiva de la norma constitucional a la realidad, puede incluso conducir a lo contrario de lo perseguido, y provocar la consolidación de los cambios políticos por la vía de los hechos, los que luego consiguen en una u otra forma, alguna legitimación *ex post factum*.

La rigidez constitucional mediante la previsión de procedimientos específicos de revisión constitucional, por tanto, debe ser de tal naturaleza que el principio conservador del pacto político que estos buscan no sea el que conduzca por la vía de los hechos a su ruptura. Los principios y procedimientos de la revisión constitucional, por tanto, puede decirse que se mueven entre el conservadurismo y el cambio político, lo que es lo mismo que señalar que se mueven entre el derecho y los hechos.

Por tanto, si en una sociedad dada se producen cambios sustanciales de orden político y social, las normas relativas a la revisión constitucional o son capaces de canalizar las exigencias de los mismos y permiten la preservación del derecho o constituyen una resistencia insalvable que provoca la producción de los cambios pero por medio de los hechos. He allí el dilema de las previsiones constitucionales sobre procedimientos de revisión constitucional: que la excesiva rigidez del derecho puede conducir a su ruptura de hecho.

Ahora bien, todas las Constituciones de los países de América Latina fueron adoptadas a comienzos del Siglo XIX, con motivo de la declaración de independencia de España, por voluntad popular expresada a través de Congresos, Convenciones o Asambleas Constituyentes, las cuales en su momento asumieron el poder constituyente originario para la organización de los Estados con forma republicana.

Como constituciones rígidas, en ellas también se establecieron los procedimientos para su reforma o enmienda, como poder constituyente derivado, regulándose excepcionalmente la figura de la Convención o Asamblea Constituyente, como sólo sucedió en la Constitución Argentina (1853), la cual reguló una Convención (Art. 30) constituyente, adoptando la terminología de la Constitución Norteamericana.

En todo caso, las Constituciones del Siglo XIX, por supuesto, durante los casi doscientos años que nos separan de los movimientos independentistas, han sido objeto de múltiples reformas pero en ellas no necesariamente se han seguido y respetado los procedimientos previstos para el poder constituyente derivado que regulaban las Constituciones, al punto de que por ejemplo, en la actualidad, casi todas las Constituciones vigentes de América Latina han sido el producto de Asambleas o Convenciones Constituyentes, las cuales en su momento asumieron el poder constituyente sin que necesariamente hubieran estado reguladas expresamente en los textos constitucionales precedentes, tal y como sucedió, por ejemplo, en Colombia (1991), en Ecuador (1998, 2007) y en Venezuela (1999).

Las Asambleas Constituyentes, por tanto, como mecanismos fácticos de revisión constitucional no son extrañas en la historia constitucional de América Latina, y para darse cuenta de ello, bastaría con citar un solo ejemplo, el de Venezuela, donde en múltiples oportunidades se ha reformado la Constitución a través de dicho mecanismo de revisión constitucional sin que el mismo hubiese estado regulado jamás (hasta 1999) en el texto constitucional.

En efecto, en Venezuela, puede decirse que Asambleas Constituyentes, como cuerpos representativos convocados con el objeto de constituir un Estado, es decir, establecer inicialmente la organización política de una sociedad dada en un territorio determinado, en sentido estricto solo ha habido dos: el *Congreso General* de 1811 reunido en Caracas con el objeto de constituir el Estado venezolano independiente de la Corona Española con la sanción de la Constitución Federal para los Estados de Venezuela 21-12-1811; y el *Congreso Constituyente* convocado en la ciudad de Valencia, en 1830, para reconstituir el Estado venezolano separado de la Gran Colombia y sancionar la Constitución del Estado venezolano (22-9-1830). Pero estas no han sido las únicas Asambleas Constituyentes, pues a partir de 1830 se convocaron nueve más, pero con el objeto de *reconstituir* el sistema político y reformar la Constitución, lo que en toda la historia política venezolana, excepto con la Asamblea Constituyente de 1999, siempre ocurrió después de una ruptura violenta (guerra o revolución) de hilo constitucional.

En efecto, después de la reforma de la Constitución de 1830 por el Congreso en 1857 conforme al procedimiento previsto en la misma (Art. 227), al año siguiente y como consecuencia de un golpe de Estado (Revolución de Mazo), se convocó a una *Gran Convención Nacional* reunida en Valencia la cual sancionó la Constitución de 31-12-1858. Ello fue la antesala de las Guerras Federales, al final de las cuales dicha Constitución fue anulada (1862), convocándose una *Asamblea Constituyente* que se reunió en Caracas en 1864, la cual sancionó la Constitución de los Estados Unidos de Venezuela (13-4-64), consolidándose la forma federal del Estado (1864-1901).

Después de múltiples vicisitudes políticas (Revolución de Azul de 1868 y Revolución de Abril de 1870) que afectaron la vigencia de la Constitución de 1864, el Congreso la modificó conforme a sus normas (Art. 122), en 1874 y 1881. En 1891 se produjo otra reforma, la cual fue cuestionada por la forma que se hizo, provocando en 1892, otra Revolución (Revolución Legalista) la cual condujo a la convocatoria de una *Asamblea Nacional Constituyente* que se reunió en Caracas, la cual sancionó la Constitución de los Estados Unidos de Venezuela de 1893 (21-6-1893).

Como consecuencia de otra Revolución (Revolución Liberal Restauradora), en 1900 se convocó otra *Asamblea Nacional Constituyente* que sancionó la Constitución de 1901 (29-3-01), con la que se inició el período del *Estado Centralizado Autocrático* (1901-1945). Esa Constitución, después de otra Revolución (Revolución Reivindicadota) fue nuevamente reformada en 1904 por el Congreso que asumió las funciones, facultades y derechos que correspondían al *Poder Constituyente,* sancionando la Constitución de 1904. Esta fue enmendada por el Congreso en 1909, pero en 1914, un *Congreso de Diputados Plenipotenciarios* convocado al efecto promulgó un Estatuto Constitucional Provisorio y luego sancionó la Constitución de 1914 (19-6-14). Dicha Constitución, como lo establecía su texto (Art. 130), fue posteriormente enmendada o reformada en múltiples ocasiones, en 1922, 1925, 1928, 1929, 1931, 1936 y 1945 (5-5-45).

Una nueva Revolución ocurrida en octubre de 1945 (Revolución de Octubre), con la cual se inició el proceso de establecimiento *Estado Democrático Centralizado,* condujo, al año siguiente a la convocatoria de una nueva *Asamblea Constituyente* que se reunió en Caracas y sancionó la Constitución de 1947 (5-7-47). Al año siguiente, sin embargo, se produjo otro golpe de Estado, instalándose un régimen militar que en 1953 convocó a otra *Asamblea Constituyente* de los Estados Unidos de Venezuela, la cual sancionó la Constitución de 1953 (15-4-53).

Luego de un nuevo golpe de Estado, el 23 de enero de 1958, una Junta Militar y la subsiguiente Junta de Gobierno asumieron el poder, continuando sin embargo en aplicación la Constitución de 1953 hasta que el *Congreso* electo en 1958, conforme a dicho texto (Arts. 140 y ss.), reformó totalmente la Constitución, sancionando la Constitución del 23-1-61.

Cuarenta años después, en 1998, en medio de la crisis que todavía sacude al sistema político venezolano, resultaba inevitable la necesidad de una nueva reconstitución del sistema político y del Estado, para lo cual por primera vez en la historia de Venezuela, sin violencia, y luego de un proceso de interpretación judicial de la Constitución, en 1999 se procedió a convocar una *Asamblea Constituyente* en democracia, para precisamente evitar la ruptura violenta del hilo constitucional y reconstituir el sistema político en libertad.

El hilo constitucional, sin embargo, fue efectivamente roto, pero por la propia Asamblea Nacional Constituyente que fue la que al asumir sin autoridad alguna el "poder constituyente originario", dio un golpe de Estado contra la Constitución de 1961 y contra los poderes constituidos, particularmente, contra los órganos de representación popular (Congreso y Asambleas legislativas de los Estados) que habían sido electos un año antes (1998). La nueva Constitución sancionada por la Asamblea Nacional Constituyente, sin embargo, fue posteriormente aprobada mediante referéndum, con el cual se "legitimaría" el proceso constituyente precedente.

Las Constituciones pueden indicar expresamente, como por ejemplo lo dice el texto de la República Dominicana, que "la reforma de la Constitución sólo podrá hacerse en la forma que indica ella misma" (Art. 120); pero lo cierto es que la revisión constitucional en América Latina, no siempre ha sido un proceso de jure, sino que en múltiples ocasiones ha sido producto de los hechos, cuyos resultados constitucionales luego han encontrado *ex post factum,* en una forma u otra, alguna vía de legitimación política.

Lo cierto, en todo caso, es que en casi 200 años de historia constitucional, en Venezuela por ejemplo, han funcionado diez Asambleas Constituyentes como mecanismos de revisión constitucional y ninguna había estado prevista en el texto constitucional precedente. La Constitución de 1999 ha sido por tanto, la primera en regular expresamente dicho modelo de revisión constitucional.

2. *La constitucionalización del poder constituyente derivado y sus consecuencias*

En todo caso, como se ha dicho, como todas las Constituciones rígidas del mundo contemporáneo, las Constituciones vigentes de los países de América Latina aprobadas en la forma escogida al sancionarse, establecen expresamente los procedimientos de revisión constitucional con trámites que son distintos a los establecidos para las reformas de la legislación ordinaria.

En estos procedimientos, en general, se ha asegurado no sólo la participación de los órganos de representación popular (Congresos o Asambleas Legislativas) para la revisión constitucional sino, en la mayoría de los casos, se ha asegurado la participación directa del pueblo mediante un proceso de votación sea para la elección de una Convención o Asamblea Constituyente o para la aprobación mediante referendo o plebiscito de la reforma constitucional. Estos procedimientos de revisión constitucional, por supuesto, al estar expresamente regulados en la Constitución, están sometidos al cumplimiento de la normativa constitucional que lo regula. La supremacía constitucional por tanto, puede decirse que se aplica incluso, para el ejercicio del poder constituyente regulado en la propia Constitución.

Estos procedimientos de revisión constitucional, en todo caso, se han regulado como *formas específicas de manifestación del poder constituyente derivado*, que las Constituciones han establecido, en términos generales en tres formas, según (i) que el poder constituyente se ejerza directamente por el pueblo; o (ii) que su ejercicio, en representación del mismo, se haya otorgado a los órganos de representación popular (Congresos o Asambleas Legislativas); o (iii) que se haya otorgado a una Asamblea o Convención Constituyente convocada al efecto.

En algunos países, incluso, se han regulado estos tres procedimientos de revisión constitucional, en paralelo, tal y como sucede por ejemplo en Colombia, donde el artículo 374 de la Constitución establece expresamente que "La Constitución Política podrá ser reformada por el Congreso, por una asamblea constituyente o por el pueblo mediante referendo".

Lo que es claro de las Constituciones latinoamericanas es que los procedimientos de revisión constitucional que ellas regulan, dada su supremacía, se han establecido con carácter obligatorio, razón por la cual en sus propios textos se niega valor a toda reforma constitucional realizada mediante procedimientos no previstos en la Constitución. De allí, por ejemplo, la tajante declaración antes citada de la Constitución de República Dominicana, cuyo artículo 120 dispone que:

> *"Artículo 120.* La reforma de la Constitución sólo podrá hacerse en la forma que indica ella misma, y no podrá jamás ser suspendida ni anulada por ningún poder ni autoridad ni tampoco por aclamaciones populares".

En sentido algo similar, la Constitución de Venezuela establece en su artículo 333 que:

> *"Artículo 333.* Esta Constitución no perderá su vigencia si dejare de observarse por acto de fuerza o porque fuere derogada por cualquier otro medio distinto al previsto en ella.
>
> En tal eventualidad todo ciudadano investido o ciudadana investida o no de autoridad, tendrá el deber de colaborar en el restablecimiento de su efectiva vigencia".

Sin embargo, debe señalarse que los procedimientos formales de revisión constitucional (reforma o enmienda) que analizaremos en detalle a continuación, no son los únicos previstos para la modificación de la Constitución y su adaptación a los cambios políticos y sociales.

La adaptación constitucional puede ocurrir, en efecto, mediante otros medios que la propia Constitución dispone para asegurar la mutación constitucional sin que se pongan en movimiento los instrumentos formales de revisión constitucional (enmiendas, reformas, asambleas constituyentes), como sucede cuando el texto constitucional regula la sanción de leyes especiales y específicas de rango constitucional para el desarrollo de determinadas materias de orden constitucional, como la descentralización política. Por ejemplo, en la Constitución de Venezuela de 1961 y en la vigente de 1999, se establece expresamente la atribución de competencias exclusivas en los tres niveles de gobierno (nacional, estadal y municipal) conforme al sistema federal de distribución vertical del Poder Público (Arts. 156, 164 y 178), pero el artículo 157 de la misma Constitución establece que mediante ley, la Asamblea Nacional puede transferir a los Estados algunas de las competencias exclusivas del Poder Nacional. Cuando se dicta una ley de esta naturaleza, sin duda que se produce una modificación de la Constitución, autorizada en su mismo texto, pero mediante una forma distinta a la reforma o enmienda, es decir, mediante una ley que adquiere rango constitucional.

Otro ejemplo de modificación constitucional mediante mecanismos distintos a los procedimientos de reforma o enmienda, puede ocurrir mediante la aprobación legislativa de tratados internacionales en materia de derechos humanos y su ratificación, como puede suceder en Venezuela. En efecto, en el país no sólo se ha establecido en la Constitución el rango constitucional de los tratados en materia de derechos humanos ratificados por la República, sino su aplicación prevalente incluso respecto de la misma Constitución, cuando aquellos contengan previsiones más favorables al ejercicio y goce de los derechos humanos (Art. 23). En consecuencia, cuando se produce la aprobación legislativa de un tratado y su ratificación ejecutiva, si el mismo contiene normas en materia de derechos humanos más favorables a las establecidas en la Constitución, se produce una modificación automática de la misma, autorizada en el mismo texto.

Por supuesto, otro mecanismo para permitir la mutación constitucional, lo constituye el desarrollo de las Jurisdicciones Constitucionales en América Latina, a través de la actuación de los Tribunales o Cortes Constitucionales o de las Salas Constitucionales de las Cortes Supremas de Justicia, con potestad constitucional para establecer interpretaciones vinculantes de la Constitución y sus principios. A través de la interpretación constitucional, por tanto, sin que la Constitución sea formalmente enmendada o reformada, se podría producir la adaptación de las disposiciones constitucionales formales a las nuevas exigencias políticas y sociales de una sociedad en un momento dado. El juez constitucional, por tanto, ciertamente que puede considerarse como un fenomenal instrumento de adaptación de la Constitución, y para el afianzamiento del Estado de derecho, pero también puede ser un instrumento diabólico de dictadura constitucional, no sometido a controles, cuando ilegítimamente decide la mutación de la Constitución mediante interpretaciones interesadas, o cuando justifica todas las violaciones constitucionales que se producen en regímenes autoritarios o donde la separación de poderes no está realmente asegurada, como ha sucedido en Venezuela en la década pasada (1999-2009), tal como se analiza más adelante.

Por otra parte, tratándose de un poder constituyente derivado el que se regula en los propios textos constitucionales, el mismo tiene límites, no sólo en cuanto a los propios poderes que puede asumir el órgano constituyente en relación con los Poderes constituidos del Estado, sino en relación con las materias reformables o enmendables, por lo que muchas Constituciones, mediante cláusulas pétreas, excluyen de toda reforma determinados principios y disposiciones que se declaran inmutables, y por tanto, irrevisables o irreformables.

Ahora bien, siendo la Constitución en los Estados constitucionales democráticos contemporáneos emanación de la soberanía popular, para el estudio comparativo de los procedimientos de revisión constitucional formalmente establecidos (reforma o enmienda), este estudio lo dividiremos en tres partes: en *primer lugar,* analizaremos los casos en los cuales la revisión constitucional se regula como poder atribuido al pueblo como partícipe en el poder constituyente derivado; en *segundo lugar*, estudiaremos los casos en los cuales la revisión constitucional se atribuye a los órganos constituidos del Estado, los cuales asumen entonces el poder constituyente derivado; y en *tercer lugar*, analizaremos los límites generales al poder constituyente derivado y el control de constitucionalidad.[24]

---

24 Véase sobre este tema Allan R. Brewer-Carías, "Modelos de revisión constitucional en América Latina", en *Boletín de la Academia de Ciencias Políticas y Sociales*, enero-diciembre 2003, No. 141, Caracas 2004.

II. EL PODER DE REVISIÓN CONSTITUCIONAL ATRIBUIDO AL PUEBLO SOBERANO

En efecto, muchas Constituciones de América Latina regulan la revisión constitucional atribuyendo el poder constituyente derivado directamente al pueblo, el cual debe expresar su manifestación de voluntad mediante la aprobación de la reforma a través de una votación realizada por vía de un referendo, de un plebiscito o de una consulta popular.[25] En algunos casos, la participación del pueblo como poder constituyente se establece en forma exclusiva, como único procedimiento de revisión constitucional (Uruguay). En Bolivia, igualmente, toda reforma de la Constitución debe ser aprobada por el pueblo.

En otros casos, la intervención popular se establece como una de las alternativas de revisión constitucional, conjuntamente con otros procedimientos. Es el caso, por ejemplo, de Venezuela, Colombia, Paraguay, Guatemala y Costa Rica, donde además se regula el funcionamiento de una Asamblea Constituyente; y del Perú, Cuba, Chile, Ecuador y Panamá, donde además se atribuye al órgano legislativo la potestad de aprobar la reforma o enmienda constitucional. En Colombia, además del procedimiento de revisión constitucional mediante referendo, se regula la Asamblea Constituyente y los Actos Legislativos de reforma constitucional aprobados por el Congreso.

---

pp.115-156; y en Walter Carnota y Patricio Marianello (Directores), *Derechos Fundamentales, Derecho Constitucional y Procesal Constitucional,* Editorial San Marcos, Lima 2008, pp. 210-251..

25 Véase sobre este tema Allan R. Brewer-Carías, "La intervención del pueblo en la revisión constitucional en América Latina", en *El derecho público a los 100 números de la Revista de Derecho Público 1980-2005*, Editorial Jurídica Venezolana, Caracas 2006, pp. 41-52

1. *La revisión constitucional ejercida exclusivamente por el pueblo: Uruguay y Bolivia*

En América Latina, sólo las Constituciones de Uruguay y Bolivia atribuyen al pueblo, en exclusividad, la posibilidad de aprobación de las reformas constitucionales mediante referendo.

Uruguay: En el caso de Uruguay, el artículo 331 de la Constitución establece la posibilidad de su reforma total o parcial conforme a diversos procedimientos, los cuales siempre deben concluir con una aprobación de la misma mediante votación popular.

Los procedimientos para la reforma constitucional, por tanto, sólo varían según la iniciativa para la misma, que puede corresponder a la iniciativa popular, a la del órgano que ejerce el Poder Legislativo, o a los representantes en el mismo o al Poder Ejecutivo.

En *primer lugar,* se establece la posibilidad de que por iniciativa del diez por ciento de los ciudadanos, inscritos en el registro Cívico Nacional, se pueda presentar un proyecto de articulado que se debe elevar al Presidente de la Asamblea General, debiendo ser **sometido a la decisión popular**, en la elección más inmediata. En este caso, la Asamblea General, en reunión de ambas Cámaras puede formular proyectos sustitutivos que debe someter a la decisión plebiscitaria, juntamente con la iniciativa popular.

Para que el plebiscito sea afirmativo en este caso, se requiere que vote por "Sí" la mayoría absoluta de los ciudadanos que concurran a los comicios, la que debe representar por lo menos, el treinta y cinco por ciento del total de inscritos en el registro Cívico Nacional.

En este caso sólo se deben someter a la ratificación plebiscitaria simultánea a las más próximas elecciones, los proyectos que hubieren sido presentados con seis meses de anticipación -por lo menos- a la fecha de aquellas, o con tres meses para las fórmulas sustitutivas que aprobare la Asamblea General. Los que se presenten después de tales términos, se deben someter al **plebiscito** conjuntamente con las elecciones subsiguientes.

En *segundo lugar*, la revisión constitucional puede ser iniciativa de la Asamblea General, en cuyo caso, el artículo 331 establece dos procedimientos de reforma constitucional: mediante la aprobación de proyectos de reforma o mediante la aprobación de leyes constitucionales.

El inciso B del artículo 331 dispone que la Asamblea General también puede elaborar proyectos de reforma constitucional que deben reunir dos quintos del total de componentes de la Asamblea general, presentados al Presidente de la misma, los cuales deben ser sometidos al plebiscito en la primera elección que se realice.

Para que en este caso el plebiscito sea afirmativo también se requiere que vote por "Sí" la mayoría absoluta de los ciudadanos que concurran a los comicios, la cual también debe representar por lo menos, el treinta y cinco por ciento del total de inscritos en el registro Cívico Nacional.

En este caso sólo se deben someter a la ratificación plebiscitaria simultánea a las más próximas elecciones, los proyectos que hubieren sido presentados con seis meses de anticipación -por lo menos- a la fecha de aquellas. Los que se presenten después de tales términos, se deben someter al plebiscito conjuntamente con las elecciones subsiguientes.

El inciso D del mismo artículo 331 de la Constitución dispone que la Constitución también puede ser reformada por leyes constitucionales para cuya sanción se requieren los dos tercios del total de componentes de cada una de las Cámaras dentro de una misma Legislatura. Las leyes constitucionales no pueden ser vetadas por el Poder Ejecutivo y entran en vigencia luego que el electorado convocado especialmente en la fecha que la misma ley determine, exprese su conformidad por mayoría absoluta de los votos emitidos y serán promulgadas por el Presidente de la Asamblea General.

En *tercer lugar*, la iniciativa de la reforma puede partir del Poder Ejecutivo o de representantes ante la Asamblea General mediante la convocatoria de una Convención Nacional Constituyente. En tal caso, el inciso C del mismo artículo 331 de la Constitución dispone que los Senadores, los Representantes y el Poder Ejecutivo también pueden presentar proyectos de reforma, los cuales deben ser aprobados por mayoría absoluta del total de los componentes de la Asamblea General. Si el proyecto fuere desechado el mismo no podrá reiterarse hasta el siguiente período legislativo, debiendo observar las mismas formalidades.

Ahora bien, aprobada la iniciativa y promulgada por el Presidente de la Asamblea General, el Poder Ejecutivo debe convocar, dentro de los noventa días siguientes, a elecciones de una Convención Nacional Constituyente que debe deliberar y resolver sobre las iniciativas aprobadas para reforma, así como sobre las demás que puedan presentarse ante la Convención.

A los efectos de la elección de la Convención Nacional Constituyente, el artículo 331 de la Constitución dispone que el número de convencionales será el doble del de Legisladores, debiendo elegirse conjuntamente suplentes en número doble al de convencionales; siendo las condiciones de elegibilidad, inmunidades e incompatibilidades, las mismas que rigen para los Representantes. La elección debe realizarse por listas departamentales, rigiéndose por el sistema de la representación proporcional integral y conforme a las leyes vigentes para la elección de Representantes.

La Convención se debe reunir dentro del plazo de un año, contado desde la fecha en que se haya promulgado la iniciativa de reforma. Sus resoluciones deben tomarse por mayoría absoluta del número total de convencionales, debiendo terminar sus tareas dentro del año contado desde la fecha de su instalación. El proyecto o proyectos redactados por la Convención deben ser comunicados al Poder ejecutivo para su inmediata y profusa publicación.

El proyecto o proyectos redactados por la Convención deben ser ratificados por el Cuerpo Electoral convocado al efecto por el Poder Ejecutivo, en la fecha que haya indicado la Convención Nacional Constituyente.

En este caso, los votantes también deben expresarse por "Sí" o por "No" y si fueran varios los textos de enmiendas, se deben pronunciar por separado sobre cada uno de ellos. A tal efecto, la Convención Constituyente debe agrupar las reformas que por su naturaleza exijan pronunciamiento de conjunto. Sin embargo, un tercio de miembros de la Convención puede exigir el pronunciamiento por separado de uno o varios textos.

La reforma o reformas deben ser aprobadas por mayoría de sufragios, en número no inferior al treinta y cinco por ciento de los ciudadanos inscritos en el registro Cívico Nacional.

Por último debe señalarse que en todos los procedimientos de reforma constitucional antes indicados, si la convocatoria del Cuerpo Electoral para la ratificación de las enmiendas coincidiera con alguna elección de integrantes de órganos del Estado, los ciudadanos deben expresar su voluntad sobre las reformas constitucionales, en documento separado y con independencia de las listas de elección. Cuando las reformas se refieran a la elección de cargos electivos, al ser sometidas al plebiscito, simultáneamente se debe votar para esos cargos por el sistema propuesto y por el anterior, teniendo fuerza imperativa la decisión plebiscitaria.

Bolivia: En el caso de Bolivia, la reciente Constitución de 2009 establece dos procedimientos para la reforma de la Constitución (reforma total y reforma parcial), pero en cualquier caso, para la vigencia de la reforma se necesita de un referendo aprobatorio.

En efecto, el artículo 411 de la Constitución dispone que en los casos de reforma total de la Constitución, o cuando la reforma afecte las bases fundamentales de dicho texto, los derechos, deberes y garantías previstos en el mismo, o la primacía y reforma de la Constitución, dicha reforma total debe realizarse por una Asamblea Constituyente originaria plenipotenciaria, cuya activación corresponde, primero, a la por voluntad popular mediante referendo que debe ser convocado por iniciativa ciudadana, con la firma de al menos el 20% del electorado; por mayoría absoluta de los miembros de la Asamblea Legislativa Plurinacional; o por el Presidente del Estado. La Asamblea Constituyente debe aprobar el texto constitucional por dos tercios del total de sus miembros presentes, pero en cualquier caso la vigencia de la reforma necesita de un referendo constitucional aprobatorio.

En cuanto a la reforma parcial de la Constitución, la misma puede iniciarse por iniciativa popular, con la firma de al menos el 20% del electorado; o por la Asamblea Legislativa Plurinacional, mediante una ley de reforma constitucional que debe ser aprobada por dos tercios del total de los miembros presentes de la Asamblea Legislativa Plurinacional. En este caso, también, cualquier reforma parcial necesita de referendo constitucional aprobatorio.

2. *La revisión constitucional ejercida por el pueblo (en forma no exclusiva) como alternativa entre otros procedimientos*

Salvo el caso del Uruguay donde siempre se requiere la participación popular para la aprobación de las reformas constitucionales, en los otros países latinoamericanos en los cuales se regula la participación del pueblo en el proceso de revisión constitucional, ello se establece con excepciones o en paralelo a otros procedimientos de revisión los cuales se realizan sin la aprobación popular de las reformas. Es el caso, por ejemplo, de Venezuela, Colombia, Paraguay, Guatemala y Costa Rica, donde además se regula el funcionamiento de una Asamblea Constituyente; y del Perú, Cuba Chile, Ecuador y Panamá, donde además se atribuye al órgano legislativo la potestad de aprobar la reforma o enmienda constitucional. En Colombia, además del procedimiento de revisión constitucional mediante referendo, se regula la Asamblea Constituyente y los Actos Legislativos de reforma constitucional aprobados por el Congreso.

Perú: La iniciativa de reforma constitucional en el Perú corresponde al Presidente de la República, con aprobación del Consejo de Ministros; a los congresistas; y a un número de ciudadanos equivalente al cero punto tres por ciento (0.3%) de la población electoral, con firmas comprobadas por la autoridad electoral

De acuerdo con el Artículo 206 de la Constitución del Perú, toda reforma constitucional debe ser sometida a la consideración del Congreso, órgano que debe aprobarla con mayoría absoluta del número legal de sus miembros y ratificada mediante referéndum.

Sin embargo, dispone la misma norma que puede omitirse el referéndum cuando el acuerdo del Congreso se obtenga en dos legislaturas ordinarias sucesivas con una votación favorable, en cada caso, superior a los dos tercios del número legal de congresistas.

En todo caso, la ley de reforma constitucional no puede ser observada (objetada) por el Presidente de la República.

Colombia: En el caso de Colombia, como se dijo, el artículo 374 de la Constitución establece que la misma puede ser reformada mediante tres procedimientos: por el Congreso, mediante la sanción de actos legislativos; por una Asamblea Constituyente convocada al efecto o por el pueblo mediante referendo.

En los casos de aprobación de reformas constitucionales por el pueblo mediante referendo, la convocatoria al mismo debe realizarse en dos casos: en primer lugar, en algunos casos de reformas aprobadas por el Congreso mediante actos legislativos referidas a determinadas materias; y en segundo lugar, cuando para ello se produzca una iniciativa gubernamental o popular.

En efecto, en primer lugar, el artículo 377 de la Constitución exige que deben someterse a referendo las reformas constitucionales aprobadas por el Congreso mediante acto legislativo, cuando se refieran: 1) a los derechos reconocidos en el capítulo 1 del título II de la Constitución y a sus garantías, 2) a los procedimientos de participación popular, o 3) al Congreso; Y, además, si dentro de los seis meses siguientes a la promulgación del acto legislativo, así lo solicita un cinco por ciento de los ciudadanos que integren el censo electoral. En este caso, la reforma se debe entender derogada por el voto negativo de la mayoría de los sufragantes, siempre que en la votación hubiere participado al menos la cuarta parte del censo electoral.

En segundo lugar, conforme al artículo 378 de la Constitución, por iniciativa del gobierno o de los ciudadanos en las condiciones establecidas en el artículo 155 de la Constitución, el Congreso, mediante ley que requiere la aprobación de la mayoría de miembros de ambas Cámaras, puede someter a referendo un proyecto de reforma constitucional que el mismo Congreso incorpore a la ley. En este caso, el referendo debe ser presentado de manera que los electores puedan escoger libremente en el temario o articulado qué votan positivamente y qué votan negativamente.

La aprobación de reformas a la Constitución por vía de referendo requiere el voto afirmativo de más de la mitad de los sufragantes, y que el número de éstos exceda de la cuarta parte del total de ciudadanos que integren el censo electoral.

Conforme al artículo 379 de la Constitución, en todos estos casos de actos legislativos, de convocatoria a referendo, o de consulta popular, los mimos sólo pueden ser declarados inconstitucionales cuando se violen los requisitos establecidos en el Título XIII de la Constitución en el cual se regula la reforma constitucional. La acción pública contra estos actos sólo procede dentro del año siguiente a su promulgación, con observancia de lo dispuesto en el artículo 241 numeral 2 de la propia Constitución.

Venezuela: En el caso de Venezuela, la revisión constitucional se puede realizar mediante la adopción de enmiendas y reformas que siempre requieren de la aprobación popular por la vía de referendo. En cuanto a la convocatoria de una Asamblea Nacional Constituyente, la misma debe ser convocada por referendo, aún cuando la nueva Constitución no tiene que ser aprobada por el pueblo.

Los artículos 340 y 341 de la Constitución regulan las *Enmiendas constitucionales,* las cuales deben tener por objeto la adición o modificación de uno o varios artículos de esta Constitución, sin alterar su estructura fundamental; debiendo tramitarse conforme al artículo 341, en la forma siguiente:

1. La iniciativa puede partir del quince por ciento de los ciudadanos inscritos en el Registro Civil y Electoral; o de un treinta por ciento de los integrantes de la Asamblea Nacional o del Presidente de la República en Consejo de Ministros.

2. Cuando la iniciativa parta de la Asamblea Nacional, la enmienda requiere la aprobación de ésta por la mayoría de sus integrantes y se debe discutir, según el procedimiento establecido en esta Constitución para la formación de leyes.

3. El Poder Electoral debe someter a referendo las enmiendas a los treinta días siguientes a su recepción formal.

4. Se consideran aprobadas las enmiendas de acuerdo con lo establecido en esta Constitución y en la ley relativa al referendo aprobatorio.

5. Las enmiendas deben ser numeradas consecutivamente y se deben publicar a continuación de la Constitución sin alterar su texto, pero anotando al pie del artículo o artículos enmendados la referencia de número y fecha de la enmienda que lo modificó.

El Presidente de la República está obligado a promulgar las enmiendas dentro de los diez días siguientes a su aprobación. Si no lo hiciere, se aplicará lo previsto en la Constitución (Art. 346). En este último caso, se aplica el artículo 216 de la Constitución, el cual establece la obligación del Presidente y de los Vicepresidentes de la Asamblea Nacional de promulgar la ley cuando el Presidente de la República no lo hiciere en los lapsos respectivos.

En segundo lugar, en cuanto a las *Reformas constitucionales*, conforme al artículo 342 de la Constitución, las mismas tienen por objeto una revisión parcial de la misma y la sustitución de una o varias de sus normas que no modifiquen la estructura y principios fundamentales del texto constitucional.

La iniciativa de la Reforma puede ser tomada por la Asamblea Nacional mediante acuerdo aprobado por el voto de la mayoría de sus integrantes; por el Presidente de la República en Consejo de Ministros; o por un número no menor del quince por ciento de los electores inscritos en el Registro Civil y Electoral.

El artículo 343 de la Constitución regula el trámite de la iniciativa de reforma constitucional por la Asamblea Nacional en la forma siguiente:

1. El proyecto de reforma constitucional debe tener una primera discusión en el período de sesiones correspondiente a la presentación del mismo.

2. Una segunda discusión por Título o Capítulo, según fuera el caso.

3. Una tercera y última discusión artículo por artículo.

4. La Asamblea Nacional debe aprobar el proyecto de reforma constitucional en un plazo no mayor de dos años, contados a partir de la fecha en la cual conoció y aprobó la solicitud de reforma.

5. El proyecto de reforma se debe considerar aprobado con el voto de las dos terceras partes de los o las integrantes de la Asamblea Nacional.

El proyecto de reforma constitucional aprobado por la Asamblea Nacional, conforme lo exige el artículo 344 de la Constitución, debe ser sometido a referendo dentro de los treinta días siguientes a su sanción. El referendo se debe pronunciar en conjunto sobre la reforma, pero puede votarse separadamente hasta una tercera parte de ella, si así lo aprobara un número no menor de una tercera parte de la Asamblea Nacional o si en la iniciativa de reforma así lo hubiere solicitado el Presidente de la República o un número no menor del cinco por ciento de los electores inscritos en el Registro Civil y Electoral.

La Reforma constitucional se debe declarar aprobada si el número de votos afirmativos es superior al número de votos negativos. La iniciativa de reforma constitucional que no sea aprobada no puede presentarse de nuevo en un mismo período constitucional a la Asamblea Nacional (Art. 345).

El Presidente de la República está obligado a promulgar las reformas dentro de los diez días siguientes a su aprobación. Si no lo hiciere, se aplicará lo previsto en la Constitución (Art. 346). En este caso, igual que en las enmiendas, se aplica el artículo 216 de la Constitución.

Por último, conforme al artículo 347 de la Constitución, el pueblo, como "depositario del poder constituyente originario," puede convocar una Asamblea Nacional Constituyente con el objeto de transformar el Estado, crear un nuevo ordenamiento jurídico y redactar una nueva Constitución. La voluntad del pueblo debe manifestarse mediante un referendo decisorio que debe ser convocado como se indica en el artículo 348, a iniciativa del Presidente de la República en Consejo de Ministros; de la Asamblea Nacional, mediante acuerdo de las dos terceras partes de sus integrantes; de los Consejos Municipales en cabildo, mediante el voto de las dos terceras partes de los mismos; o del 15% de los electores inscritos en el registro Civil y Electoral. La Constitución no exige que la nueva Constitución que apruebe la Asamblea Nacional Constituyente deba someterse a la aprobación popular.

Paraguay: Además del procedimiento para la reforma de la Constitución que se atribuye a una Convención Nacional Constituyente, la Constitución del Paraguay regula el procedimiento de la enmienda, que debe ser aprobada mediante referendo.

A tal efecto, el artículo 290 de la Constitución establece que transcurridos tres años de promulgada esta Constitución, podrán realizarse enmiendas a iniciativa de la cuarta parte de los legisladores de cualquiera de las Cámaras del Congreso, del Presidente de la República o de treinta mil electores, en petición firmada.

El texto íntegro de la enmienda debe ser aprobado por mayoría absoluta tanto en la Cámara de origen como en la Cámara revisora. Si en cualquiera de las Cámaras no se reuniese la mayoría requerida para su aprobación, se debe tener por rechazada la enmienda, no pudiendo volver a presentarse dentro del término de un año.

Aprobada la enmienda por ambas Cámaras del Congreso, su texto debe remitirse al Tribunal Superior de Justicia Electoral para que, dentro del plazo de ciento ochenta días, se convoque a un **referéndum.** Si el resultado de este es afirmativo, la enmienda quedará sancionada y promulgada, incorporándose al texto constitucional. Si la enmienda es derogatoria, no podrá promoverse otra sobre el mismo tema antes de tres años.

No se utilizará el procedimiento indicado de la enmienda, sino el de la reforma, para aquellas disposiciones que afecten el modo de elección, la composición, la duración de mandatos o las atribuciones de cualquiera de los poderes del Estado, o las disposiciones de los Capítulos I, II, III y IV del Título II, de la Parte I, referidos a derechos y garantías constitucionales, específicamente, el derecho a la vida, el derecho a un ambiente sano, el derecho a la protección de la libertad y seguridad personales, el derecho a la igualdad, y finalmente, los derechos de la familia.

Cuba: De acuerdo con el artículo 137 de la Constitución de Cuba, corresponde a la Asamblea Nacional del Poder Popular la aprobación de las reformas constitucionales; sin embargo, si la reforma se refiere a la integración y facultades de la Asamblea Nacional del Poder Popular o de su Consejo de Estado o a los derechos y deberes consagrados en la Constitución, la misma requiere, además, la ratificación por el voto favorable de la mayoría de los ciudadanos con derecho electoral, en referendo convocado al efecto por la propia Asamblea.

Guatemala: En la Constitución de Guatemala se establecen dos procedimientos para las reformas constitucionales según la parte de la Constitución que deba ser objeto de la reforma: en primer lugar, si se trata de reformar el artículo 278 (que la regula la misma reforma constitucional) o cualesquiera de los artículos contenidos en el Capítulo I del Título II de la Constitución (Capítulo que regula los derechos individuales), la reforma debe hacerse mediante una Asamblea Nacional Constituyente; y en segundo lugar, si se trata de cualquier otra reforma constitucional, conforme al artículo 280 de la Constitución, es necesario que las reformas las apruebe el Congreso de la República con el voto afirmativo de las dos terceras partes del total de diputados, pero las mismas sólo pueden entrar en vigencia una vez que sean ratificadas mediante la consulta popular a que ser refiere el artículo 173 de la Constitución, el cual regula el procedimiento consultivo a que deben ser sometidas las decisiones políticas de especial trascendencia.

El mismo artículo 280 dispone que si el resultado de la consulta popular fuere de ratificación de la reforma, ésta entrará en vigencia sesenta días después que el Tribunal Supremo Electoral anuncie el resultado de la consulta.

Chile: En Chile, los artículos 116 y siguientes de la Constitución le atribuyen en general al Congreso Nacional la potestad de aprobar las reformas constitucionales. Ahora bien, una vez aprobado el Proyecto de reforma, el mismo debe ser enviado al Presidente de la República para su promulgación, quien puede rechazarlo, en cuyo caso, si el Congreso insiste en el proyecto, el Presidente debe promulgarlo, a menos que **consulte a la ciudadanía mediante plebiscito**.

Igualmente, en caso de que el Presidente formule observaciones parciales a un proyecto de reforma constitucional aprobado por el Congreso, en caso de que ambas Cámaras insistieren en la parte del proyecto aprobado por ellas, se debe devolver al Presidente para su promulgación la parte del proyecto que haya sido objeto de insistencia, salvo que éste consulte a la ciudadanía para que se pronuncie mediante un plebiscito, respecto de las cuestiones en desacuerdo.

Conforme al artículo 119 de la Constitución, la convocatoria a plebiscito debe efectuarse dentro de los treinta días siguientes a aquél en que ambas Cámaras insistan en el proyecto aprobado por ellas, y se debe ordenar mediante decreto supremo en el cual se debe que fijar la fecha de la votación plebiscitaria, la que no podrá tener lugar antes de treinta días ni después de sesenta, contado desde la publicación de dicho decreto. Transcurrido este plazo sin que el Presidente convoque a plebiscito, se promulgará el proyecto que hubiere aprobado el Congreso.

El decreto de convocatoria debe contener, según corresponda, el proyecto aprobado por el Congreso Pleno y vetado totalmente por el Presidente de la República, o las cuestiones del proyecto en las cuales el Congreso haya insistido. En este último caso, cada una de las cuestiones en desacuerdo deberá ser votada separadamente en el plebiscito.

El Tribunal Calificador deba comunicar al Presidente de la República el resultado del plebiscito, y debe especificar el texto del proyecto aprobado por la ciudadanía, el que debe ser promulgado como reforma constitucional dentro de los cinco días siguientes a dicha comunicación. Una vez promulgado el proyecto y desde la fecha de su vigencia, sus disposiciones formarán parte de la Constitución y se deben tender por incorporadas a ésta.

Ecuador: De acuerdo con el artículo 441 de la Constitución Política del Ecuador, la misma puede ser enmendada por la Asamblea Nacional, pero en caso de reforma parcial y total, se requiere de aprobación popular mediante referendo.

En efecto, conforme al articulo 442, en los casos de reforma parcial que no suponga una restricción en los derechos y garantías constitucionales, ni modifique el procedimiento de reforma de la Constitución, la misma puede tener lugar por iniciativa de la Presidente de la República, o a solicitud de la ciudadanía con el respaldo de al menos el 1% de ciudadanos inscritos en el registro electoral, o mediante resolución aprobada por la mayoría de los integrantes de la Asamblea Nacional. La iniciativa de reforma constitucional debe ser tramitada por la Asamblea Nacional en al menos dos debates, y el segundo se debe realizar al menos 90 días después del primero; y el proyecto de reforma se debe aprobar por la Asamblea Nacional, luego de lo cual se debe convocar a referéndum dentro de los 45 días siguientes, para su aprobación popular. Esta se produce si la reforma obtiene al menos la mitad más uno de los votos válidos emitidos. Una vez aprobada la reforma en referéndum, y dentro de los 7 días siguientes, el Consejo Nacional Electoral debe disponer su publicación.

En los casos en los que se proceda a una reforma total de la Constitución mediante una asamblea constituyente, conforme al artículo 444, ésta solo puede ser convocada a través de consulta popular, que puede ser solicitada por el Presidente de la República, por las 2/3 partes de la Asamblea Nacional, o por el 12% de las personas inscritas en el registro electoral. La consulta debe incluir la forma de elección de los representantes y las reglas del proceso electoral. La nueva Constitución, en todo caso, para su entrada en vigencia, requiere ser aprobada mediante referéndum con la mitad más uno de los votos válidos.

Panamá: El artículo 308 de la Constitución de Panamá establece que a iniciativa de la Asamblea Legislativa, el Consejo de Gabinete o la Corte Suprema de Justicia, se puede iniciar el procedimiento de reforma constitucional, el cual necesariamente conlleva la consideración y aprobación por la Asamblea Legislativa de un Acto Legislativo con mayorías calificadas en dos Legislaturas subsiguientes. Si en la segunda Legislatura no se producen modificaciones, la reforma se considera aprobada; en cambio, si en esa segunda Legislatura se introducen modificaciones, entonces se requiere la aprobación popular mediante referendo de la reforma constitucional, sin que en la segunda el proyecto de reforma sufra modificación.

El mismo artículo 308 de la Constitución regula este procedimiento al establecer que la reforma constitucional puede ser aprobada por un Acto Legislativo aprobado en tres debates por la mayoría absoluta de los miembros de la Asamblea Legislativa, en una legislatura, y aprobado igualmente, en tres debates, por mayoría absoluta de los miembros de la mencionada Asamblea, en la legislatura inmediatamente siguiente. En ésta se puede modificar el texto aprobado en la legislatura anterior.

El Acto Legislativo aprobado de esta forma debe ser publicado en la Gaceta Oficial y sometido a **consulta** popular directa mediante referéndum que se debe celebrar en la fecha que señale la Asamblea Legislativa, dentro de un plazo que no puede ser menor de tres meses ni exceder de seis meses, contados desde la aprobación del Acto Legislativo por la segunda legislatura.

El Acto Legislativo aprobado con arreglo al procedimiento señalado, empezará a regir a partir de su publicación en la Gaceta Oficial, la cual debe hacerse por el Órgano Ejecutivo, dentro de los treinta días hábiles siguientes a su aprobación mediante referéndum, según fuere el caso, sin que la publicación posterior a dichos plazos sea causa de inconstitucionalidad.

Costa Rica: En Costa Rica se distinguen dos procedimientos para la reforma constitucional, según se trate de reforma general en cuyo caso se atribuye a una Asamblea Nacional Constituyente, o de una reforma parcial, que se sigue ante el órgano del Poder legislativo. En este procedimiento para la reforma parcial, dispone el artículo 8 de la Constitución que de conformidad con el artículo 105 del mismo texto, las reformas constitucionales podrán someterse a referéndum después de ser aprobadas en una legislatura y antes de la siguiente, si lo acuerdan las dos terceras partes del total de los miembros de la Asamblea Legislativa.

III. EL PODER CONSTITUYENTE DERIVADO ATRIBUIDO A ÓRGANOS CONSTITUIDOS DEL ESTADO

Aparte de atribuir directamente el poder constituyente derivado al pueblo soberano, otras Constituciones de América Latina atribuyen tal poder a diversos órganos del Estado, de carácter representativos: sea un órgano especialmente concebido para ello, como son las Asambleas o Convenciones constituyentes; sea los órganos legislativos del Estado (órganos constituidos) mediante procedimientos específicos.

En efecto, en *primer lugar*, muchas otras Constituciones regulan el poder constituyente derivado atribuyéndolo a una Convención o Asamblea Constituyente, sea como procedimiento exclusivo de reforma constitucional como sucede en Argentina; como procedimiento exclusivo para las reformas constitucionales o reformas totales, distintas a las enmiendas, como sucede en Costa Rica, Paraguay y Nicaragua; como procedimiento exclusivo para la reforma de determinadas normas de la Constitución, como sucede en Guatemala; o en combinación con otros procedimientos de revisión constitucional como el referendo popular, como sucede en Colombia y Venezuela.

En *segundo lugar*, otras Constituciones atribuyen el ejercicio del poder constituyente derivado a los órganos que ejercen el Poder Legislativo, como los Congresos o Asambleas legislativas, en algunos casos en forma exclusiva, como sucede El Salvador, y como también sucede en México pero combinando la participación de los órganos legislativos Federal y de los Estados federados; y en otros casos, como alternativa de reforma respecto de otros procedimientos como el referendo, como sucede en Panamá, Colombia, Cuba, Chile y Ecuador; o como la Asamblea Constituyente, como sucede en Colombia, Costa Rica y Nicaragua, y también en Ecuador. En todo caso, además, sean cuales fueren los procedimientos de revisión constitucional, en una u otra forma siempre tienen participación los órganos de representación popular.

1. *El poder de revisión constitucional ejercido por una Asamblea o Convención Constituyente*

En muchos países de América Latina, como se ha dicho, se ha regulado el poder constituyente derivado atribuyendo su ejercicio conforme a la Constitución, a una Convención o Asamblea Constituyente, sea como procedimiento exclusivo de reforma constitucional como sucede en Argentina; como procedimiento exclusivo para las reformas constitucionales o reformas totales, distintas a las enmiendas, como sucede en Costa Rica, Paraguay y Nicaragua; como procedimiento exclusivo para la reforma de determinadas normas de la Constitución, como sucede en Guatemala; o en combinación con otros procedimientos de revisión constitucional como el referendo popular, como sucede en Colombia y Venezuela.

Argentina: En Argentina, la Constitución puede reformarse en todo o en cualquiera de sus partes. Para ello el artículo 30 de la misma, establece dos fases que deben cumplirse: primero, tiene que producirse una declaratoria de la necesidad de reforma por el Congreso con el voto de dos terceras partes, al menos, de sus miembros; y segundo, una vez que se produce tal declaratoria, la reforma sólo puede efectuarse por una Convención convocada al efecto.

Costa Rica: En Costa Rica, el artículo 196 de la Constitución dispone expresamente que la reforma general de la Constitución, sólo puede hacerse por una Asamblea Constituyente convocada al efecto. Tal convocatoria debe hacerse mediante una ley aprobada por votación no menor de dos tercios del total de los miembros de la Asamblea Legislativa y no requiere sanción del Poder Ejecutivo.

Paraguay: La Constitución de Paraguay distingue entre la reforma y la enmienda como procedimientos para la revisión constitucional, atribuyendo la primera a una Convención Nacional Constituyente, y la segunda a la aprobación por referendo.

En cuanto al procedimiento de la reforma mediante Convención Nacional Constituyente, el mismo debe utilizarse necesariamente para la reforma de aquellas disposiciones que afecten el modo de elección, la composición, la duración de mandatos a las atribuciones de cualquiera de los poderes del Estado, o las disposiciones de los Capítulos I, II, III y IV del Título II, de la Parte I, referidos a derechos y garantías constitucionales, específicamente, el derecho a la vida, el derecho a un ambiente sano, el derecho a la protección de la libertad y seguridad personales, el derecho a la igualdad, y finalmente, los derechos de la familia.

Ahora bien, dispone el artículo 289 de la Constitución que la reforma sólo procede luego de diez años de la promulgación de la Constitución; y la pueden solicitar el veinticinco por ciento de los legisladores de cualquiera de las Cámaras del Congreso, el Presidente de la República o treinta mil electores, en petición firmada. Se requiere, sin embargo, una declaración de la necesidad de la reforma que debe ser aprobada por mayoría absoluta de dos tercios de los miembros de cada Cámara del Congreso.

Una vez decidida la necesidad de la reforma, el Tribunal Superior de Justicia Electoral debe llamar a elecciones de una Convención Nacional Constituyente dentro del plazo de ciento ochenta días, en comicios generales que no coincidan con ningún otro.

El número de miembros de la Convención Nacional Constituyente no puede exceder del total de los integrantes del Congreso; y sus condiciones de elegibilidad, así como la determinación de sus incompatibilidades, deben ser fijadas por ley. Los convencionales tendrán las mismas inmunidades establecidas para los miembros del Congreso.

Sancionada la nueva Constitución por la **Convención** Nacional Constituyente, queda promulgada de pleno derecho.

Nicaragua: La Constitución de Nicaragua establece dos procedimientos de reforma constitucional, según se trate de reformas parciales o totales. Las reformas parciales se atribuyen a la Asamblea Nacional, así como la potestad para conocer y resolver sobre la iniciativa de reforma total de la misma con el voto de la mitad más uno de los diputados de la Asamblea Nacional (Art. 191).

El artículo 193 de la Constitución dispone que la iniciativa de reforma total corresponde a la mitad más uno de los diputados de la Asamblea Nacional (Art. 191), y su aprobación requiere el voto de los dos tercios del total de los diputados (Art. 192).

Una vez aprobada la iniciativa de reforma total, la Asamblea Nacional debe fijar un plazo para la convocatoria de elecciones de Asamblea Nacional Constituyente. La Asamblea Nacional conserva su mandato hasta la instalación de la nueva Asamblea Nacional Constituyente.

En todo caso, dispone expresamente el artículo 194 de la Constitución, que "mientras no se apruebe por la Asamblea Nacional Constituyente la nueva Constitución, seguirá en vigencia la presente Constitución".

Guatemala: De acuerdo con el artículo 277 de la Constitución, tienen iniciativa para proponer reformas a la Constitución el Presidente de la República en Consejo de Ministros; diez o más diputados al Congreso de la República; la Corte de Constitucionalidad; y el pueblo mediante petición dirigida al Congreso de la República, por no menos de cinco mil ciudadanos debidamente empadronados por el Registros de Ciudadanos.

La competencia para resolver sobre las reformas constitucionales se atribuye en la Constitución, según los artículos constitucionales a reformar, tanto al Congreso con aprobación popular como a una Asamblea Nacional Constituyente.

En particular, cuando se trate de la reforma del artículo 278 (que regula precisamente la Asamblea Nacional Constituyente) así como de cualquier artículo de los contenidos en el Capítulo I del Título II de la Constitución (que se refieren a los derechos individuales), es indispensable que el Congreso de la República, con el voto afirmativo de las dos terceras partes de los miembros que lo integran, convoque a una Asamblea Nacional Constituyente.

En el decreto de convocatoria el Congreso debe señalar el artículo o los artículos que hayan de revisarse y se comunicar al Tribunal Supremo Electoral para que fije la fecha en que se deban llevar a cabo las elecciones dentro del plazo máximo de ciento veinte días, procediéndose en lo demás conforme a la Ley Electoral Constitucional.

El artículo 279 de la Constitución precisa que las calidades requeridas para ser diputado a la Asamblea Nacional Constituyente son las mismas que se exigen para ser Diputado al Congreso y los diputados constituyentes gozarán de iguales inmunidades y prerrogativas. Sin embargo, no se puede ser simultáneamente diputado a la Asamblea Nacional Constituyente y al Congreso de la República. Las elecciones de diputados a la Asamblea Nacional Constituyente, el número de diputados a elegir y las demás cuestiones relacionadas, con el proceso electoral se normarán en igual forma que las elecciones al Congreso de la República.

En cuanto al funcionamiento de la Asamblea Nacional Constituyente, conforme se establece en el mismo artículo 279 de la Constitución, "la Asamblea Nacional Constituyente y el Congreso de la República podrán funcionar simultáneamente".

Venezuela: En Venezuela y en la misma orientación de la experiencia colombiana de 1991, en 1999 se sometió a referendo consultivo el tema de la convocatoria de una Asamblea Nacional Constituyente como instrumento de revisión constitucional, sin que el texto de la Constitución vigente de 1961 regulara en forma alguna dicho procedimiento de revisión constitucional. En todo caso, al igual que en Colombia, luego de un intenso debate sobre el tema y de decisiones de la Jurisdicción constitucional, la Asamblea Nacional Constituyente fue electa, y en el texto de la Constitución que sancionó y que fue sometida a un referendo aprobatorio en 1999, se reguló expresamente este procedimiento de revisión constitucional, paralelamente a los de la Enmienda y la Reforma con referendos aprobatorios.

En efecto, el artículo 347 de la Constitución comienza por precisar que "el pueblo de Venezuela es el depositario del poder constituyente originario" y que "en ejercicio de dicho poder", el pueblo "puede convocar una Asamblea Nacional Constituyente con el objeto de transformar el Estado, crear un nuevo ordenamiento jurídico y redactar una nueva Constitución". Con esta declaración expresa, la Constitución de 1999 eliminó toda discusión sobre si la Asamblea Nacional Constituyente, una vez electa, pudiese o no asumir el poder constituyente originario o sólo tendría un poder constituyente derivado. Esta discusión en cambio fue la que precisamente presidió el funcionamiento de la Asamblea Nacional Constituyente de 1999, la cual se arrogó tal poder constituyente originario, dando entonces un golpe de Estado. El texto constitucional que sancionó, en cambio, eliminó toda posibilidad de que la Asamblea Nacional Constituyente usurpe el poder constituyente originario que sólo lo tiene el pueblo.

Ahora bien, conforme al artículo 348 de la Constitución, la convocatoria de la Asamblea nacional Constituyente debe hacerla el pueblo, sin duda, mediante referendo decisorio, y la iniciativa para la convocatoria de tal referendo para elegir e integrar la Asamblea Nacional Constituyente la puede tomar el Presidente de la República en Consejo de Ministros; la Asamblea Nacional, mediante acuerdo de las dos terceras partes de sus integrantes; los Concejos Municipales en cabildo, mediante el voto de las dos terceras partes de los mismos; o el quince por ciento de los electores inscritos en el Registro Civil y Electoral.

Es decir, una vez ejercida la iniciativa ante el Poder Electoral, el Consejo Nacional Electoral, debe proceder a convocar un referendo para someter a la decisión al pueblo el tema, pues es el pueblo el que puede "convocar" la Asamblea Nacional Constituyente; y luego de que se manifieste mediante referendo sobre la convocatoria y sobre el estatuto básico de la Asamblea, debe procederse a la elección de los miembros de la Asamblea de acuerdo con el Estatuto que se apruebe popularmente.

Durante el funcionamiento de la Asamblea, como mecanismo de revisión constitucional con el único objeto "de transformar el Estado, crear un nuevo ordenamiento jurídico y redactar una nueva Constitución" (Art. 347), "los poderes constituidos no podrán en forma alguna impedir las decisiones de la Asamblea Nacional Constituyente" (Art. 349).

Una vez sancionada la Constitución por la Asamblea convocada y electa popularmente, la misma no necesita ser aprobada por el pueblo mediante referendo. Por otra parte, dispone el artículo 349 de la Constitución, que el Presidente de la República no puede objetar la nueva Constitución; la cual una vez promulgada, debe publicarse en la Gaceta Oficial de la República Bolivariana de Venezuela o en la Gaceta de la Asamblea Nacional Constituyente.

Bolivia: En la reforma constitucional efectuada en 2008-2009 en Bolivia, se recogió la figura de la Asamblea Constituyente que había sido creada en 2004, estableciéndosela específicamente para la "reforma total de la Constitución" o para reformas que afecten sus bases fundamentales, o los derechos, deberes y garantías, o la primacía o reforma de la Constitución configurándosela como "originaria plenipotenciaria" (Art.411). La Asamblea Constituyente sólo puede ser activada por voluntad popular mediante referendo convocado a iniciativa ciudadana, con la firma de al menos el 20% del electorado; por mayoría absoluta de los miembros de la Asamblea Legislativa Plurinacional; o por el Presidente del Estado. La Asamblea Constituyente debe autorregularse a todos los efectos, debiendo aprobar el texto constitucional por dos tercios del total de sus miembros presentes. La vigencia de la reforma, en todo caso, necesita de un referendo constitucional aprobatorio.

Colombia: La Constitución colombiana de 1991, producto de una Asamblea Constituyente que en su momento fue convocada sin que dicho poder constituyente estuviese regulado expresamente en la Constitución, ha regulado en cambio, en forma expresa y como alternativa para la revisión constitucional, además del referendo aprobatorio y de los actos legislativos emanados del Congreso, el procedimiento a través de una Asamblea Constituyente.

En efecto, el artículo 376 de la Constitución dispone que mediante ley aprobada por mayoría de los miembros de una y otra cámara del Congreso, éste puede disponer que el pueblo en votación popular decida si convoca una asamblea constituyente con la competencia, el período y la composición que la misma ley determine.

Se debe entender que el pueblo convoca la asamblea, si así lo aprueba, cuando menos, una tercera parte de los integrantes del censo electoral. En tal caso, la asamblea debe ser elegida por el voto directo de los ciudadanos, en acto electoral que no puede coincidir con otro.

En este caso de convocatoria de una Asamblea Constituyente para la revisión constitucional, entonces la Asamblea asume en exclusiva el poder constituyente derivado, por lo que a partir de su elección queda en suspenso la facultad ordinaria del Congreso para reformar la Constitución durante el término señalado para que la asamblea cumpla sus funciones.

La asamblea una vez electa e instalada debe adoptar su propio reglamento.

En este caso del acto de convocación de la asamblea constituyente, el artículo 379 de la Constitución establece que el mismo sólo puede ser declarado inconstitucional cuando se violen los requisitos establecidos en el Título VIII en cual se regula la reforma constitucional, procediendo la acción pública contra el mismo dentro del año siguiente a su promulgación, con observancia de lo dispuesto en el artículo 241 numeral 2 de la Constitución (potestad de la Corte Constitucional de decidir, con anterioridad al pronunciamiento popular, sobre la constitucionalidad de la convocatoria a un referendo o a una asamblea constituyente para reformar la Constitución, sólo por vicios de procedimiento en su formación).

2. *El poder de revisión constitucional ejercido por los órganos del poder legislativo del Estado*

Por último, otras Constituciones atribuyen el ejercicio del poder constituyente derivado al órgano que ejerce el Poder Legislativo, en algunos casos en forma exclusiva como sucede en El Salvador, y como también sucede en México pero combinando la participación de los órganos legislativos federal y de los Estados federados; y en otros casos, como alternativa de reforma respecto de otros procedimientos como el referendo, como sucede en Panamá, Colombia, Cuba y Chile; o como la Asamblea Constituyente, como sucede en Bolivia, Colombia, Costa Rica y Nicaragua.

El Salvador: De acuerdo con lo que se establece en el artículo 248 de la Constitución de El Salvador, la reforma de la misma puede acordarse por la Asamblea Legislativa, únicamente a propuesta de al menos diez Diputados; y con el voto de la mitad más uno de los Diputados electos. Sin embargo, para que tal reforma pueda decretarse deberá ser ratificada por la siguiente Asamblea Legislativa con el voto de los dos tercios de los Diputados electos. Así ratificada, se emitirá el decreto correspondiente, el cual se mandará a publicar en el Diario Oficial.

República Dominicana: El artículo 116 de la Constitución de la República Dominicana establece el método para la reforma constitucional, indicando que la proposición de la misma se debe presentar en el Congreso Nacional con el apoyo de la tercera parte de los miembros de una u otra Cámara, o si es sometida por el Poder Ejecutivo.

Una vez presentado el proyecto de reforma, conforme al artículo 117, el Congreso debe declarar la necesidad de la reforma por una ley, mediante la cual se ordenará la reunión de la Asamblea Nacional, se determinará el objeto de la reforma y se indicarán los artículos de la Constitución sobre los cuales versará la reforma. Esta ley no puede ser observada por el Poder Ejecutivo.

Para resolver acerca de las reformas propuestas, el artículo 118 dispone que la Asamblea Nacional se debe reunir dentro de los quince días siguientes a la publicación de la ley que declare la necesidad de la reforma, con la presencia de más de la mitad de los miembros de cada una de las Cámaras. Por excepción de lo dispuesto en el artículo 27 constitucional, en este caso las decisiones se deben tomar por la mayoría de las dos terceras partes de los votos.

Una vez votadas y proclamadas las reformas por la Asamblea Nacional, la Constitución debe ser publicada íntegramente con los textos reformados.

Brasil: En Brasil, la Constitución sólo puede ser enmendada por el Congreso Nacional, como parte del "proceso legislativo" (Art. 59); pero ninguna enmienda puede ser aprobada bajo la vigencia de intervención federal, del estado de defensa o del estado de sitio (Art. 60, § 1º)

La propuesta de enmienda puede ser presentada conforme lo indica el artículo 60 de la Constitución: I. De un tercio, al menos, de los miembros de la Cámara de los Diputados o del Senado Federal; II. Del Presidente de la República; III. De más de la mitad de las Asambleas Legislativas de las unidades de la Federación, manifestándose, cada una de ellas, por mayoría relativa de sus miembros.

La propuesta debe ser discutida y votada en cada Cámara del Congreso Nacional, dos veces, considerándose aprobada si se obtuviera, en ambas, tres quintos de los votos de los respectivos miembros (Art. 60 § 2º).

La enmienda a la Constitución será promulgada por las Mesas de las Cámara de los Diputados y del Senado Federal, con el respectivo número de orden (Art. 60 § 3º).

La materia objeto de propuesta de enmienda rechazada o considerada inoperante no podrá ser objeto de nueva propuesta en la misma sesión legislativa (Art. 60 § 5º).

México: La Constitución de México es la única de las Constituciones de los Estados con forma federal de América Latina que establece la necesidad de que las reformas constitucionales además de ser aprobadas por el Congreso federal, sean también aprobadas por las Asambleas Legislativas de los Estados federados.

En efecto, el artículo 135 de la Constitución de 1917 dispone que la misma puede ser adicionada o reformada; pero para que dichas adiciones o reformas lleguen a ser parte de la misma, se requiere que el Congreso de la Unión, por el voto de las dos terceras partes de los individuos presentes, acuerde las reformas o adiciones, y que éstas sean aprobadas por la mayoría de las legislaturas de los Estados. El Congreso de la Unión o la Comisión Permanente en su caso deben hacer el cómputo de los votos de las legislaturas y la declaración de haber sido aprobadas las adiciones o reformas.

Panamá: Como se dijo, en Panamá se regulan dos procedimientos de reforma constitucional, uno de los cuales conlleva la participación popular mediante referendo aprobatorio cuando en la discusión de la reforma en las dos legislaturas de la Asamblea Legislativa se produzcan modificaciones en la segunda.

En caso contrario, con la sólo participación del órgano legislativo se puede reformar la Constitución, conforme al siguiente procedimiento que se regula en el artículo 308 de la Constitución:

La iniciativa para proponer reformas constitucionales corresponde a la Asamblea Legislativa, al Consejo de Gabinete o a la Corte Suprema de Justicia, y las reformas pueden ser aprobadas por un Acto Legislativo aprobado en tres debates por la mayoría absoluta de los miembros de la Asamblea Legislativa, el cual debe ser publicado en la Gaceta Oficial y transmitido por el Órgano Ejecutivo a dicha Asamblea, dentro de los primeros cinco días de las sesiones ordinarias siguientes a las elecciones para la renovación del órgano Legislativo, a efecto de que, en esta última legislatura, sea nuevamente debatido y aprobado sin modificación, en un solo debate, por la mayoría absoluta de los miembros que la integran.

El Acto Legislativo así aprobado empieza a regir a partir de su publicación en la Gaceta oficial, la cual debe hacerse por el Órgano Ejecutivo, dentro de los diez días hábiles que siguen a su ratificación por parte de la Asamblea Legislativa, sin que la publicación posterior a dichos plazos sea causa de inconstitucionalidad.

Cuba: El principio general conforme al artículo 137 de la Constitución de Cuba es que la Constitución solo puede ser reformada por la Asamblea Nacional del Poder Popular mediante acuerdo adoptado, en votación nominal, por una mayoría no inferior a las dos terceras partes del número total de sus integrantes.

Como se ha dicho, sin embargo, sólo si la reforma se refiere a la integración y facultades de la Asamblea Nacional del Poder Popular o de su Consejo de Estado o a derechos y deberes consagrados en la Constitución, se requiere, además, la ratificación por el voto favorable de la mayoría de los ciudadanos con derecho electoral, en referendo convocado al efecto por la propia Asamblea.

Chile: El artículo 116 de la Constitución de Chile establece que los proyectos de reforma de la Constitución pueden ser iniciados por mensaje del Presidente de la República o por moción de cualquiera de los miembros del Congreso Nacional, con las limitaciones señaladas en el inciso primero del artículo 62 (dependiendo de la materia a tratar la discusión tendrá origen en la Cámara de Diputados o en la Cámara del Senado).

El proyecto de reforma necesita para ser aprobado en cada cámara el voto conforme de las tres quintas partes de los diputados y senadores en ejercicio. Sin embargo, si la reforma recayere sobre los capítulos I, III, VII, X, XI o XIV, referidos éstos a las bases de la institucionalidad, los derechos constitucionales, el Tribunal Constitucional, las Fuerzas Armadas, de Orden y Seguridad Pública, el Consejo de Seguridad Nacional y el procedimiento de reforma constitucional, respectivamente, necesitará, en cada Cámara, la aprobación de las dos terceras partes de los diputados y senadores en ejercicio. El sistema de urgencia será aplicable a los proyectos de reforma constitucional.

A los efectos de la discusión, conforme al artículo 117, las dos Cámaras, reunidas en Congreso Pleno, serán convocadas por el Presidente del Senado a una sesión pública, que se celebrará no antes de treinta ni después de sesenta días contados desde la aprobación de un proyecto en la forma señalada en el artículo anterior, en la que, con asistencia de la mayoría del total de sus miembros, tomarán conocimiento de él y procederán a votarlo sin debate.

Si a la hora señalada no se reuniere la mayoría del total de los miembros del Congreso, la sesión se verificará el mismo día, a una hora posterior que el Presidente del Senado haya fijado en la convocatoria, con los diputados y senadores que asistan.

El proyecto que apruebe la mayoría del Congreso Pleno pasará al Presidente de la República. Si el Presidente de la República rechazare totalmente un proyecto de reforma aprobado por el Congreso y éste insistiere en su totalidad por las dos terceras partes de los miembros en ejercicio de cada Cámara, el Presidente deberá promulgar dicho proyecto, a menos que consulte a la ciudadanía mediante plebiscito.

Si el Presidente observare parcialmente un proyecto de reforma aprobado por el Congreso, las observaciones se entenderán aprobadas con el voto conforme de las tres quintas o dos terceras partes de los miembros en ejercicio de cada Cámara, según corresponda de acuerdo con el artículo 116 y se devolverá al Presidente para su promulgación.

En caso de que las Cámaras no aprueben todas o algunas de las observaciones del Presidente, no habrá reforma constitucional sobre los puntos en discrepancia, a menos que ambas Cámaras insistieren por los dos tercios de sus miembros en ejercicio en la parte del proyecto aprobado por ellas. En este último caso, se devolverá al Presidente la parte del proyecto que haya sido objeto de insistencia para su promulgación, salvo que éste consulte a la ciudadanía para que se pronuncie mediante un plebiscito, respecto de las cuestiones en desacuerdo.

La ley orgánica constitucional relativa al Congreso regulará en lo demás lo concerniente a los vetos de los proyectos de reforma y a su tramitación en el Congreso.

Ecuador: De acuerdo con el artículo 441 de la Constitución de Ecuador, aparte de los procedimientos de reforma parcial y toral que requieren aprobación popular, la Constitución puede enmendada en uno o varios de sus artículos, siempre que no altere su estructura fundamental, o el carácter y elementos constitutivos del Estado, que no establezca restricciones a los derechos y garantías, o que no modifique el procedimiento de reforma de la Constitución. El procedimiento de enmienda esta sometido al siguiente procedimiento:

En primer lugar, se realizará mediante referéndum solicitado por el Presidente de la República, o la ciudadanía con el respaldo de al menos el 8% de las personas inscritas en el registro electoral; o mediante iniciativa de un número no inferior a la tercera parte de los miembros de la Asamblea Nacional.

El proyecto de enmienda se debe tramitar en dos debates; y el segundo se debe realizar de modo impostergable en los 30 días siguientes al año de realizado el primero. Corresponde a la Asamblea la aprobación de la enmienda, si la misma obtiene el respaldo de las dos terceras partes de los miembros de la Asamblea Nacional.

Nicaragua: Conforme se establece en el artículo 191 de la Constitución de Nicaragua, la Asamblea Nacional está facultada para reformar parcialmente la Constitución Política y para conocer y resolver sobre la iniciativa de reforma total de la misma. El mismo procedimiento debe aplicarse para la reforma de las leyes constitucionales (Electoral, de Emergencia y de Amparo conforme al artículo 185), con la excepción del requisito de las dos legislaturas (Art. 195).

La iniciativa de reforma parcial corresponde al Presidente de la República o a un tercio de los diputados de la Asamblea Nacional, y conforme al artículo 192, debe señalar el o los artículos que se pretenden reformar con expresión de motivos. Tal iniciativa debe ser enviada a una comisión especial que dictaminará en un plazo no mayor de sesenta días. El proyecto de reforma debe recibir a continuación el trámite previsto para la formación de la ley, y debe ser discutida en dos legislaturas.

La aprobación de la reforma parcial requiere del voto favorable del sesenta por ciento de los diputados. El Presidente de la República debe promulgar la reforma parcial y en éste caso no puede ejercer el derecho al veto (Art. 194).

Colombia: Como se ha dicho, en Colombia se regulan tres procedimientos alternativos de reforma constitucional; mediante referendo, mediante una Asamblea Constituyente o mediante Acto Legislativo emanado del Congreso.

En este último caso, dispone el artículo 375 de la Constitución, que el gobierno, diez miembros del Congreso, el veinte por ciento de los concejales o de los diputados y los ciudadanos en un número equivalente al menos, al cinco por ciento del censo electoral vigente, pueden presentar ante el Congreso proyectos de Actos Legislativos para la reforma constitucional.

El trámite del proyecto debe tener lugar en dos períodos ordinarios y consecutivos. Aprobado en el primero de ellos por la mayoría de los asistentes, el proyecto será publicado por el gobierno. En el segundo período la aprobación requerirá el voto de la mayoría de los miembros de cada cámara. En este segundo período sólo podrán debatirse iniciativas presentadas en el primero.

Conforme al artículo 379, los actos legislativos sólo pueden ser declarados inconstitucionales cuando se violen los requisitos establecidos en el Título XIII de la Constitución (todo el procedimiento de reforma constitucional). Además, se establece que la acción pública contra estos actos sólo procede dentro del año siguiente a su promulgación, con observancia de lo dispuesto en el artículo 241 numeral 2 de la Constitución (potestad de la Corte Constitucional de decidir, con anterioridad al pronunciamiento popular, sobre la constitucionalidad de la convocatoria a un referendo o a una asamblea constituyente para reformar la Constitución, sólo por vicios de procedimiento en su formación).

Costa Rica: En Costa Rica, como se dijo, se distinguen dos tipos de procedimientos para la reforma constitucional según se trate de reformas generales o parciales. En el primer caso debe convocarse una Asamblea Constituyente; y en el segundo caso, el poder constituyente se atribuye a la Asamblea legislativa.

En efecto, el artículo 195 de la Constitución dispone que la Asamblea Legislativa podrá reformar parcialmente la Constitución con absoluto arreglo a las siguientes disposiciones:

1. La proposición para reformar uno o varios artículos debe ser presentada a la Asamblea Legislativa en sesiones ordinarias, firmada al menos por diez diputados o por el cinco por cien-

to (5%) como mínimo, de los ciudadanos inscritos en el padrón electoral;

2. Esta proposición debe ser leída por tres veces con intervalos de seis días, para resolver si se admite o no a discusión;

3. En caso afirmativo, la proposición debe pasar a una comisión nombrada por mayoría absoluta de la Asamblea, para que dictamine en un término de hasta veinte días hábiles.

4. Presentado el dictamen, se debe proceder a su discusión por los trámites establecidos para la formación de las leyes; pero dicha reforma debe aprobarse por votación no menor de los dos tercios del total de los miembros de la Asamblea;

5. Acordado que procede la reforma, la Asamblea debe preparar el correspondiente proyecto, por medio de una Comisión, bastando en este caso la mayoría absoluta para aprobarlo;

6. El mencionado proyecto debe entonces pasar al Poder Ejecutivo; y éste lo debe enviar a la Asamblea con el Mensaje Presidencial al iniciarse la próxima legislatura ordinaria, con sus observaciones, o recomendándolo;

7. La Asamblea Legislativa, en sus primeras sesiones, debe discutir el proyecto en tres debates, y si lo aprobare por votación no menor de dos tercios de votos del total de los miembros de la Asamblea, entonces formará parte de la Constitución, y se comunicará al Poder Ejecutivo para su publicación y observancia.

IV. LOS LÍMITES AL PODER CONSTITUYENTE DERIVADO Y EL CONTROL DE CONSTITUCIONALIDAD

Como puede apreciarse de lo antes expuesto, los procedimientos para la revisión o reforma constitucional en América Latina se han regulado en el propio texto de las Constituciones, por lo que el poder constituyente derivado está sujeto a límites constitucionales, sea que se ejerza directamente por el pueblo o por órganos constituidos del Estado. Sólo en la Constitución de

Bolivia de 2009 se califica a la Asamblea Constituyente Plurinacional que puede proceder a la reforma total de la Constitución como "originaria y plenipotenciaria" (Art. 411), lo que podría implicar que la misma no tiene límites en su actuación.

Estos límites son, en primer lugar, los límites que derivan de las propias regulaciones constitucionales en cuanto al procedimiento de revisión constitucional; en segundo lugar, los límites que derivan de las denominadas cláusulas pétreas o inmodificables; en tercer lugar, los límites que derivan del funcionamiento de los órganos constituidos del Estado durante del proceso de reforma o enmienda constitucional; en cuarto lugar, los límites derivados de circunstancias excepcionales; y en quinto lugar, los límites temporales.

Siendo límites constitucionales establecidos al poder constituyente derivado, dado el principio de la supremacía constitucional que rige en todas las Constituciones latinoamericanas, los mismos deberían estar sujetos a control de constitucionalidad por las respectivas Jurisdicciones Constitucionales. La única excepción de principio, se podría plantear en los casos de aprobación de las reformas o enmiendas mediante referendo o consulta popular, en cuyo caso podría considerarse que priva el principio de la soberanía popular sobre el de la supremacía constitucional. Pero incluso en estos casos, si existe disposición expresa de la Constitución, como sucede en Colombia, el control de constitucionalidad procedería por vicios de procedimiento en la formación de los actos reformatorios de la Constitución, *cualquiera que sea su origen* (Art. 241,1).

1. *Los límites adjetivos constitucionales*

En primer lugar, tal como se ha analizado detalladamente con anterioridad, las Constituciones han establecido precisos procedimientos que debe seguir el poder constituyente derivado para la revisión constitucional, los cuales se constituyen en límites constitucionales adjetivos o procedimentales para la revisión constitucional.

La consecuencia lógica de estas regulaciones y del sometimiento a la Constitución es que el cumplimiento de dichos procedimientos de reforma o enmienda constitucional, dado el principio de la supremacía constitucional, debe estar sujeto a control de constitucionalidad por parte de los órganos de la Jurisdicción Constitucional, el cual en muchas Constituciones latinoamericanas incluso se establece expresamente.

Es el caso, por ejemplo, de la Constitución de Colombia, cuyo artículo 241 atribuye a la Corte Constitucional la guarda de la integridad y supremacía de la Constitución, y *en particular de los procedimientos para la revisión constitucional*, asignándole en particular competencia para:

1. Decidir sobre las demandas de inconstitucionalidad que promuevan los ciudadanos contra los actos reformatorios de la Constitución, *cualquiera que sea su origen, sólo por vicios de procedimiento en su formación*.
2. Decidir, con anterioridad al pronunciamiento popular, sobre la constitucionalidad de la convocatoria a un referendo o a una asamblea constituyente para reformar la Constitución, *sólo por vicios de procedimiento en su formación.*
3. Decidir sobre la constitucionalidad de los referendos sobre leyes y de las consultas populares y plebiscitos del orden nacional. Estos últimos *sólo por vicios de procedimiento en su convocatoria y realización*.

Por su parte, el artículo 379 de la misma Constitución de Colombia dispone expresamente que en todos los procedimientos de revisión constitucional en los cuales haya actos legislativos, convocatoria a referendo, de consulta popular o convocatoria a la Asamblea Constituyente, los mismos pueden ser declarados inconstitucionales por la Corte Constitucional cuando violen los requisitos establecidos en el Título XIII de la Constitución en el cual se regula la reforma constitucional. La acción pública contra estos actos sólo procede dentro del año siguiente a su promulgación, con observancia de lo dispuesto en el artículo 241 numeral 2 de la propia Constitución que regula la potestad de la Corte

Constitucional de decidir, con anterioridad al pronunciamiento popular, sobre la constitucionalidad de la convocatoria a un referendo o a una asamblea constituyente para reformar la Constitución, sólo por vicios de procedimiento en su formación.

En Ecuador, conforme al artículo 443 de la Constitución, corresponde a la Corte Constitucional la calificación sobre cual de los procedimientos previstos en el Capítulo para la reforma constitucional (Enmienda, Reforma parcial o reforma total) corresponde en cada caso.

Por otra parte, la Constitución de Bolivia enumera entre las atribuciones del Tribunal Constitucional Plurinacional la de conocer y resolver sobre las demandas relativas a la constitucionalidad del *procedimientos de reforma parcial* de la Constitución (202, 10).

En Costa Rica, el artículo 10, b) de la Constitución atribuye a la Sala Constitucional de la Corte Suprema de Justicia, competencia para conocer de las *consultas sobre proyectos* de reforma constitucional.

En la Constitución de Chile, el artículo 82, 2 atribuye al Tribunal Constitucional competencia para resolver las *cuestiones sobre constitucionalidad que se susciten durante la tramitación de los proyectos* de reforma constitucional. En este caso, el Tribunal sólo puede conocer de la materia a requerimiento del Presidente de la República, de cualquiera de las Cámaras o de una cuarta parte de sus miembros en ejercicio, siempre que sea formulado antes de la promulgación de la reforma. El Tribunal debe resolver dentro del plazo de diez días contados desde que reciba el requerimiento, a menos que decida prorrogarlo hasta por otros diez días por motivos graves y calificados. Este requerimiento, en todo caso, no suspende la tramitación del proyecto; pero la parte impugnada de éste no podría ser promulgada hasta la expiración del plazo referido.

En consecuencia, durante el desarrollo de los procedimientos para la revisión constitucional, puede decirse que los órganos a los que se atribuye el ejercicio del poder constituyente derivado están sometidos a la Constitución, la cual, como lo indica la Constitución de Nicaragua, tiene que seguir en vigencia "mientras no se apruebe por la Asamblea Nacional Constituyente la nueva Constitución" (Art. 194); o como lo indica la Constitución de República Dominicana "no podrá jamás ser suspendida ni anulada por ningún poder ni autoridad ni tampoco por aclamaciones populares" (Art. 120).

2. *Los límites derivados de las cláusulas pétreas*

Pero la revisión constitucional por el poder constituyente derivado, no sólo tiene los límites adjetivos antes analizados, sino que también tiene límites de orden sustantivo.

El primer límite de esta naturaleza al poder constituyente es el que deriva de las denominadas cláusulas pétreas o inmodificables que se establecen en los textos constitucionales, en las cuales se establecen principios o normas que se proclaman como irrevisables en forma total o parcial. En muchos casos se trata de cláusulas expresas, pero en otros se trata de cláusulas que derivan de la interpretación del propio texto constitucional.

Entre las primeras se destacan las que excluyen toda reforma sobre determinadas materias, como sucede con el artículo 248 de la Constitución de El Salvador en el cual se dispone que:

> *"Artículo 248:* ...No podrán reformarse en ningún caso los artículos de esta Constitución que se refieren a la forma y sistema de gobierno, al territorio de la República y a la alternabilidad en el ejercicio de la Presidencia de la República".

En igual sentido se debe destacar el artículo 119 de la Constitución de República Dominicana, en el cual se declara que:

"*Artículo 119*. Ninguna reforma podrá versar sobre la forma de Gobierno, que deberá ser siempre civil, republicano, democrático y representativo".

En la Constitución de Guatemala se establece una enumeración de artículos de la Constitución como "no reformables", al disponer su artículo 281, que "en ningún caso podrán reformarse los artículos 140 (independencia del Estado y al sistema de gobierno), 141 (soberanía popular), 165, inciso g) (desconocimiento del mandato del Presidente después de vencido su período constitucional), 186 (prohibiciones para optar a cargos de Presidente y Vicepresidente) y 187 (prohibición de reelección), ni en forma alguna toda cuestión que se refiera a la forma republicana de gobierno, al principio de no reelección para el ejercicio de la Presidencia de la República, ni restársele efectividad o vigencia a los artículos que estatuyen alternabilidad en el ejercicio de la Presidencia de la República, así como tampoco dejárseles en suspenso o de cualquier otra manera de variar o modificar su contenido".

En el caso de Honduras, el artículo 374 de la Constitución también dispone una enumeración de artículos no reformables, así:

> "*Artículo 374*: No podrán reformarse, en ningún caso, el Artículo anterior (procedimiento para la reforma constitucional), el presente Artículo, los artículos constitucionales que se refieren a la forma de gobierno, al territorio nacional, al período presidencial, a la prohibición para ser nuevamente Presidente de la República, el ciudadano que lo haya desempeñado bajo cualquier título y referente a quienes no pueden ser Presidente de la República por el período subsiguiente".

En otros casos, como en la Constitución del Brasil, lo que se establece es que no se puede abolir determinadas instituciones o principios, pero ello no impide la reforma de los artículos que las consagran. En tal sentido, el artículo 60 § 4, establece que:

> "No será objeto de deliberación la propuesta de enmienda tendiente a abolir: I. La forma federal del Estado; II. El voto direc-

to, secreto, universal y periódico; III. La separación de los Poderes; IV. Los derechos y garantías individuales".

En el artículo 137 de la Constitución de Cuba también se ha establecido una cláusula de esta naturaleza irrevocabilidad respecto del "sistema político, económico y social, cuyo carácter irrevocable lo establece el artículo 3 del Capítulo I, y la prohibición de negociar acuerdos bajo agresión, amenaza o coerción de una potencia extranjera". Además, en la reforma de junio de 2002, la Asamblea Nacional del Poder Popular añadió al texto constitucional otra cláusula pétrea con el siguiente texto:

> "*Disposición Especial.* El pueblo de Cuba, casi en su totalidad, expresó entre los días 15 y 18 de junio del 2002, su más decidido apoyo al proyecto de reforma constitucional propuesto por las organizaciones de masas en asamblea extraordinaria de todas sus direcciones nacionales que había tenido lugar el día 10 del propio mes de junio, en el cual se ratifica en todas sus partes la Constitución de la república y se propone que el carácter socialista y el sistema político y social contenido en ella sean declarados irrevocables, como digna y categórica respuesta a las exigencias y amenazas del gobierno imperialista de los Estado Unidos el 20 de mayo de 2002".

Pero aparte de las cláusulas pétreas así expresa y textualmente insertas en los textos constitucionales, de otras disposiciones de las Constituciones se también se pueden derivar muchas otras cláusulas que encajarían dentro de tal categoría, por el carácter irrevisable como se establecen, por parte del poder constituyente.

Es el caso, por ejemplo, de la Constituciones que establecen en algunos de sus artículos el *carácter eterno* de un principio o disposición constitucional, como resulta del artículo 1 de la Constitución de Venezuela cuando declara que la República "es *irrevocablemente* libre e independiente..."; del artículo 5 que declara que "la soberanía reside *intransferiblemente* en el pueblo", o del artículo 6 de la misma Constitución cuando prescribe que el gobierno de la República "y de las entidades políticas que la componen *es y será siempre* democrático, participativo, electivo, descentralizado, alternativo, responsable, pluralista y de mandatos revocables". Como se analiza más adelante, sin embargo, en Venezuela en febrero de 2009 se aprobó una Enmienda constitucional en la cual se eliminó uno de estos principios pétreos, el de la "alternabilidad" republicana, al reformarse las normas constitucionales que establecían límites a la reelección de los cargos de elección popular, violándose en esta forma la previsión "pétrea" del artículo 6.

Otras cláusulas que implican límites a la revisión constitucional son las que establecen el principio de la progresividad en la protección o garantía de los derechos humanos, por ejemplo en cuanto a los inherentes a la persona humana, las cuales implican que dichas garantías no pueden ser objeto de reformas que reduzcan el ámbito de protección de los derechos. Es el caso de la previsión del artículo 19 de la Constitución de Venezuela.

La consecuencia de todos estos límites constitucionales a la reforma constitucional, es que si se traspasasen por el poder constituyente derivado, las reformas serían contrarias a la Constitución, por lo que deberían ser objeto de control constitucional por parte de los órganos de la Jurisdicción Constitucional.

Sin embargo, en esta materia, estamos en el campo de los principios que derivan del postulado de la supremacía constitucional, ya que ninguna Constitución de América Latina establece expresamente competencia de los órganos de la Jurisdicción Constitucional para controlar la constitucionalidad *sustantiva* de las reformas constitucionales.

3. *Los límites derivados del funcionamiento de los poderes constituidos del Estado*

Los procedimientos de revisión constitucional establecidos en los textos constitucionales tienen por objeto reformar o enmendar las Constituciones, sin alterar el funcionamiento de los órganos constituidos del Estado. Este es el principio general que resulta de la mayoría de las Constituciones latinoamericanas, sea cual sea el procedimiento de revisión constitucional que se regule.

En efecto, en los casos en los cuales el poder constituyente derivado se haya atribuido al pueblo para la aprobación de la reforma o enmienda constitucional, durante el procedimiento de elaboración del proyecto de reforma o enmienda y de aprobación popular del mismo mediante referendo, plebiscito o consulta popular, los órganos constituidos del Estado continúan funcionando sin interrupción ni interferencia de cualquier clase. Sólo excepcionalmente durante los procedimientos de revisión constitucional, podrían verse afectadas algunas potestades de los órganos del Estado, lo cual debe establecerse expresamente en la Constitución, como sucede con las limitaciones a la posibilidad de veto presidencial respecto de los actos del órgano legislativo concernientes a la reforma o enmienda constitucional, como por ejemplo lo prevén las Constituciones de Perú, Nicaragua, Uruguay y Venezuela.

En los casos en los cuales el poder constituyente se atribuye a una Asamblea Nacional Constituyente, en principio, y salvo disposición expresa en contrario, el funcionamiento de la Asamblea Nacional Constituyente no afecta ni impide el funcionamiento simultáneo de los órganos constituidos del Estado. Este principio está formulado expresamente en la Constitución del Paraguay, en cuyo artículo 291 se establece lo siguiente:

> *"Artículo 291. De la potestad de la Convención Nacional Constituyente*. La Convención Nacional Constituyente es independiente de los poderes constituidos. Se limitará, durante el tiempo que duren sus deliberaciones, a sus labores de reforma, con exclusión de cualquier otra tarea. No se arrogará las atribuciones de los poderes del Estado, no podrá sustituir a quienes se hallen en ejercicio de ellos, ni acortar o ampliar su mandato".

En igual sentido, pero en relación con el funcionamiento del Congreso durante el funcionamiento de la Asamblea Constituyente, en la Constitución de Guatemala, el artículo 279 dispone expresamente que "la Asamblea Nacional Constituyente y el Congreso de la República podrán funcionar simultáneamente".

La excepción a este principio, en forma también expresa, está establecida en la Constitución de Nicaragua, en cuyo artículo 193 se establece que una vez aprobada la iniciativa de reforma total de la Constitución por la Asamblea Nacional, esta debe fijar un plazo para la convocatoria de elecciones de Asamblea Nacional Constituyente, conservando "su mandato hasta la instalación de la nueva Asamblea Nacional Constituyente".

En otras Constituciones, como la de Colombia, una vez instalada la Asamblea Nacional Constituyente, sólo se limitan las potestades de los órganos constituidos del Estado en relación con el tema de la revisión constitucional. Así, el artículo 376 dispone que a partir de la elección de la Asamblea Constituyente para la revisión constitucional "queda en suspenso la facultad ordinaria del Congreso para reformar la Constitución durante el término señalado para que la Asamblea cumpla sus funciones".

Debe también mencionarse la Constitución de Venezuela de 1999, en la cual, después de la experiencia del proceso constituyente de ese año, al regularse a la Asamblea Nacional Constituyente como mecanismo para la revisión constitucional, con el único objeto de "transformar el Estado, crear un nuevo ordenamiento jurídico y redactar una nueva Constitución" (Art. 347), se establece que durante el funcionamiento de dicha Asamblea, "los poderes constituidos no podrán en forma alguna impedir las decisiones de la Asamblea Nacional Constituyente" (Art. 349); lo que no implica que, al contrario, la Asamblea sí pueda impedir las decisiones de los poderes constituidos.

En efecto, esta disposición tiene que interpretarse de acuerdo con los mismos términos de la Constitución, en el sentido de que los poderes constituidos, es decir, los órganos de los Poderes Legislativo, Ejecutivo, Judicial, Ciudadano y Electoral no pueden en forma alguna impedir las decisiones de la Asamblea Nacional

Constituyente, la cual sólo tiene por objeto "redactar una nueva Constitución" en la cual se proponga "transformar el Estado y crear un nuevo ordenamiento jurídico". En esa función, las decisiones de la Asamblea Nacional Constituyente que no pueden ser "impedidas" por los poderes constituidos, son las que en la consecución de su objeto, la Asamblea adopte siempre de acuerdo con la Constitución vigente cuya reforma debe redactar. Es decir, la norma constitucional del artículo 349 no puede entenderse como una carta abierta dada a la Asamblea Nacional Constituyente para que durante su funcionamiento pueda adoptar decisiones que puedan ser contrarias a la Constitución y al funcionamiento de los órganos constitucionales constituidos; es decir, de ella no se deriva que la Asamblea Constituyente tenga poder alguno para alterar las normas constitucionales mientras estén en vigencia y mientras no sean sustituidas por las de la nueva Constitución que redacte, la cual en todo caso debe ser aprobada mediante referendo. En consecuencia, mientras la Asamblea Nacional Constituyente esté funcionamiento, los órganos de los diversos Poderes Públicos (poderes constituidos) también continúan en funcionamiento, no pudiendo la Asamblea ni disolverlos, ni sustituirlos ni alterar su funcionamiento. De lo anterior resulta, en consecuencia, que los actos dictados por la Asamblea Nacional Constituyente durante su funcionamiento que violen la Constitución vigente, podrían ser objeto de control de constitucionalidad por la Sala Constitucional del Tribunal Supremo como Jurisdicción Constitucional.

La consecuencia de lo anterior es que cualquier acto de los órganos a los cuales la Constitución le asigne la potestad de intervenir o realizar la reforma de la Constitución, que atente contra los poderes constituidos del Estado o su funcionamiento conforme se regula en la propia Constitución, serían inconstitucionales, y podrían ser objeto de control de constitucionalidad por los órganos de la Jurisdicción Constitucional. Ninguna de las Constituciones latinoamericanas, sin embargo, atribuye tal competencia en forma expresa a dicha Jurisdicción.

La excepción a la tendencia antes indicada quizás sólo está en la Constitución de Bolivia de 2009, en la cual el artículo 411 declara que en los casos de reforma total de la Constitución, o de reformas que afecten sus bases fundamentales, los derechos, deberes y garantías, o la primacía y reforma de la Constitución, la Asamblea Constituyente que debe convocarse a tal efecto tiene el carácter de "originaria plenipotenciaria," con poderes además para disponer su "autorregulación a todos los efectos." El carácter de poder constituyente "originario y plenipotenciario," sin duda, implica que durante su funcionamiento, la Asamblea no tiene límites y puede intervenir los poderes constituidos del Estado.

4. *Los límites derivados de la existencia de circunstancias extraordinarias*

Otro límite a la posibilidad de revisión constitucional deriva de la existencia de circunstancias constitucionales extraordinarias, como los estados de excepción o de sitio, las cuales una vez decretadas en muchos casos impiden que se desarrollen los procedimientos de reforma,

Es el caso en particular de la Constitución de Brasil, en la cual al regularse la posibilidad de enmienda constitucional como una potestad atribuida al Congreso Nacional, como parte del "proceso legislativo" (Art. 59), en el artículo 60, § 1° se dispone expresamente que "ninguna enmienda puede ser aprobada bajo la vigencia de intervención federal, del estado de defensa o del estado de sitio" Estas circunstancias excepcionales que deben ser decretadas por el Presidente de la República (Art. 84, IX y X) con participación variada de otros Poderes de la Unión (Arts. 34 y ss. y 136 y ss.)

En Venezuela, una limitación similar estaba establecida en la Ley Orgánica del Sufragio y Participación Política de 1997 reformada en 1998,[26] en cuyo artículo 186 se estableció que "No podrán celebrarse referendos durante la vigencia de estado de emergencia, de suspensión o restricción de garantías constitucionales o de graves trastornos del orden público previstos en los artículos 240, 241 y 244 de la Constitución de la República". Como en 1998, la figura de los refrendos era sólo un medio de participación política de rango legal, pues nada al respecto establecía la Constitución de 1961, podía admitirse que la propia Ley que los regulaba podía establecer limitaciones de este tipo para su realización. Sin embargo, estando los referendos regulados desde 1999 en la Constitución, incluyendo los que son necesarios para la aprobación de las enmiendas y reformas constitucionales y para la convocatoria de una Asamblea Nacional Constituyente para la revisión constitucional, al no estar prevista limitación alguna para su realización, no podría la ley establecerlas. Por ello, la norma del artículo 186 de la Ley Orgánica del Sufragio y Participación Política de 1998 puede considerarse que fue derogada tácitamente por la Constitución de 1999, no existiendo en consecuencia, limites a la realización del proceso de revisión constitucional por el hecho de que se decrete un estado de excepción.

En todo caso, en el supuesto regulado en el Brasil, si una enmienda constitucional fuera aprobada bajo la vigencia de intervención federal, del estado de defensa o del estado de sitio, la consecuencia lógica es que entonces dicha enmienda podría estar sujeta a control de constitucionalidad por parte del Tribunal Supremo Federal.

5. *Los límites temporales*

Algunas Constituciones establecen límites temporales para la revisión constitucional, en el sentido de que en el texto constitucional se ha establecido un lapso mínimo de irrevisabilidad

---

26 *Gaceta Oficial* N° 5.233 Extraordinario de 28-5-1998.

constitucional. Así se regula, por ejemplo, en Paraguay, en cuya Constitución (Art. 289) se estableció que la reforma de la Constitución "sólo procederá luego de diez años de su promulgación"; y las enmiendas sólo "transcurridos tres años de promulgada la Constitución" (Art. 290).

En consecuencia, en estos casos, toda enmienda o reforma constitucional sancionada sin que dichos lapsos hayan transcurrido, también podría debería ser considerada como violatoria a la Constitución, y sometida a control de constitucionalidad.

APRECIACIÓN FINAL

De lo anterior resulta que los mecanismos para la revisión constitucional pueden considerarse que son de la esencia del proceso constitucional, de manera que no hay ni puede haber Constituciones inmutables o eternas. Al contrario, los textos constitucionales requieren adaptación permanente para regular la sociedad conforme a los cambios políticos y sociales.

Uno de esos mecanismos de cambio constitucional lo constituyen los de revisión o reforma formal de la Constitución, como son los procedimientos de enmiendas, de reformas o de convocatoria de Asambleas o Convenciones Constituyentes, que permiten la modificación de las Constituciones con la participación directa del pueblo (vía referéndum o plebiscito) o de sus representantes electos en los Parlamentos o en las Asambleas Constituyentes. Se trata, en todo caso, de métodos de revisión constitucional a través de los cuales sólo se manifiesta el poder constituyente derivado sometido, precisamente, a los límites y procedimientos regulados expresamente en las Constituciones. El poder constituyente originario, en cambio, sólo se manifiesta en los procesos de revisión constitucional realizados *de facto*, al margen del hilo constitucional.

Ahora bien, del análisis comparativo de los procedimientos de revisión constitucional regulados en las Constituciones de

América Latina, pueden formularse las siguientes apreciaciones generales:

1) En casi todas las Constituciones se regula la participación popular en los procesos de revisión constitucional, siendo excepcional los países que no prevén algún referendo o consulta popular que permita la participación del pueblo como poder constituyente originario. Es el caso de Argentina y Nicaragua que sólo regulan como mecanismo para la revisión constitucional por una Asamblea o Convención Constituyente; y de El Salvador, México, Brasil y República Dominicana que atribuyen el poder constituyente derivado sólo a los órganos legislativos del Estado, por supuesto, a través de procedimientos particulares con mayorías calificadas. De resto, en Uruguay, Colombia, Venezuela, Paraguay, Guatemala, Costa Rica, Perú, Cuba, Chile, Ecuador y Panamá se regula la participación del pueblo en la revisión constitucional e, incluso, en Uruguay y Bolivia, como la única forma para la reforma constitucional.

2) En todas las Constituciones latinoamericanas se establece la participación, en una forma u otra, del órgano legislativo nacional (Congresos, Asambleas) en los procedimientos de revisión constitucional, de manera que en los mismos siempre participa la representación popular. Sólo excepcionalmente los órganos legislativos son los únicos con poder constituyente derivado, mediante mayorías calificadas especiales como sucede en El Salvador, México, Brasil y República Dominicana. En México, además del Congreso de la Unión, también participan en el procedimiento de revisión constitucional, las Asambleas legislativas de los Estados de la Federación. En ninguna de las otras Constituciones federales (Argentina, Brasil o Venezuela) se establece la participación de las Asambleas o Consejos Legislativos de los Estados de en el procedimiento de reforma constitucional. En Argentina y en Brasil, sin embargo, podría señalarse que los Estados sólo participarían por la vía de la representación que tienen en el Senado, institución que fue eliminada en Venezuela en 1999.

3) En todas las Constituciones se establece también la participación del Presidente de la República en el procedimiento de revisión constitucional sea mediante la iniciativa de reforma o mediante la promulgación de la misma, limitándose en este último caso, en muchas Constituciones, el poder de veto del Presidente como sucede en Perú, Nicaragua, Uruguay y Venezuela.

4) En todas las Constituciones latinoamericanas se regulan expresamente los procedimientos de revisión constitucional, por lo que los mismos, al tener rango constitucional, deben ser respetados por todos los órganos del Estado. No es posible, por tanto, realizar una reforma constitucional mediante un procedimiento distinto al establecido en la Constitución. En consecuencia, los procedimientos de reforma o enmienda constitucional que no se desarrollen conforme a las normas constitucionales que los regulan, o que versen sobre asuntos o materias que la Constitución prohíbe, son inconstitucionales y pueden ser controlados por la Jurisdicción Constitucional. Ello se prevé incluso en forma expresa en algunas Constituciones que atribuyen a los Tribunales Constitucionales o Salas Constitucionales de los Tribunales Supremos, el control de la constitucionalidad de los procedimientos relativos a las reformas o enmiendas constitucionales, como lo hacen las Constituciones de Bolivia, Colombia, Costa Rica y Chile.

El problema de la relación entre rigidez y revisión constitucional, sin embargo, como se dijo al inicio, deriva de la situación fronteriza entre el derecho y los hechos, en la cual se mueven. No ha sido infrecuente en América Latina, que a pesar de las previsiones constitucionales, se hayan producido reformas parciales e incluso totales de los textos constitucionales sin seguirse los procedimientos prescritos para las reformas o enmiendas, originándose sin duda, inconstitucionalidades, que luego, por la fuerza de los hechos, han encontrado alguna legitimación política. El problema radica en la duración de la estabilidad constitucional que pueda derivarse de la supuesta legitimación y en el consenso que se haya podido haber obtenido para las reformas.

Reformas impuestas por minorías o por mayorías circunstanciales sin que hayan sido producto de acuerdos, compromisos y consensos, es decir, de verdaderos pactos políticos, generalmente no tienen larga vida y las más de las veces, la vida que tienen termina estando vinculada a la vida política del o de los actores que las impusieron.

SEGUNDA PARTE:

LA SANCIÓN DE LA CONSTITUCIÓN EN 1999 POR UNA ASAMBLEA CONSTITUYENTE CONVOCADA AL MARGEN DE LA CONSTITUCIÓN Y EL GOLPE DE ESTADO CONSTITUYTENTE CONTRA LOS PODERES CONSTITUIDOS

Como se ha dicho, a pesar de todos los procedimientos establecidos en las Constituciones para su reforma, en más de una ocasión en la historia constitucional la fuerza de los hechos ha dado al traste con los mismos, y después de una ruptura del hilo constitucional por un golpe de Estado o una revolución, apelando los triunfantes a la voluntad popular, se ha convocado a una Asamblea Constituyente para la redacción de una nueva Constitución.

En la historia constitucional de Venezuela puede decirse que fue un procedimiento relativamente común a partir del primer Congreso General Constituyente convocado para declarar la independencia y redactar la primera Constitución en 1811, y luego a partir de la primera Asamblea Constituyente para sucesivas reformas constitucionales a partir de 1857. En ese caso y en todos los casos sucesivos (1858, 1864, 1893, 1901, 1945, 1953), las Asambleas Constituyentes siempre fueron el resultado de un golpe de Estado o de una revolución.[27]

---

27 Véase Allan R. Brewer-Carías, *Las Constituciones de Venezuela*, Academia de Ciencias Políticas y Sociales, 2 Tomos, Caracas 2008; Elena Plaza

La disidencia en ese modelo fue la Asamblea Constituyente de 1999, que si buen no derivó, ella misma, de un golpe de Estado o de una revolución como había sido la tradición en nuestra historia constitucional precedente,[28] a pesar de no haber estado prevista en la Constitución de 1961 como un procedimiento de reforma constitucional, sin embargo fue convocada previa consulta popular expresada en un referendo consultivo. Allí se inició otra modalidad de reformas constitucionales en Venezuela, hechas en fraude a la Constitución, en una práctica constitucional que se ha aplicado durante la década de gobierno autoritario que ha padecido el país (1999-2009).[29]

I. LA CUESTIÓN CONSTITUCIONAL EN LA CONVOCATORIA DE LA ASAMBLEA CONSTITUYENTE DE 1999

Efectivamente, una vez que se posesionó en su cargo el Presidente de la República, Hugo Chávez Frías, quien había sido electo en diciembre de 1998, el día 2 de febrero de 1999 procedió a convocar un referendo consultivo sobre la convocatoria de una Asamblea Constituyente,[30] que no estaba regulada en la Consti-

---

y Ricardo Combellas (Coordinadores), *Procesos Constituyentes y Reformas Constitucionales en la Historia de Venezuela: 1811-1999*, Universidad Central de Venezuela, 2 Tomos, Caracas 2005.

28 Véase sobre las Asambleas Constituyentes y sus actos en la historia de Venezuela, Elena Plaza y Ricardo Combellas (Coordinadores), *Procesos Constituyentes y Reformas Constitucionales en la Historia de Venezuela: 1811–1999*, Universidad Central de Venezuela, 2 Tomos, Caracas 2005; Allan R. Brewer-Carías, *Las Constituciones de Venezuela*, Academia de Ciencias Políticas y Sociales, 2 vols., Caracas 2008; *Historia Constitucional de Venezuela*, Editorial Alfa, 2 vols, Caracas 2008.

29 Véase Allan R. Brewer-Carías, "Constitution Making in Defraudation of the Constitution and Authoritarian Government in Defraudation of Democracy. The Recent Venezuelan Experience", en *Lateinamerika Analysen*, 19, 1/2008, GIGA, German Institute of Global and Area Studies, Institute of Latin American Studies, Hamburgo 2008, pp. 119-142.

30 Véase en general, Ricardo Combellas, "El proceso constituyente y la Constitución de 1999", en Elena Plaza y Ricardo Combellas (Coordinado-

tución vigente para la época, que era la de 1961. Con ello, por supuesto, en el país se inició una batalla legal para encauzar el proceso constituyente dentro del marco de la constitucionalidad, de manera que la necesaria convocatoria de la Asamblea Constituyente se hiciese sin la ruptura constitucional que había caracterizado las anteriores Asambleas Constituyentes en toda nuestra historia.

La pauta en la materia, aún cuando bastante ambigua, la dio la Corte Suprema de Justicia en Sala Político Administrativa, en sentencias dictadas el 19 de enero de 1999, (casos: *Referendo Consultivo I y II*), con motivo de resolver sendos recursos de interpretación que se le habían formulado, sobre la posibilidad de convocar un referendo consultivo sobre la Asamblea Constituyente conforme al artículo 181 de la Ley Orgánica del Sufragio, y la posibilidad de la convocatoria de la misma, no estando dicha instancia política prevista en la Constitución de 1961[31].

Era evidente que la Constitución de 1961 debía ser objeto de una reforma puntual para regular la Asamblea Nacional Constituyente como un instrumento político para la reforma constitucional, a los efectos de que pudiese ser convocada, ya que dicha institución no se encontraba dentro de los mecanismos de revisión de la Constitución. La verdad es que nada impedía que se convocara a un referendo consultivo para consultar al pueblo sobre el tema de la convocatoria a una Constituyente; en cam-

---

res), *Procesos Constituyentes y Reformas Constitucionales en la Historia de Venezuela: 1811-1999*, Universidad Central de Venezuela, Caracas 2005, Tomo II, pp. 765-807.

31 Véase el texto de las sentencias en Allan R. Brewer-Carías, *Poder Constituyente Originario y Asamblea Nacional Constituyente,* Editorial Jurídica Venezolana, Caracas 1998, pp. 25 a 53; y véanse los comentarios a dichas sentencias en ese mismo libro, pp. 55 a 114 y en Allan R. Brewer-Carías, *Asamblea Constituyente y Ordenamiento Constitucional, Academia de Ciencias Políticas y Sociales,* Caracas 1998, pp. 153 a 228. Igualmente en *Revista de Derecho Público*, N° 77-80, Editorial Jurídica Venezolana, Caracas 1999, pp. 56 y ss. y 68 y ss.

bio, la Constitución nada regulaba para que una reforma constitucional sólo se derivase de una consulta popular, sin que su texto fuera previamente discutido y sancionado por las Cámaras que integraban el Congreso mediante el procedimiento de Reforma General y luego sancionado mediante referendo aprobatorio.

En todo caso, en el dilema entre supremacía constitucional y soberanía popular, la única forma para que la segunda prevaleciera sobre la primera tenía que ser por vía de una interpretación constitucional emitida por la Corte Suprema de Justicia, lo que se concretó en las sentencias señaladas, de las cuales se dedujo, a pesar de que no resolvieron expresamente el tema, que se podía convocar un referendo consultivo sobre la Asamblea Constituyente, y que la misma en definitiva se podía crear mediante la voluntad popular al margen de la Constitución de 1961. Las sentencias, en efecto, sólo resolvieron que era "procedente convocar a un referendo en la forma prevista en el artículo 181 de la Ley Orgánica del Sufragio y Participación Política, para consultar la opinión mayoritaria, respecto de la posible convocatoria a una Asamblea Constituyente, en los términos expuestos en este fallo" pero no que dicha convocatoria e instalación de una Constituyente podía hacerse sin regularla previamente en la Constitución. Es decir, la solicitud de los recurrentes de si "con fundamento en dicha norma puede convocarse un Referendo que sirva de base para la convocatoria de una Asamblea Constituyente *sin que medie una Enmienda o una Reforma de la Constitución*", no fue resuelto expresamente[32].

---

32 *Idem*. Sobre esta decisión de la sentencia, Lolymar Hernández Camargo señala: "lejos de dar una respuesta directa a la importante interrogante planteada, abre la posibilidad para que se realice el referendo consultivo, pero no establece con precisión el mecanismo que permita tal convocatoria, sino que entrega tal cometido a los 'órganos competentes'" en *La Teoría del Poder Constituyente. Un caso de estudio: el proceso constituyente venezolano de 1999,* UCAT, San Cristóbal, 2000, pp. 54 a 63.

La Corte, sin embargo, había hecho en las sentencias una serie de consideraciones sobre el derecho inherente de las personas a la participación política, sobre el poder constituyente y los poderes constituidos y sobre las revisiones constitucionales que tocaron aspectos esenciales del constitucionalismo y que permitían vaticinar una posición jurídica futura en caso de nuevos conflictos.

Por ello, con dichas sentencias se abrió el camino para la estructuración de una tercera vía para reformar la Constitución de 1961, distinta a la Reforma General y la Enmienda previstas en sus artículos 245 y 246, antes indicadas, como consecuencia de una consulta popular para convocar una Asamblea Constituyente[33].

II. LA CONVOCATORIA DE LA ASAMBLEA CONSTITUYENTE EN CONTRA DE LA INTERPRETACIÓN DE LA CONSTITUCIÓN DE 1999

El primer paso para ello lo dio el Presidente de la República el día 2 de febrero de 1999, el mismo día que tomó posesión de su cargo, dictando el Decreto Nº 3 mediante el cual tomó la iniciativa de decretar "la realización de un referendo para que el pueblo se pronunciase sobre la convocatoria de una Asamblea Nacional Constituyente" (Art. 1); "con el propósito de transformar el Estado y crear un nuevo ordenamiento jurídico que permita el funcionamiento efectivo de una Democracia Social y Participativa"(primera pregunta); y buscando que el pueblo lo autorizara, pura y simplemente, para que el propio Presidente "mediante un Acto de Gobierno fije, oída la opinión de los sectores polí-

33 Véase Allan R. Brewer-Carías, "La configuración judicial del proceso constituyente o de cómo el guardián de la Constitución abrió el camino para su violación y para su propia extinción", en *Revista de Derecho Público*, Nº 77-80, Editorial Jurídica Venezolana, Caracas 1999, pp. 453 y ss.; y *Golpe de Estado y proceso constituyente en Venezuela*, UNAM, México, 2001, pp. 60 y ss.

ticos, sociales y económicos, las bases del proceso comicial en el cual se elegirán los integrantes de la Asamblea Nacional Constituyente" (Segunda pregunta)[34]. De ese contenido resultaba entonces, que el Decreto violaba el artículo 181 de la Ley Orgánica del Sufragio y Participación Política, que se invocó como su base legal, en virtud de que las preguntas evidenciaban que en lugar de convocarse un referendo consultivo, lo que el Presidente estaba convocando en realidad, era un referendo decisorio y autorizatorio no regulado ni previsto en dicha norma legal[35], no para que la Asamblea reformara la Constitución, sino para que asumiera un poder total y pudiera incluso sustituir a los poderes constituidos aún antes de la aprobación de la reforma constitucional, delegando además en el Presidente de la República el poder soberano de decidir sobre las bases comiciales de la Constituyente, lo que vulneraba los principios más elementales del Estado de derecho y era incompatible con los valores supremos de una sociedad democrática.

Como era de esperarse, a las pocas semanas, el Decreto Nº 3, tratándose como era de un acto administrativo, fue impugnado por inconstitucionalidad ante la Sala Político-Administrativa de la Corte Suprema de Justicia[36], por ser un instrumento que podía servir para un fraude a la Constitución, e igualmente fueron impugnados los actos del Consejo Supremo Electoral convocando el referendo. Una de dichas acciones de nulidad, fue decidida por

---

34 Véase en *Gaceta Oficial* Nº 36.634 de 02-02-99.

35 Como lo señaló Ricardo Combellas, "Estamos hablando de un referendo consultivo, no de un referendo decisorio, cuya aprobación demanda necesariamente en Venezuela, tal como lo propuso con visión avanzada la Comisión Bicameral, una reforma constitucional" en *¿Qué es la Constituyente? Voz para el futuro de Venezuela,* COPRE, Caracas 1998.

36 Véase el texto de la acción de nulidad en Allan R. Brewer-Carías, *Asamblea Constituyente y Ordenamiento Constitucional*, Academia de Ciencias Políticas y Sociales, Caracas 1999, pp. 255 a 321. Véase la relación de todas las acciones de nulidad intentadas en Carlos M. Escarrá Malavé, *Proceso Político y Constituyente,* Caracas 1999, anexo 4.

la Sala Político Administrativa en sentencia de 18 03 99, mediante la cual se anuló la Segunda Pregunta de la convocatoria al referendo[37]; afirmándose que la actuación de la Asamblea Constituyente era posible porque lo permitía la Constitución de 1961, lo que implicaba afirmar que la misma no podía perder vigencia alguna durante la actuación de la Asamblea Nacional Constituyente, la cual debía encontrar en dicho texto el límite de su actuación, lo que significaba que los poderes constituidos, durante el funcionamiento de la Asamblea, debían continuar actuando conforme a la Constitución que estaba vigente, no pudiendo la Asamblea ni disolverlos ni asumir directamente sus competencias constitucionales[38].

Días antes de ser publicada dicha sentencia, el día 10 de marzo de 1999, sin embargo y sin duda ya advertido, el Presidente de la República, emitió un nuevo acto administrativo reformatorio del Decreto N° 3, mediante el cual ordenó publicar en *Gaceta Oficial* la propuesta del Ejecutivo Nacional mediante la cual fijaba las bases de la convocatoria de la Asamblea Nacional Constituyente, para ser *sometida a la aprobación del pueblo en el referendo* convocado[39]. En esas bases, sin embargo, se incorporó una, la Décima, en la cual se afirmaba que "Una vez instalada la Asamblea Nacional Constituyente, *como poder originario que recoge la soberanía popular*, deberá dictar sus propios estatutos de funcionamiento, teniendo como límites los valores y principios de nuestra historia republicana, así como el cumpli-

---

37 Véase el texto de la sentencia en Allan R. Brewer-Carías, *Poder Constituyente Originario y Asamblea Nacional Constituyente,* Caracas 1999, pp. 169 a 185. Igualmente en *Revista de Derecho Público*, N° 77-80, Editorial Jurídica Venezolana, Caracas 1999, pp. 73 y ss.

38 Véase Allan R. Brewer-Carías, *Golpe de Estado y proceso constituyente en Venezuela, op. cit*, p. 160.

39 Contenido en un "Aviso Oficial" publicado en *G.O.* N° 36.658 de 10–03–99, con las bases de la convocatoria de la asamblea nacional constituyente, para ser sometida para la aprobación del pueblo en el referéndum convocado para el 25 de abril de 1999.

miento de los tratados internacionales, acuerdos y compromisos válidamente suscritos por la República, el carácter progresivo de los derechos fundamentales del hombre y las garantías democráticas dentro del más absoluto respeto de los compromisos asumidos".

Este texto fue reproducido por el Consejo Nacional Electoral en la nueva convocatoria que tuvo que hacer para el referendo, de manera que la Resolución respectiva que dictó, de nuevo fue impugnada por considerarse que desacataba el fallo de la Corte Suprema del 18 de marzo de 1999, cuando le pretendía atribuir "carácter originario" a la futura Asamblea Nacional Constituyente.

Dicha impugnación fue resuelta por la Sala Político Administrativa, en la sentencia de 13 de abril de 1999[40], en la cual observó que ciertamente, "en la sentencia dictada por esta Sala el 18 de marzo de 1999 se expresó con *meridiana claridad* que la Asamblea Constituyente a ser convocada, 'no significa, en modo alguno, por estar precisamente vinculada su estructuración al propio espíritu de la Constitución vigente, bajo cuyos términos se producirá su celebración, la alteración de los principios fundamentales del Estado democrático de derecho', y que 'en consecuencia, es la Constitución vigente la que permite la preservación del Estado de derecho y la actuación de la Asamblea Nacional Constituyente, en caso de que la voluntad popular sea expresada en tal sentido en la respectiva consulta".

En consecuencia, a los efectos de que no se indujera "a error al electorado y a los propios integrantes de la Asamblea Nacional Constituyente, si el soberano se manifestase afirmativamente acerca de su celebración, en lo atinente a su alcance y límites", la Sala ordenó que se eliminase la frase *"como poder*

---

40 Véase el texto en Allan R. Brewer-Carías, *Poder Constituyente Originario y Asamblea Nacional Constituyente*, Caracas 1999, pp. 190 a 198. Igualmente en *Revista de Derecho Público*, N° 77-80, Editorial Jurídica Venezolana, Caracas 1999, pp. 85 y ss.

originario que recoge la soberanía popular", a cuyo efecto corrigió y reformuló expresamente el texto de la base comicial octava, sin dicha frase.

III. EL RÉGIMEN DE LA ASAMBLEA NACIONAL CONSTITUYENTE

Después de todas estas vicisitudes judiciales, y de la corrección del Decreto Nº 3 de 2 de febrero de 1999, que fue el primer acto violatorio de la Constitución de 1961 en todo aquél proceso, el proceso constituyente quedó abierto, habiéndose celebrado el referendo consultivo el 25 de abril de 1999, en el cual votaron 4.137.509 de los 11.022.936 electores registrados con una abstención electoral del 62.2%. La votación por el "*sí*" representó un 92,4% y la votación "no" un 7,6%[41].

En consecuencia, la Asamblea Nacional Constituyente fue electa el 25 de julio de 1999, en una votación donde la abstención fue del 53.7%[42], resultando, de un total de 131 constituyentes electos, 125 con el apoyo del Presidente Chávez, con lo que la "oposición" quedó formada por sólo 6 constituyentes[43].

La Asamblea, en todo caso, estaba sometida a las bases aprobadas por la voluntad popular expresada en el referendo consultivo del 25 de abril de 1999; razón por la cual, durante su funcionamiento debió haber respetado la vigencia de la Constitución de 1961, la cual sólo podía perder vigencia cuando el pueblo se

---

41 Véase José E. Molina V. y Carmen Pérez Baralt, "Procesos Electorales. Venezuela, abril, julio y diciembre de 1999" en *Boletín Electoral Latinoamericano,* CAPEL-IIDH, Nº XXII, julio-diciembre 1999, San José, 2000, pp. 61 y ss.

42 José E. Molina y Carmen Pérez Baralt, "Procesos electorales. Venezuela, abril, julio y diciembre 1999", en CAPEL-IIDH, *Boletín Electoral Latinoamericano,* Nº XXII, *cit.*, pp. 63 y ss.

43 Cuatro electos en la circunscripción nacional (Allan R. Brewer-Carías, Alberto Franceschi, Claudio Fermín y Jorge Olavarría) y dos en las circunscripciones regionales (Antonio Di'Giampaolo y Virgilio Ávila Vivas).

pronunciara, mediante posterior referendo aprobatorio, sobre la nueva Constitución.

Sin embargo, ello no fue así, y si bien es cierto que el golpe de Estado que significó el inconstitucional Decreto Nº 3 del 2 de febrero de 1999 de convocatoria del referendo consultivo, al irrumpir contra la Constitución, no llegó a materializarse pues sus vicios fueron corregidos judicialmente; fue en cambio la Asamblea Nacional Constituyente la que en un proceso sucesivo materializó el golpe de Estado contra la Constitución, desacatando además las ordenes judiciales emanadas de la Corte Suprema, al haber asumido desde su instalación en agosto de 1999, un poder constituyente originario que no tenía conferido.

En efecto, la ruptura del hilo constitucional en Venezuela y el golpe de Estado contra la Constitución de 1961, puede decirse que lo dio la propia Asamblea Nacional Constituyente que se instaló el 3 de agosto de 1999[44], al aprobar su Estatuto de Funcionamiento[45] e, inconstitucionalmente[46], se declaró a si misma "*depositaria de la voluntad popular y expresión de su Soberanía con las atribuciones del Poder Originario para reorganizar el Estado Venezolano y crear un nuevo ordenamiento jurídico democrático*", auto atribuyéndose, además, potestad para "en uso de las atribuciones que le son inherentes, *podrá limitar o decidir*

---

44 En el acto de instalación, el discurso dado por quien venía de ser electo presidente de la Asamblea concluyó con estas frases "la Asamblea Nacional Constituyente es originaria y soberana", en *Gaceta Constituyente (Diario de Debates), Agosto-Septiembre 1999,* Sesión de 03-08-99, Nº 1, p. 4.

45 Véase *Gaceta Constituyente (Diario de Debates), Agosto-Septiembre 1999,* Sesión de 07-08-99, Nº 4, p. 151.

46 Véase los votos salvados por razones de inconstitucionalidad respecto de la aprobación del Estatuto en Allan R. Brewer-Carías, *Debate Constituyente, (Aportes a la Asamblea Nacional Constituyente)* tomo I, *(8 agosto-8 septiembre 1999)*, Caracas 1999, pp. 15 a 39. Así mismo, en *Gaceta Constituyente (Diario de Debates), Agosto-Septiembre 1999*, Sesión de 07-08-99, Nº 4, pp. 6 a 13.

la cesación de las actividades de las autoridades que conforman el Poder Público" (artículo 1). Como consecuencia de ello, la Asamblea también resolvió que "todos los organismos del Poder Público *quedaban subordinados"* a la misma y, en consecuencia, que estaban en la obligación de *cumplir y hacer cumplir* los "actos jurídicos estatales" que emitiera (parágrafo primero, artículo 1º).

En esta forma, la Asamblea se auto atribuyó potestades públicas por encima de la Constitución de 1961, cuyas normas, por disposición de la propia Asamblea, se dispuso que sólo se mantendrían en vigencia "en todo aquello que no colida o sea contrario con los actos jurídicos y demás decisiones de la Asamblea Nacional Constituyente" (parágrafo segundo, artículo 1º)[47].

Con la asunción de este poder, la Asamblea había consumado el golpe de Estado, pues se daba a sí misma una carta blanca para violar una Constitución que estaba vigente, y someter a todos los órganos del Poder Público constituido y electos a que le estuviesen "subordinados", imponiéndoles la obligación de cumplir sus "actos jurídicos estatales"; ruptura del hilo constitucional que luego se materializó mediante sucesivos actos constituyentes que la propia antigua Corte Suprema de Justicia no supo controlar hasta que fue cesada, víctima de su propia debilidad.

Notoria fue una confusa sentencia del 14 de octubre de 1999 (caso: *Impugnación del Decreto de Regulación de las Fun-*

---

47 Véase en *Gaceta Constituyente (Diario de Debates), Agosto-Septiembre 1999*, Sesión de 07-08-99, Nº 4, p. 144. Véase el texto, además, en *Gaceta Oficial* Nº 36.786 de 14-09-99. Como ha señalado Lolymar Hernández Camargo, con la aprobación del Estatuto "quedó consumada la inobservancia a la voluntad popular que le había impuesto límites a la Asamblea Nacional Constituyente... Se auto proclamó como poder constituyente originario, absoluto e ilimitado, con lo cual el Estado perdió toda razón de ser, pues si se mancilló la voluntad popular y su manifestación normativa (la Constitución), no es posible calificar al Estado como de derecho ni menos aun democrático", en *La Teoría del Poder Constituyente, cit.*, p. 73.

ciones del Poder Legislativo)[48] en la cual la Corte, cambiando el criterio que había sustentado en la sentencia anterior de la Sala Político Administrativa del 18 de marzo de 1999, desligó a la Asamblea de las previsiones de la Constitución de 1961, permitiendo que aquélla pudiera desconocerla, con lo que ilegítimamente "legitimó" el golpe de Estado que la Asamblea había dado al desconocer la Constitución de 1961, particularmente en los diversos actos "constituyentes" e inconstitucionales que había adoptado en los dos meses precedentes.

IV. EL GOLPE DE ESTADO CONSTITUYENTE

Entre los actos constituyentes que conformaron el golpe de Estado contra la Constitución de 1961, se destacan:

En *primer lugar*, el primero de los actos constituyentes dictados por la Asamblea en violación de la Constitución de 1961[49], fue el contenido en el "Decreto mediante el cual se declara la *reorganización de todos los órganos del Poder Público*" de fecha 12 de agosto de 1999[50], para cuya emisión la Asamblea invocó que ejercía "el poder constituyente otorgado por este [el pueblo]mediante referendo..."; es decir, que ejercía un "poder constituyente" que supuestamente le había otorgado el "poder constituyente" (pueblo) en el "referendo", lo cual no era cierto.

Lo cierto es que la Asamblea se fundamentó, para aprobar el Decreto, en "lo dispuesto en el artículo primero del Estatuto de esta Asamblea", en el cual la Asamblea se auto confirió, a sí misma, el supuesto carácter de poder constituyente originario.; auto atribuyéndose en el Decreto la potestad de disponer "la in-

---

48 Véase en *Revista de Derecho Público*, N° 77-80, Editorial Jurídica Venezolana, Caracas 1999, pp. 111 y ss.

49 Véase en Allan R. Brewer-Carías, *Debate Constituyente,* tomo I, *op. cit.,* pp. 43 a 56; y en *Gaceta Constituyente (Diario de Debates), Agosto-Septiembre de 1999, cit.,* Sesión de 12-08-99, N° 8, pp. 2 a 4. Véase el texto del Decreto en *Gaceta Oficial* N° 36.764 de 13-08-99.

50 *Gaceta Oficial* N° 36.764 de 13-08-99.

tervención, modificación o suspensión de los órganos del Poder Público que así considere...". Con esta decisión, sin duda, la Asamblea había materializado, técnicamente, el golpe de Estado, con lo que procedió a intervenir y a regular a casi todos los órganos constituidos del Poder Público, comenzando por los órganos que ejercían el Poder Legislativo.

En *segundo lugar*, el 19 de agosto de 1999, la Asamblea Nacional Constituyente resolvió declarar "al Poder Judicial en emergencia" (Art. 1°), creando una Comisión de Emergencia Judicial, que asumió el proceso de intervención[51], lesionando la autonomía e independencia del Poder Judicial, y suplantando los órganos regulares del gobierno y administración de la Justicia[52]. El Decreto tuvo la misma fundamentación que los anteriores en el sentido de que la Asamblea se había ido construyendo a la medida; el ejercicio del poder constituyente originario supuestamente otorgado por éste a la Asamblea mediante referendo; el artículo 1° del Estatuto de Funcionamiento de la propia Asamblea y el artículo único del Decreto de la Asamblea que declaró la reorganización de todos los Poderes Públicos constituidos.

A este decreto de intervención del Poder Judicial, lo siguieron otros como el "Decreto de Medidas Cautelares Urgentes de Protección al Sistema Judicial",[53] que inició el proceso de suspensión masiva de jueces y su sometimiento a procedimientos disciplinarios, de incorporación de suplentes, y de designación indiscriminada de "nuevos" jueces sin concursos, los cuales quedaron dependientes del nuevo Poder que los había designado.

---

51 *Gaceta Oficial* N° 36.772 de 25-08-99 reimpreso en *Gaceta Oficial* N° 36.782 de 08-09-99.

52 Véase en Allan R. Brewer-Carías, *Debate Constituyente,* Tomo I, *op. cit.*, p. 57 a 73; y en *Gaceta Constituyente (Diario de Debates), Agosto-Septiembre de 1999, cit,* Sesión de 18-08-99, N° 10, pp. 17 a 22. Véase el texto del Decreto en *Gaceta Oficial* N° 36.782 de 08-09-99.

53 *Gaceta Oficial* N° 36.825 de 09-11-99.

Lo lamentable de todo este proceso de intervención política del poder judicial fue que la Corte Suprema de Justicia, en fecha 23 de agosto de 1999, adoptó un desafortunado Acuerdo[54], en el cual fijó posición ante el Decreto de Reorganización del Poder Judicial dictado por la Asamblea Nacional Constituyente; y sobre la designación de uno de sus propios magistrados como integrante de la ilegítima Comisión de Emergencia Judicial; con el cual, en definitiva, aceptó la inconstitucionalidad, lo que inexorablemente condujo a su disolución posterior.

En *tercer lugar*, en efecto, el 25 de agosto de 1999, la Asamblea dictó el "Decreto mediante el cual *se regulan las funciones del Poder Legislativo*"[55] que reformó cinco días después, el 30 de agosto de 1999[56]; arrogándose esta vez directa y abiertamente un "poder constituyente originario" que nadie le había otorgado, sino ella misma en su propio Estatuto de funcionamiento. Mediante este Decreto, la Asamblea materialmente declaró la cesación de las Cámaras Legislativas (Senado y Cámara de Diputados), cuyos miembros habían sido electos en noviembre de 1998, atribuyéndole además, inconstitucionalmente, la función legislativa del Estado a la Comisión Delegada del Congreso y a la propia Asamblea Constituyente[57].

---

54 Véanse nuestros comentarios sobre el Acuerdo en Allan R. Brewer-Carías, *Debate Constituyente,* Tomo I, *op. cit.,* pp. 141 y ss. Véanse además, los comentarios de Lolymar Hernández Camargo, *La Teoría del Poder Constituyente, cit,* pp. 75 y ss.

55 *Gaceta Oficial* N° 36.772 de 25-08-99.

56 *Gaceta Oficial* N° 36.776 de 31-08-99.

57 Véase en Allan R. Brewer-Carías, *Debate Constituyente,* Tomo I, *op. cit.,* pp. 75 a 113; y en *Gaceta Constituyente (Diario de Debates), Agosto-Septiembre 1999, cit.,* Sesión de 25-08-99, N° 13, pp. 12 a 13 y 27 a 30 y Sesión de 30-08-99, N° 16, pp. 16 a 19. Véase el texto del Decreto en *Gaceta Oficial* N° 36.772 de 26-08-99.Con posterioridad, sin embargo, y con la intermediación de la Iglesia Católica, el 9-9-99, la directiva de la Asamblea llegó a un acuerdo con la directiva del Congreso, con lo cual, de hecho, se dejó sin efecto el contenido del Decreto, siguiendo el Congreso

En el Decreto de regulación del Poder Legislativo, la Asamblea también intervino y eliminó las Asambleas Legislativas de los Estados de la Federación, violando la Constitución y vulnerando la autonomía de los Estados, al disponer que las funciones de las mismas serían ejercidas por unas Comisiones Delegadas de cada una, regulando la forma de su integración (Art. 11); y además, revocando el mandato de los Diputados de las Asambleas que no integrasen las Comisiones delegadas respectivas (Art. 12). En cuanto a los Concejos Municipales de los Municipios del país, si bien no se los eliminó, se les prohibió realizar operación alguna con los ejidos municipales, y aprobar o modificar los Planes de Desarrollo Urbano Local (Art. 14), lo que se configuraba en una lesión a la autonomía municipal que garantizaba la Constitución de 1961 (Art. 30), la cual, de nuevo, resultó violada.

En *cuarto lugar,* el 26 de agosto de 1999, la Asamblea decretó la suspensión de las elecciones municipales que debían convocarse el 28 de noviembre de 1999[58], lo que constituía una decisión inconstitucional[59], pues para que pudiera realizarse dicha suspensión debía haberse reformado la Ley Orgánica del Sufragio, que dispusiera que los alcaldes, concejales y miembros de juntas parroquiales electos en 1998 continuarían ejerciendo sus mandatos.

Finalmente, en *quinto lugar*, luego de que se discutió y sancionó la nueva Constitución de 1999, la cual fue aprobada junto con sus Disposiciones Transitorias en referendo aprobatorio realizado el 15 de diciembre de 1999, una semana después, el

---

funcionando conforme al régimen de la Constitución de 1961. Véase el texto del Acuerdo en *El Nacional,* Caracas 10-9-99, p. D-4.

58 *Gaceta Oficial* N° 36.776 de 31-08-99.

59 Véase en Allan R. Brewer-Carías, *Debate Constituyente,* tomo I, *op. cit.,* pp. 115 a 122; y en *Gaceta Constituyente (Diario de Debates), Agosto–Septiembre 1999, cit.,* Sesión de 26-08-99, N° 14, pp. 7 a 8, 11, 13 y 14. Véase el texto del Decreto en *Gaceta Oficial* N° 36.776 de 31-08-99.

22 de diciembre de 1999, la propia Asamblea Nacional Constituyente emitió un nuevo Decreto "constitucional" no aprobado por el pueblo, el del "Régimen de Transición del Poder Público",[60] dos días después de la "proclamación" de la Constitución pero antes de su entrada en vigencia, pues la publicación de la Constitución en *Gaceta Oficial* había sido deliberadamente demorada hasta el 30 de diciembre de 1999[61].

---

60 Véase en *Gaceta Oficial* N° 36.859 de 29-12-99.

61 Véase en *Gaceta Constituyente (Diario de Debates), Noviembre 1999-Enero 2000, cit.,* Sesión de 22-12-99, N° 51, pp. 2 y ss. Véase *Gaceta Oficial* N° 36.859 de 29-12-99; y *Gaceta Oficial* N° 36.860 de 30-12-99.

TERCERA PARTE

LA PRIMERA VIOLACIÓN DE LA CONSTITUCIÓN DE 1999, UN VEZ APROBADA POR EL PUEBLO Y ANTES DE SER PUBLICADA, CON EL ESTABLECIMIENTO DE UN RÉGIMEN TRANSITORIO NO APROBADO POR EL PUEBLO

I. EL RÉGIMEN CONSTITUCIONAL TRANSITORIO DE LA CONSTITUCIÓN DE 1999

Para asegurar la supervivencia de algunas normas del ordenamiento jurídico precedentemente dictado, y no considerarlas tácitamente derogadas mientras se dictan las nuevas normas conforme a la nueva Constitución, es que en las Constituciones se regula un régimen transitorio. El mismo, además, tiene por objeto no sólo asegurar el cumplimiento inmediato de determinadas normas de la nueva Constitución, sin esperar que se dicten las nuevas regulaciones que ella prevé; o la posposición en el tiempo de la entrada en vigencia de algunas normas de la nueva Constitución; sino establecer cuál debe ser el régimen de transición relativo a los órganos del Poder Publico actuantes conforme a la Constitución anterior, en relación con las nuevas regulaciones.

La Constitución de 1999, en esta materia, sin duda fue deficiente para que se produjese una sustitución inmediata de los titulares de los Poderes Públicos. Por tanto, sin duda, fue la voluntad de la Asamblea Nacional Constituyente, el someter a referéndum aprobatorio un texto constitucional insuficiente en esa materia.

En efecto, entre las Disposiciones Transitorias de la Constitución de 1999[62] se destacan, en primer lugar, un conjunto de previsiones que tenían por objeto regular la sobrevivencia de normas preconstitucionales, que hubieran quedado derogadas tácitamente al entrar en vigencia la nueva Constitución, hasta tanto se dictase el nuevo régimen previsto en la Constitución. Es el caso de las previsiones sobre las normas relativas al Distrito federal, al régimen laboral de las prestaciones sociales, al régimen municipal, al régimen electoral, al régimen del Ministerio Público y de la Contraloría general de la república, al régimen de las tierras baldías, al régimen de los impuestos de papel sellado, y al régimen de las profesiones liberales.

En segundo lugar, están las Disposiciones Transitorias destinadas a posponer la vigencia de nuevas normas constitucionales, específicamente respecto de la inversión del Situado Constitucional.

En tercer lugar, están las Disposiciones Transitorias destinadas a asegurar la vigencia inmediata de nuevas normas constitucionales, particularmente en materia del régimen de la nueva denominación de la república como "Bolivariana," del régimen de la nacionalidad, del régimen del delito de desaparición forzada de personas, del régimen del servicio de Defensa Pública, del régimen de elección de los representantes indígenas a la Asamblea Nacional, y del régimen del Defensor del Pueblo.

De resto, las otras Disposiciones Transitorias están destinadas a diseñar un programa legislativo para la Asamblea Nacional y un programa de delimitación de tierras indígenas para el Ejecutivo Nacional.

---

62 Véase el análisis detallado de las Disposiciones Transitorias de la Constitución de 1999 en Allan R. Brewer-Carías, *La Constitución de 1999. derecho Constitucional Venezolano*, Tomo II, caracas 2004, pp. 1.003 ss.

Entre todas estas Disposiciones Transitorias de la Constitución de 1999, tal como fue aprobada por el pueblo, la única destinada a regular alguna transición respecto de la composición de los Poderes Públicos es la relativa al Defensor del Pueblo, que es la *Disposición Transitoria Novena*, que atribuyó a la Asamblea Nacional Constituyente la designación provisoria del titular de la Defensoría del Pueblo. Se trata, en efecto, de la única Disposición Transitoria que le atribuía a la Asamblea Nacional Constituyente potestad para designar algún alto funcionario del Estado, y que debía cumplir en el período que aún quedaba para su funcionamiento hasta el 30 de enero del 2000. La Disposición Transitoria, en todo caso, tenía su justificación en el hecho de que el Defensor del Pueblo era en realidad, el único órgano del Poder Público Nacional completamente nuevo. En todos os otros casos, los órganos constitucionales en la Constitución de 1999 tenían su equivalente en los que existían en la Constitución de 1961, y que habían sido electos o designados un año antes, en 1998. Ello implicaba constitucionalmente que hasta que fuera electo el nuevo Presidente de la República conforme a la nueva Constitución, debía continuar en sus funciones el Presidente que había sido electo en 1998; que mientras fueran electos los diputados a la Asamblea Nacional conforme a la nueva Constitución, debían continuar en sus funciones, los Senadores y Diputados electos en 1998; que mientras fueran electos los Gobernadores, Alcaldes miembros de los Consejos Legislativos de los Estados y concejales conforme a la nueva Constitución, debían continuar en sus funciones, los Gobernadores, diputados a las Asamblea Legislativas de los Estados y concejales electos en 1998; y que mientras la nueva Asamblea Legislativa a ser electa, no designara a los Magistrados del nuevo Tribunal Supremo de Justicia, al Fiscal General de la República, al Contralor General de la República, y a los miembros del Consejo Nacional Electoral, debían continuar en sus funciones los Magistrados de la Corte Suprema de Justicia, al Fiscal General de la República, al Contralor General de la República, y a los miembros del Consejo Supremo Electoral que habían sido designados en 1998. Nada en contrario se estableció en la Constitución aprobada popularmente, y la única atribución que el pueblo le dio a la Asamblea Nacional Constituyente en materia de designación de funcionarios, fue la de designar al Defensor del Pueblo en forma provisional.

A pesar de ello, sin embargo, la Asamblea Nacional Constituyente destituyó a todos los altos funcionarios del Estado excepto los órganos ejecutivos electos, procedió a crear órganos constitucionales no previstos en la Constitución, y procedió además a designar a todos los altos funcionarios del Estado sin tener autorización constitucional alguna para ello. Para ello, sin autorización popular alguna, dictó un ilegítimo régimen constitucional que además, ni siquiera fue aprobado por el pueblo.

II. EL ILEGÍTIMO RÉGIMEN CONSTITUCIONAL TRANSITORIO PARALELO ORIGINADO POR LA DISOLUCIÓN DE TODOS LOS PODERES PÚBLICOS

Ante la deliberada ausencia de alguna regulación en las Disposiciones Transitorias de la nueva Constitución que se refiriera a cesación en sus cargos de los titulares de los órganos del Poder Público y al nombramiento de nuevos funcionarios para ello, y ante el afán sobrevenido en el nuevo poder de sustituir a todos los titulares de los órganos del Estado sin esperar la elección de la nueva Asamblea Nacional; la Asamblea Nacional Constituyente, quiso "hacer efectivo el proceso de transición hacia el régimen establecido en la Constitución de 1999", lo que no estaba escrito en norma alguna; y dictó un régimen constitucional transitorio no establecido en el texto de la nueva Constitución y ello lo hizo sin someterlo a aprobación popular por la vía de referendo. Ello lo hizo mediante Decreto del "Régimen de Transición del Poder Público", dictado el día 22 de diciembre de 1999[63], dos días después de la "Proclamación" oficial de la Constitución y luego de su aprobación popular en el referendo del 15 de diciem-

63 Véase en *G.O.* N° 36.859 de 29-12-99.

bre del mismo año y antes de la entrada en vigencia de la Constitución, cuya publicación fue deliberadamente demorada hasta el 30 de diciembre de 1999[64].

En este Decreto, fundamentalmente, la Asamblea Nacional Constituyente tomó el siguiente conjunto de decisiones en cuanto a los órganos del Poder Público:

En primer lugar, decidió la definitiva disolución del Congreso, y acordó la cesación en las funciones de los senadores y diputados (Art. 4) que habían sido electos un año antes. Esta decisión, violatoria del principio democrático, indudablemente creó un vacío constitucional, pues implicaba que hasta que se produjera la elección de los nuevos miembros de la nueva Asamblea Nacional, la República carecía de órgano legislativo nacional. Por ello, para "suplir" el vacío que la misma Asamblea Nacional Constituyente ilegítimamente creaba, tomó otra decisión, que fue la de "crear" un nuevo órgano no previsto en la nueva Constitución aprobada por el pueblo, ni en la previa de 1961, para lo cual no tenía poder ni autoridad alguna, siendo en consecuencia, totalmente ilegítimo. Se trató de una "Comisión Legislativa Nacional" (denominada "Congresillo"), a la cual le asignó el Poder Legislativo Nacional "hasta tanto se elijan y tomen posesión los diputados integrantes de la Asamblea Nacional" (Art. 5), y cuyos miembros también fueron designados por la Asamblea (Art. 5), a dedo, con integrantes afectos al nuevo poder y a los partidos de gobierno.

En segundo lugar, la Asamblea Nacional Constituyente, en el Decreto del 22 de diciembre de 1999, también se burló de la nueva Constitución, cuando declaró la "disolución de las Asambleas Legislativas de los Estados" (Art. 11), para lo cual no tenía autoridad alguna de carácter constitucional, al no haberse resuel-

---

64 Véase en *Gaceta Constituyente (Diario de Debates), Noviembre 1999-Enero 2000, cit.* Sesión de 22-12-99, N° 51, pp. 2 y ss. Véase *G.O.* N° 36.859 de 29-12-99; y *G.O.* N° 36.860 de 30-12-99.

to ello en esa forma en las Disposiciones Transitorias de la Constitución; pues ni siquiera ello estaba establecido en su Estatuto de Funcionamiento. Además, la Asamblea decidió la cesación en sus funciones, de los diputados que integraban las Asambleas (Art. 11). Pero la Asamblea Nacional Constituyente, al igual que lo que ocurrió con el Poder Legislativo Nacional, a nivel estadal también creó, sin competencia alguna, sendas "Comisiones Legislativas Estadales", atribuyendo el nombramiento de sus miembros, incluso, a la "Comisión Coordinadora de la Asamblea Nacional Constituyente" (Art. 12). Ello no sólo era ilegítimo, al no estar prevista esa facultad en norma alguna, sino que también era violatorio de las bases comiciales aprobadas en el referendo del 25-04-99, así como de la antes mencionada garantía democrática, que era uno de sus límites supra constitucionales.

En tercer lugar, en cuanto a los órganos del Poder Municipal, el artículo 15 del Decreto de la Asamblea de fecha 22–12–99[65] estableció que los Concejos Municipales y los Alcaldes "actuales", ejercerían sus funciones "bajo la supervisión y control de la Asamblea Nacional Constituyente o de la Comisión Legislativa Nacional" hasta tanto se eligieran popularmente sus nuevos integrantes; atribuyendo a la Comisión Coordinadora de la Asamblea Nacional Constituyente o la Comisión Legislativa Nacional la potestad de sustituir parcial o totalmente la integración de los Concejos Municipales, así como sustituir a los Alcaldes, en los casos de graves irregularidades administrativas.

Esta norma también constituyó una burla a la nueva Constitución, pues violaba en su totalidad la garantía de la autonomía municipal prevista en la Constitución, así como el principio democrático respecto de las autoridades municipales que impone que las mismas sólo pueden ser electas popularmente.

---

65 Véase *Gaceta Constituyente (Diario de Debates), Noviembre 1999-Enero 2000, cit.,* Sesión de 22-12-99, N° 51, p. 5.

En cuarto lugar, el artículo 17 del Decreto dispuso, además, que la Corte Suprema de Justicia, sus Salas y dependencias desaparecían y pasaban a conformar el nuevo Tribunal Supremo de Justicia, por lo que, además de las Salas Político Administrativa, de Casación Penal y de Casación Civil de la Corte Suprema de Justicia, cuya extinción se decretó, la Asamblea creó las Salas Constitucional, Social y Electoral que preveía la nueva Constitución y que aún no había entrado en vigencia, estableciendo un número de magistrados para cada Sala que no se había establecido en la Constitución pues debía ser regulado en la ley Orgánica que dictase la nueva Asamblea Nacional cuando fuese electa.

En el artículo 19 del Decreto, la Asamblea Constituyente, además, designó los Magistrados que pasaban a integrar el Tribunal Supremo de Justicia, sin sujetarse a las condiciones establecidas en la nueva Constitución para dichos cargos, entre los cuales estaba quien en los dos últimos meses había sido el Presidente de la Corte Suprema de Justicia. Sus servicios habían sido reconocidos

En quinto lugar, la Asamblea Nacional Constituyente, en el Decreto sobre Régimen de Transición del Poder Público, no sólo nombró al Defensor del Pueblo (Art. 34), que era para lo único que tenía competencia constitucional expresa en las Disposiciones Transitorias de la Constitución 1999, sino después de cesar a sus titulares designados por el antiguo Congreso un año antes, también nombró al Contralor General de la República (Art. 36) y al Fiscal General de la República (Art. 35), en forma provisional mientras la Asamblea Nacional, una vez que se eligiese, designara a los nuevos titulares.

Incluso, en el Decreto le asignó al Contralor General de la República una competencia no prevista en norma alguna del ordenamiento, que era la posibilidad de *intervenir* las Contralorías Estadales y Municipales y designar con carácter provisional a los titulares de esas entidades (Art. 37), con lo cual violaba la autonomía de los Estados y Municipios garantizada en la nueva Constitución.

En sexto lugar, en cuanto al Poder Electoral, por último, la Asamblea Nacional Constituyente, careciendo totalmente de competencia para ello, y en forma ilegítima, en el Decreto del 22-12-99 se auto-atribuyó competencia para designar a los integrantes del Consejo Nacional Electoral (Art. 40), designaciones que realizó días después, con carácter provisorio, al nombrar a personas, todas vinculadas al nuevo poder y a los partidos que apoyaban al gobierno, lo que incluso no garantizaba la imparcialidad electoral necesaria, burlándose del artículo 296 de la nueva Constitución.

En esta forma, la Constitución de 1999 para cuando entró en vigencia tenía dos regímenes constitucionales transitorios: uno legítimo, aprobado por el pueblo, y otro, ilegítimo, no aprobado por el pueblo.

III. LA LEGITIMACIÓN JUDICIAL DEL FRAUDE A LA CONSTITUCIÓN

El Decreto sobre el Régimen de Transición del Poder Público fue por supuesto impugnado ante la Sala Plena de la antigua Corte Suprema de Justicia en fecha 29 de diciembre de 1999, respecto a los nombramientos del Fiscal General de la República, Contralor General de la República, Magistrados del Tribunal Supremo de Justicia, Defensora del Pueblo, Directivos del Consejo Nacional Electoral y miembros de la Comisión Legislativa Nacional ("Congresillo"). Luego de la remisión del expediente a la nueva Sala Constitucional del nuevo Tribunal Supremo de Justicia, sus magistrados, que habían sido producto de dicho régimen transitorio que se impugnaba, en lugar de inhibirse, pasaron a decidir en causa propia, apresuradamente, mediante sentencia N° 4 de fecha 26 de enero de 2000 (caso: *Eduardo García),* considerando que el Decreto era "un acto de rango y naturaleza constitucional" y, además "de naturaleza organizativa, por el cual se produjo la designación de altos funcionarios del Poder Público Nacional, el cual se fundamenta en los propósitos de reorganización del Estado, conferidos a la Asamblea Nacional

Constituyente," desestimando el recurso, para lo cual concluyeron señalando que:

> "dado el carácter *originario del poder conferido por el pueblo* de Venezuela a la Asamblea Nacional Constituyente, mediante la pregunta N° 1 y la Base Comicial Octava del referendo consultivo nacional, aprobado el 25 de abril de 1999, y por tanto *la no sujeción de este poder al texto constitucional vigente para la época*, la demanda propuesta, al fundamentar las presuntas transgresiones en la referida Constitución y no en los parámetros y principios consagrados en las bases fijadas en el citado referendo, conduce forzosamente a su improcedencia"[66].

En el país, entonces, y como consecuencia de esta y otras sentencias posteriores del Tribunal Supremo, existieron dos regímenes constitucionales paralelos: uno contenido en la Constitución de 1999, aprobada por el pueblo; y otro, dictado con posterioridad a dicha aprobación por la Asamblea Nacional Constituyente, no aprobado por el pueblo y de vigencia imprecisa hasta que se aprobase toda la legislación que prevé la propia Constitución de 1999, lo cual en 2009 aún no había ocurrido.

El Tribunal Supremo de Justicia, lamentablemente, en lugar de cumplir con su deber como contralor de la constitucionalidad, al querer "resolver" el vacío creado por la Asamblea Constituyente después de aprobada por referendo popular la Constitución de 1999, violentó el ordenamiento constitucional y frustró la esperanza de que se afianzara el Estado de Derecho, precisamente cuando comenzaba a entrar en aplicación la nueva Constitución. Para ello, en otras sentencias, admitió que los actos de la Asamblea nacional Constituyente ni estaban sometidos a la Constitución de 1961, cuya interpretación le había dado origen, ni a la Constitución de 1999, que había sancionado. Así, en sentencia N° 6 de fecha 27 de enero de 2000, el Tribunal Supremo de Justicia declaró improcedente otra acción de nulidad inter-

66 Véase en *Revista de Derecho Público*, N° 81, Editorial Jurídica Venezolana, Caracas 2000, pp. 93 ss.

puesta contra el referido Decreto con base en los siguientes argumentos:

> "En tal sentido, entiende la Sala que hasta la fecha de la publicación de la nueva Constitución, la que le precedió (1961) estuvo vigente, lo cual se desprende de la Disposición Derogatoria Única; y como los actos de la Asamblea Nacional Constituyente no estaban sujetos a la Constitución derogada, los mismos sólo podrían estar regulados -como fuera señalado por la sentencia de la Corte Suprema de Justicia en Pleno antes referida- por normas supraconstitucionales. Así, por argumento en contrario, sólo los actos dictados por la Asamblea Nacional Constituyente con posterioridad a la publicación de la nueva Constitución estarían sujetos a ésta.
>
> De todo lo anterior emerge que el acto de la Asamblea Nacional Constituyente impugnado en esta oportunidad publicado en la Gaceta Oficial número 36.859 del 29 de diciembre de 1999, esto es, *con anterioridad a la vigencia de la Constitución de la República Bolivariana de Venezuela de 1999, no esta sujeto ni a ésta, ni a la Constitución de 1961.*"[67]

Se reconoció, así, por el Tribunal Supremo de Justicia, rango constitucional al régimen transitorio inventado por la Asamblea Nacional Constituyente, desligado tanto de la Constitución de 1961 como de la propia Constitución de 1999; régimen transitorio que, además, contenía el acto de designación de los propios Magistrados que estaban decidiendo las impugnaciones. Lo menos que podían haber hecho era inhibirse, pero no fue así; y esa y otras sentencias que juzgaron dicho régimen constituyeron violación del principio elemental del Estado de derecho conforme al cual nadie puede ser juez en su propia causa.

La Sala Constitucional del Tribunal Supremo de Justicia continuó desarrollando su inconstitucional tesis en la sentencia N° 180 de 28 de marzo de 2000 (caso: *Allan R. Brewer-Carías y otros*), dictada con motivo de decidir sobre la impugnación del el

---

67 Véase en *Revista de Derecho Público*, N° 81, (enero-marzo), Editorial Jurídica Venezolana, Caracas, 2000, pp. 81 y ss.

Estatuto Electoral del Poder Público dictado por la Asamblea el 30 de enero de 2000,[68] es decir, después de publicada la Constitución, igualmente sin tener autorización constitucional para ello, en la cual estableció que la Asamblea Nacional Constituyente para cumplir su misión de transformar el Estado, crear un nuevo ordenamiento jurídico y dictar una nueva Constitución que sustituyera a la de 1961, supuestamente tenía varias alternativas para regular el régimen constitucional transitorio: *Una*, elaborar unas Disposiciones Transitorias que formaran parte de la Constitución para ser aprobada por el pueblo mediante referendo, lo que hizo efectivamente; y *otra*, dictar actos constituyentes aparte, de valor y rango constitucional, que originarían un régimen transitorio constitucional paralelo, no aprobado por el pueblo.

Esto, por supuesto, no se ajustaba a la Constitución, pues de acuerdo con la Base Novena aprobada en el referendo de convocatoria de la Asamblea Constituyente de abril de 1999, que tenía rango supraconstitucional, las nuevas normas constitucionales producto del proceso constituyente, para entrar en vigencia, tenían que ser aprobadas por referendo popular. Es decir, no podía haber normas constitucionales como resultado del proceso constituyente de 1999 que no fueran aprobadas por el pueblo, por lo que la Asamblea Nacional Constituyente no podía poner en vigencia actos con rango constitucional. Precisamente por ello, el pueblo fue convocado a referendo el 15 de diciembre de 1999, para aprobar la Constitución.

En consecuencia, al considerar el Tribunal Supremo de Justicia en la sentencia mencionada que el Estatuto Electoral dictado por la Asamblea Nacional Constituyente en enero de 2000 tenía un supuesto rango constitucional, con el objeto de llenar los supuestos vacíos de las Disposiciones Transitorias de la Constitución, vacíos que habían sido inventados y provocados por la propia Asamblea Nacional Constituyente antes de publicar la Cons-

---

68 Véase en *G.O.* N° 36.884 de 03-02-00.

titución; el Tribunal violó la soberanía popular expresada el 25 de abril de 1999 y marginó la soberanía popular expresada el 15 de diciembre de 1999. Por tanto, de nada sirvió que los venezolanos hubieran aprobado por referendo una Constitución el 15 de diciembre de 1999, si paralelamente la Asamblea Nacional Constituyente podía dictar otras normas constitucionales no aprobadas por el pueblo.

En esta forma, fue el propio Tribunal Supremo el que "legitimó" la inconstitucionalidad, admitiendo que la Asamblea Nacional Constituyente supuestamente tenía potestad para no prever disposiciones transitorias en el texto de la Constitución "y efectuarla mediante un cuerpo legislativo aparte, complementado por actos destinados a llenar el vacío institucional que se crearía al entrar en vigencia la nueva Constitución." Como lo dice el artículo 2 de dicho Régimen: "Las previsiones del presente régimen de transición desarrollan y complementan las Disposiciones Transitorias de la Constitución aprobada por el pueblo de Venezuela." La Sala Constitucional entonces razonó que como con la entrada en vigencia la nueva Constitución de la República Bolivariana de Venezuela

> "se hace necesario elegir a la Asamblea Nacional, institución básica entre los poderes públicos para el funcionamiento del sistema político-jurídico que desarrolla la Constitución recién promulgada, y hasta su elección e instalación, *nace un segundo régimen transitorio*, el cual se rige por las normas sancionadas a ese fin por la Asamblea Nacional Constituyente, en ejercicio de su competencia constituyente, ... las cuales se proyectan paralelamente a la Constitución vigente, tal como lo estableció el Régimen de Transición de Poder Público, que obran -por disposición del artículo 2 de dicha normativa- como Disposiciones Transitorias de la Constitución vigente. Esta normativa de rango análogo a la Constitución, está destinada a que las instituciones prevenidas en la Constitución, pero que aún no han entrado en funcionamiento, se realicen, y se agota al cumplir su cometido.
>
> Las normas de transición devienen así en integrantes del sistema constitucional, en cuanto hacen posible la plena vigencia de la

naciente Constitución. La transitoriedad es inherente al propio proceso constituyente y le es inmanente[69].

De este razonamiento se deduce, entonces, el absurdo constitucional de que podía haber un régimen constitucional transitorio no previsto en la Constitución de 1999, ni aprobado por el pueblo, dictado por la Asamblea Nacional Constituyente, lo cual es totalmente incorrecto. Esta fue la primera violación de la Constitución de 1999 cometida antes y después de que entrara en vigencia.

---

69 Véase sentencia N° 180 de 28 de marzo de 2000 (caso: *Allan R. Brewer-Carías y otros*), en *Revista de Derecho Público*, N° 81, (enero-marzo), Editorial Jurídica Venezolana, Caracas, 2000, pp. 86 ss.

CUARTA PARTE:

LA REFORMA CONSTITUCIONAL DE 2007 APROBADA EN FRAUDE A LA CONSTITUCIÓN, SU RECHAZO POPULAR, Y LA RENUNCIA DEL JUEZ CONSTITUCIONAL A CONTROLAR SU CONSTITUCIONALIDAD

I. LOS PROCEDIMIENTOS DE REFORMA CONSTITUCIONAL EN LA CONSTITUCIÓN DE 1999

En la Constitución de 1999, el principio de la rigidez de la Constitución se reflejó en la previsión de procedimientos específicos para la revisión de la Constitución, de manera tal que en ningún caso puede hacerse una reforma constitucional por la Asamblea Nacional mediante el solo procedimiento de formación de las leyes, exigiéndose siempre para cualquier revisión constitucional, la participación del pueblo como poder constituyente originario.

En tal sentido en la Constitución de 1999 se establecieron tres mecanismos institucionales para la revisión constitucional que se distinguen según la intensidad de las transformaciones que se proponen, y que son las Enmiendas Constitucionales, las Reformas Constitucionales y la Asamblea Nacional Constituyente. Cada procedimiento tiene su sentido y ámbito de aplicación según la importancia de las modificaciones a la Constitución, de manera que para la aprobación de las "enmiendas" se estableció la sola participación del pueblo como poder constituyente originario manifestado mediante referendo aprobatorio; para la aprobación de la "reforma constitucional" se estableció la participación de uno de los poderes constituidos, -la Asamblea Nacional- y, además, del pueblo como poder constituyente originario manifestado mediante referendo; y para la revisión constitucional mediante una "Asamblea Nacional Constituyente", se estableció la participación del pueblo como poder constituyente originario, para primero, decidir mediante referendo su convocatoria, y segundo, para la elección de los miembros de la Asamblea Constituyente.

Sobre estos tres mecanismos para la revisión constitucional, la propia Sala Constitucional del Tribunal Supremo de Justicia ha señalado que:

> "Cada uno de estos mecanismos de reforma tiene sus peculiaridades, los cuales con una somera lectura del texto constitucional se puede apreciar que, por ejemplo, el procedimiento de enmienda, va a tener por objeto la adición o modificación de uno o varios artículos de la Constitución, tal como lo señala el artículo 340 de la Carta Magna. Por su parte, la reforma constitucional, se orienta hacia la revisión parcial de la Constitución, así como la sustitución de una o varias de sus normas (artículo 342). Ambos mecanismos, están limitados por la no modificación de la estructura fundamental del texto constitucional, y por un referéndum al cual debe estar sometido para su definitiva aprobación, Ahora bien, en el caso de que se quiera transformar el Estado, crear un nuevo ordenamiento jurídico y redactar una nueva Constitución, el texto constitucional vigente consagra la posibilidad de convocatoria a una Asamblea Nacional Constituyente (Artículo 347 *eiusdem*). Igualmente, las iniciativas para proceder a la enmienda, reforma o convocatoria de la Asamblea Constituyente, están consagradas en el texto constitucional de manera expresa"[70].

---

70 Véase sentencia N° 1140 de la Sala Constitucional de 05-19-2000, en *Revista de Derecho Público*, N° 84, Editorial Jurídica Venezolana, Caracas, 2000.

De lo anterior resulta que no puede utilizarse uno de los procedimientos de revisión constitucional para fines distintos a los regulados en la propia Constitución, pues de lo contrario, se incurriría en un fraude constitucional[71], tal como ocurrió con la reforma constitucional sancionada por la Asamblea Nacional el 2 de noviembre de 2007, que fue rechazada por voto popular en el referendo del 2 de diciembre de 2007. A ello nos referimos más adelante.

1. *Las Enmiendas constitucionales*

El procedimiento de la Enmienda constitucional tiene por objeto la adición o modificación de uno o varios artículos de la Constitución, sin alterar su estructura fundamental (Art. 340).

De acuerdo con el artículo 341, ordinal 1, la iniciativa para la Enmienda puede partir del quince por ciento de los ciudadanos inscritos en el registro civil y electoral; o de un treinta por ciento de los integrantes de la Asamblea Nacional o del Presidente de la República en Consejo de Ministros. Cuando la iniciativa parta de la Asamblea Nacional, la enmienda requiere la aprobación de

---

71 La Sala Constitucional del Tribunal Supremo de Justicia en la sentencia N° 74 de 25-01-2006 señaló que un *fraude a la Constitución* ocurre cuando se destruyen las teorías democráticas "mediante el procedimiento de cambio en las instituciones existentes aparentando respetar las formas y procedimientos constitucionales", o cuando se utiliza "del procedimiento de reforma constitucional para proceder a la creación de un nuevo régimen político, de un nuevo ordenamiento constitucional, sin alterar el sistema de legalidad establecido, como ocurrió con el *uso fraudulento de los poderes* conferidos por la ley marcial en la Alemania de la Constitución de *Weimar*, forzando al Parlamento a conceder a los líderes fascistas, en términos de dudosa legitimidad, la plenitud del poder constituyente, otorgando un poder legislativo ilimitado"; y que un *falseamiento de la Constitución* ocurre cuando se otorga "a las normas constitucionales una interpretación y un sentido distinto del que realmente tienen, que es en realidad una modificación no formal de la Constitución misma", concluyendo con la afirmación de que "*Una reforma constitucional sin ningún tipo de límites, constituiría un fraude constitucional*". Véase en *Revista de Derecho Público,* N° 105, Editorial Jurídica Venezolana, Caracas 2006, pp. 76 ss.

ésta por la mayoría de sus integrantes y se debe discutir, según el procedimiento establecido en esta Constitución para la formación de leyes (Art. 341,2).

De esta norma se deduce, por tanto, que la discusión legislativa de las Enmiendas sólo se produce cuando la iniciativa parta de la Asamblea Nacional. Por tanto, si la Enmienda parte de una iniciativa popular o del Presidente de la República, no se somete a discusión ni a aprobación por la Asamblea Nacional, sino que directamente se debe someter a referendo aprobatorio (Art. 341,3 y 4), al cual deben concurrir al menos el 25% de los electores inscritos, bastando para la aprobación que haya mayoría de votos afirmativos (Art. 73).

Conforme a lo establecido en el artículo 346, el Presidente de la República está obligado a promulgar las Enmiendas dentro de los 10 días siguientes a su aprobación.

Por último, la Constitución exige que las enmiendas sean numeradas consecutivamente. Se deben publicar a continuación de la Constitución sin alterar el texto de ésta, pero anotando al pie del artículo o artículos enmendados la referencia de número y fecha de la enmienda que lo modificó.

2. *Las Reformas constitucionales*

En cuanto a las Reformas constitucionales, conforme al artículo 342 de la Constitución, tienen por objeto una revisión parcial de la Constitución y la sustitución de una o varias de sus normas que no modifiquen la estructura y principios fundamentales del texto constitucional.

De lo anterior resulta que la diferencia entre la Enmienda y la Reforma es muy sutil: aquella tiene por objeto "la adición o modificación de uno o varios artículos de la Constitución, sin alterar su estructura fundamental"; ésta tiene por objeto, "la sustitución de una o varias de sus normas que no modifiquen la estructura y principios fundamentales del texto constitucional". En definitiva, podría decirse que la Enmienda tiene por objeto "añadir o modificar" unos artículos y la Reforma la "sustitución" de unos artículos, pero en uno u otro caso, sin alterar o modificar la estructura fundamental de la Constitución.

Sin embargo, el procedimiento para la Reforma es más complejo, pues requiere que el texto sea discutido y aprobado por la Asamblea Nacional antes de ser sometido a referendo.

En efecto, la iniciativa de la Reforma de la Constitución la puede ejercer la Asamblea Nacional mediante acuerdo aprobado por el voto de la mayoría de sus integrantes; el Presidente de la República en Consejo de Ministros o a solicitud de un número no menor del quince por ciento de los electores inscritos en el registro civil y electoral (Art. 342).

Conforme al artículo 343, la iniciativa de reforma constitucional debe ser tramitada por la Asamblea Nacional en dos discusiones (Art. 343). El proyecto de reforma constitucional aprobado por la Asamblea Nacional debe ser sometido a referendo dentro de los treinta días siguientes a su sanción (Art. 344).

El pueblo, en el referendo, se debe pronunciar en conjunto sobre la reforma, pero puede votarse separadamente hasta una tercera parte de ella, si así lo aprueba un número no menor de una tercera parte de la Asamblea Nacional o si en la iniciativa de reforma así lo hubiere solicitado el Presidente de la República o un número no menor del cinco por ciento de los electores inscritos en el registro civil y electoral.

La Reforma constitucional se debe declarar aprobada si el número de votos afirmativos es superior al número de votos negativos (Art. 345).

En caso de que no sea aprobada la reforma, el artículo 345 dispone que la iniciativa de la reforma no puede presentarse de nuevo en un mismo período constitucional a la Asamblea Nacional.

El Presidente de la República debe promulgar las reformas dentro de los diez días siguientes a su aprobación. Si no lo hiciere, se aplica lo previsto en el artículo 216 de la Constitución (art. 346).

3. *La Asamblea Nacional Constituyente*

Por último, como mecanismo de revisión constitucional, la Constitución de 1999, producto de una Asamblea Nacional Constituyente que como institución para la reforma constitucional no estaba prevista ni regulada en la Constitución de 1961; prevé precisamente dicho mecanismo en los artículos 347 y siguientes.

El artículo 347 comienza precisando lo que es lo esencial en este proceso: que el pueblo de Venezuela es el depositario del poder constituyente originario[72]; y que en consecuencia, en ejercicio de dicho poder, el pueblo puede convocar una Asamblea Nacional Constituyente "con el objeto de transformar al Estado, crear un nuevo ordenamiento jurídico y redactar una nueva Constitución".

La Asamblea Nacional Constituyente en la Constitución de 1999, por tanto, no está concebida como "poder originario" alguno, el cual siempre queda reservado al pueblo, en forma intransferible. Sin embargo, contradictoriamente se especifica en el artículo 349 que los poderes constituidos no pueden en forma alguna impedir las decisiones de la Asamblea Nacional Constituyente, con lo cual la misma podría sobreponerse a los poderes constituidos. Ello abriría la discusión sobre si la Asamblea podría hacer cesar a aquellos.

La iniciativa de convocatoria a la Asamblea Nacional Constituyente corresponde al Presidente de la República en Consejo de Ministros; a la Asamblea Nacional, mediante acuerdo de la dos terceras partes de sus integrantes; a los Concejos Municipales en cabildos, mediante el voto de las dos terceras partes de los mismos; y al quince por ciento de los electores inscritos en el

---

72 Véase lo expuesto en Allan R. Brewer-Carías, *Poder Constituyente originario y Asamblea Nacional Constituyente*, Caracas 1999.

registro electoral (Art. 348). Esa iniciativa debe formularse ante el Poder Electoral.

Una vez formulada la iniciativa, conforme antes se ha mencionado, corresponde al pueblo como poder constituyente originario, convocar la Asamblea Constituyente, por lo que a pesar de que no esté expresamente regulado en el texto de la Constitución, el Consejo Nacional Electoral debe convocar un referendo para que el pueblo se pronuncie sobre dicha convocatoria, y sobre el estatuto básico de la Asamblea en relación con su integración, forma de elección de sus miembros, misión y duración.[73]

Luego de que el pueblo se pronuncie sobre la convocatoria de la Asamblea, debe procederse a la elección de los miembros de la misma conforme al resultado de la consulta popular.

La aprobación de la Constitución que emane de la Asamblea Nacional Constituyente que se elija, sin embargo, no está sometida a referendo aprobatorio. En contraste, debe recordarse que la Constitución de 1999, sancionada por la Asamblea Nacional Constituyente, fue aprobada mediante referendo del 15 de diciembre de 1999 para poder entrar en vigencia; y que la propia Constitución exige que en los casos de Enmiendas y de Reformas constitucionales, las mismas deben ser sometidas a referendos aprobatorios (Arts. 341 y 344).

---

73 En esta forma por mi parte quedan superadas las dudas que expresé en esta materia en Allan R. Brewer-Carías, *Las Constituciones de Venezuela*, Academia de Ciencias Políticas y Sociales, tomo I, Caracas 2008, pp. 346-347; y en *Historia Constitucional de Venezuela*, Editorial Alfa, Tono II, pp. 251-252.

II. GENESIS DE UNA "REFORMA CONSTITUCIONAL" CONSTITUCIONAL EN 2007 QUE SÓLO PODÍA REALIZARSE MEDIANTE LA CONVOCATORIA DE UNA ASAMBLEA NACIONAL CONSTITUYENTE

Ahora bien, a pesar de la previsión expresa de los anteriores procedimientos para la reforma constitucional, el Presidente de la República de Venezuela, Hugo Chávez Frías, en enero de 2007, al tomar posesión de su segundo mandato presidencial (2007-2013), anunció al país que propondría una serie de reformas a la Constitución de 1999, para cuya elaboración designó un Consejo Presidencial para la Reforma de la Constitución,[74] el cual estuvo presidido por la Presidenta de la Asamblea Nacional e integrado por altos funcionarios del Estado, como fueron: el Segundo Vicepresidente de la Asamblea Nacional y otros cuatro diputados, la Presidenta del Tribunal Supremo de Justicia, el Defensor del Pueblo, el Ministro del Trabajo, la Procuradora General de la República, y el Fiscal General de la República. En esta forma, el Presidente de la República comprometió de antemano en su proyecto a los titulares de, materialmente, todos los poderes públicos, indicando en forma expresa en el Decreto que el trabajo de dicho Consejo se debía realizar "de conformidad con los lineamientos del Jefe de Estado en estricta confidencialidad" (art. 2).[75] Es decir, el Consejo no tenía libertad alguna de pensamiento, y su trabajo debía desarrollarse en estricta confidencialidad, lo que de por sí es contrario a los principios que deben guiar cualquier reforma constitucional en un país democrático.

Las pautas para la reforma constitucional que en diversos discursos y alocuciones fue dando el Presidente de la República, apuntaron, por una parte, a la conformación de un Estado del

---

74 Véase Decreto N° 5138 de 17-01-2007, *Gaceta Oficial,* N° 38.607, de 18-01-2007.

75 Ello también lo declaró públicamente, además, la Presidenta de la Asamblea Nacional al instalarse el Consejo. Véase en *El Universal*, 20-02-2007.

Poder Popular o del Poder Comunal, o Estado Comunal, estructurado desde los Consejos Comunales que ya habían sido creados en 2006, al margen de la Constitución,[76] como unidades u organizaciones sociales no electas mediante sufragio universal, directo y secreto y sin autonomía territorial, supuestamente dispuestos para canalizar la participación ciudadana, pero conforme a un sistema de conducción centralizado desde la cúspide del Poder Ejecutivo Nacional; y por la otra, a la estructuración de un Estado socialista, con una doctrina socialista y "bolivariana" como doctrina oficial, sustituyendo al sistema plural de libertad de pensamiento y acción que siempre ha existido en el país y, en particular, sustituyendo la libertad económica y el estado de economía mixta que siempre ha existido, por un sistema de economía estatista y colectivista, de capitalismo de Estado, sometido a una planificación centralizada, minimizando el rol del individuo y eliminando todo vestigio de libertad económica y de propiedad privada.

Es decir, el objetivo definido por el Presidente era transformar radicalmente al Estado y crear un nuevo ordenamiento jurídico, lo que no podía realizarse mediante el mecanismo de "reforma constitucional" que regula la Constitución, sino que exigía, conforme a su artículo 347, que se convocara y eligiera una Asamblea Nacional Constituyente, lo que, por supuesto, hubiera podido implicar que la reforma se le escapara de su control férreo.

En todo caso, el 2 de noviembre de 2007, la Asamblea Nacional, luego de haberle dado tres discusiones en algo más de un mes al Anteproyecto de reforma que el Presidente de la República le había presentado el 15 de agosto de 2007,[77] sancionó el

---

76 Ley de Consejos Comunales, *Gaceta Oficial,* N° 5.806 *Extra.,* 10-04-2006.

77 Véase el *Proyecto de Exposición de Motivos para la Reforma Constitucional, Presidencia de la República, Proyecto Reforma Constitucional. Propuesta del Presidente Hugo Chávez Agosto 2007.* El texto completo fue publicado como *Proyecto de Reforma Constitucional. Versión atribui-*

proyecto de reforma a la Constitución de 1999, el cual fue sometido a referendo que se fijó para el 2 de diciembre de 2007, en el cual, como se ha dicho, el poder constituyente originario se pronunció por rechazarlo por la mayoría de votos.

La rechazada reforma, en todo caso, era una propuesta de modificación constitucional que buscaba transformar aspectos esenciales y fundamentales del Estado, por lo que, sin duda, de haber sido aprobada, hubiera sido una de las más sustanciales de toda la historia constitucional de Venezuela. Con ella, en efecto, se buscaba cambiar radicalmente el modelo de Estado Descentralizado, Democrático, Pluralista y Social de Derecho que, con todos sus problemas, está regulado en la Constitución de 1999, por el de un Estado socialista, centralizado, policial y militarista, con una doctrina oficial "bolivariana", que se identificaba como "el Socialismo del Siglo XXI"[78] y un sistema económico de capitalismo de Estado. Esa reforma se sancionó, como se ha dicho, conforme a la propuesta que durante 2007 formuló el Presidente de la República, Hugo Chávez Frías, burlando el procedimiento que la Constitución requería para un cambio tan fundamental. Se trataba, por tanto, de una reforma fraudulenta o realizada en fraude a la Constitución, pues se ha utilizado para ello un procedimiento previsto para otros fines, engañando al pueblo.[79]

La consecuencia de esta propuesta de reforma a la Constitución en relación con los ciudadanos, era que, con la misma, de haber sido aprobada, se hubiera establecido en Venezuela, formalmente, una ideología y doctrina de Estado, de corte socialista

---

da al Consejo Presidencial para la reforma de la Constitución de la República Bolivariana de Venezuela, Caracas, Atenea, 1 de julio de 2007.

78 Véase el *Proyecto de Exposición de Motivos para la Reforma Constitucional, Presidencia de la República, Proyecto Reforma Constitucional. Propuesta del presidente Hugo Chávez Agosto 2007*, p. 19.

79 Sobre el concepto de fraude a la Constitución véase la sentencia de la Sala Constitucional del Tribunal Supremo de Justicia, N° 74 de 25-01-2006, en *Revista de Derecho Público* N° 105, Editorial Jurídica Venezolana, Caracas, 2006, pp. 76 y ss.

y supuestamente "bolivariana", la cual, en consecuencia, a pesar de su imprecisión -y he allí lo más peligroso-, se pretendía que fuera una doctrina "oficial", y por tanto, no hubiera admitido disidencia alguna. No se olvide que todos los ciudadanos tienen un deber constitucional esencial de cumplir y hacer cumplir la Constitución (Art. 131), por lo que, de haberse aprobado la reforma, todos los ciudadanos hubieran tenido el deber de contribuir activamente en la implementación de la doctrina oficial del Estado. En ello no hubiera podido admitirse ni siquiera la neutralidad. Por tanto, todo pensamiento, toda expresión del pensamiento, toda acción o toda omisión que pudiera haber sido considerada como contraria a la doctrina oficial socialista y "bolivariana", o que simplemente la "autoridad" no considerase que contribuía a la construcción y siembra del socialismo, hubiera constituido una violación a un deber constitucional y hubiera podido, por tanto, ser criminalizada; es decir, hubiera podido haber dado lugar a sanciones, incluso, penales. Se trataba de crear un pensamiento único, que constitucionalmente no hubiera admitido disidencia.

En todo caso, lo que planteó el Presidente como "reforma constitucional", lo que propuso su Consejo Presidencial y lo que sancionó la Asamblea Nacional en noviembre de 2007, como se ha dicho, evidentemente no constituía "una revisión parcial de la Constitución y la sustitución de una o varias de sus normas que no modifiquen la estructura y principios fundamentales del texto Constitucional", que es lo que, conforme al artículo 342, puede realizarse mediante el procedimiento de la "reforma constitucional", el cual se desarrolla mediante la sola discusión y sanción del proyecto por la Asamblea Nacional y posterior sometimiento a referendo aprobatorio.

Lo que se sancionó como proyecto de reforma constitucional por la Asamblea Nacional, en realidad, requería la convocatoria de una Asamblea Constituyente, y al no hacerlo, lo que el Presidente de la República y la Asamblea Nacional cometieron fue un fraude a la Constitución, como lo advirtieron reiteradamente las instituciones más representativas del país.[80], Incluso, sobre el tema, se refirió en términos precisos el magistrado Jesús Eduardo Cabrera, en su Voto salvado a la sentencia Nº 2042 de la Sala Constitucional de 2 de noviembre de 2007:

> "En criterio de quien disiente, un sistema de organización social o económico basado en la propiedad y administración colectiva o estatal de los medios de producción, como lo es básicamente el socialista, en sus distintas concepciones, cual es el propuesto en el Proyecto de reforma, chocaría con lo que, para quien suscribe, y la propia Sala, era considerado Estado social, y ello -en criterio del disidente- puede afectar toda la estructura y los principios fundamentales del Texto Constitucional, hasta el punto en que un nuevo ordenamiento jurídico tendría que ser creado para desarrollar la construcción del socialismo.

---

80 En tal sentido se han pronunciado, por ejemplo, las Academias de Medicina, Ciencias Políticas y Sociales, y de Ingeniería y el Hábitat (23-10-2007, *El Universal*); la Conferencia Episcopal Venezolana (19-10-2007, *El Nacional*), el Instituto de Previsión Social del Abogado, los Colegios de Abogados de Distrito Capital, de los Estados Miranda, Aragua, Cojedes, Falcón, Lara, Guárico, Carabobo y la Confederación de Profesionales Universitarios de Venezuela (02-11-2007). Incluso, es significativo que el día 5 de noviembre de 2007, el general Raúl Baduel, quien fuera Ministro de la Defensa del Presidente Chávez hasta julio de 2007, se hubiera pronunciado públicamente sobre el tema advirtiendo sobre el proceder de los Poderes Ejecutivo y Legislativo "que innecesariamente y de forma atropellada, mediante procedimientos fraudulentos, quieren imponer una propuesta que requiere una consulta más amplia a través de una Asamblea Nacional Constituyente"; que con ello, ambos Poderes "le están quitando poder al pueblo alterando los valores, los principios y la estructura del Estado sin estar facultados para ello, ya que el Poder Constituyente reside en el pueblo y es el único capaz de llevar a cabo un cambio de esa magnitud", que "esta propuesta de reforma sólo le está quitando poder al pueblo por dos vías, primero, porque usurpa de manera fraudulenta el Poder Constituyente del pueblo y segundo, porque las autoridades de la nueva geometría del poder que se crearía no serían elegidas por el pueblo"; y que "de culminar este proceso con la aprobación del mismo por las vías propuestas y la Asamblea Nacional, se estaría consumando en la práctica un golpe de Estado, violando de manera descarada el texto constitucional y sus mecanismos e introduciendo cambios de manera fraudulenta", *El Universal*, Caracas, 6-11-07.

No es que Venezuela no pueda convertirse en un Estado socialista. Si ello lo decide el pueblo, es posible; pero a juicio del voto salvante, tal logro sería distinto al que la Sala ha sostenido en el fallo de 24 de enero de 2002 (Caso: *Créditos Indexados*) y ello conduciría no a una reforma de la Constitución, sino a una nueva Constitución, la cual debería ser votada por el poder constituyente originario. Al menos, en nuestro criterio, esto es la consecuencia del fallo N° 85 de 24 de enero de 2002."

Y es que, en efecto, la reforma constitucional sancionada el 2 de noviembre de 2007 era de tal trascendencia, que así, incluso, lo reconocieron, quizás sin darse cuenta, los propios diputados de la Asamblea Nacional cuando dispusieron que con la misma se sustituyera completamente la Constitución de 1999, ordenando a tal efecto, en la Disposición Final, que la Constitución -de haber sido aprobada por el pueblo- se imprimiera "íntegramente en un solo texto... Con la reforma aquí sancionada y en el correspondiente texto único corríjanse los artículos aplicando la nueva terminología señalada en esta Reforma Constitucional, en cuanto sea aplicable, suprimiéndose y sustituyéndose de acuerdo al contenido de esta Reforma así como las firmas, fechas y demás datos de sanción y promulgación".

Es decir, de haberse aprobado la reforma por referendo, la Constitución hubiera tenido que conocerse como la "Constitución de 2007", es decir, una Constitución diferente, como efectivamente resultaba de su contenido. Por lo demás, con esa Disposición final se le pretendía dar carta blanca, no se sabe a quién, para que cambiase otras normas constitucionales sin procedimiento constitucional alguno, como ya ocurrió con la "reimpresión" de la Constitución de 1999, en marzo de 2000.[81]

---

81 *Gaceta Oficial* N° 5.453 Extra. de 24-03-2000.

III. EL PROYECTO DE TRANSFORMAR RADICALMENTE AL ESTADO

En todo caso, fue la voluntad de llevar adelante la reforma contrariando la Constitución y con la sola participación de una Asamblea Nacional, totalmente controlada y dominada por el Presidente y sus seguidores, y evitar los "riesgos" que podían derivar de la elección de una Asamblea Nacional Constituyente, lo que llevó al Presidente de la República y a sus seguidores, a repetir una vez más la táctica política del fraude a la Constitución, que ya era un común denominador del régimen instalado en el país a partir de 1999, es decir, utilizar las instituciones existentes aparentando respetar las formas y procedimientos constitucionales (en este caso el procedimiento de "reforma constitucional"), para en cambio proceder a una radical trasformación del Estado, o sea, como lo ha advertido el Tribunal Supremo al definir el fraude constitucional, a pretender realizar "la creación de un nuevo régimen político, de un nuevo ordenamiento constitucional, sin alterar el sistema de legalidad establecido"[82].

Esto como se dijo anteriormente, ya había ocurrido en febrero de 1999, mediante la convocatoria del referendo consultivo sobre la Asamblea Nacional Constituyente que no estaba entonces prevista en la Constitución vigente de 1961[83]; luego ocurrió con la emisión por dicha Asamblea Constituyente, después de que la nueva Constitución de 1999 ya se había aprobado por referendo popular, el "Decreto del Régimen Transitorio de los Poderes Públicos" que obviamente no fue sometido a aprobación popular[84]; y continuó ocurriendo en los últimos años, con la des-

---

82 Véase la sentencia N° 74 de 25-01-2006 de la Sala Constitucional del Tribunal Supremo de Justicia en *Revista de Derecho Público,* N° 105, Editorial Jurídica Venezolana, Caracas 2006, pp. 76 ss.

83 Véase Allan R. Brewer-Carías, *Asamblea Constituyente y Ordenamiento Constitucional*, Academia de Ciencias Políticas y Sociales, Caracas 1999.

84 Véase Allan R. Brewer-Carías, *Golpe de Estado y proceso constituyente en Venezuela*, Universidad Nacional Autónoma de México, México 2002.

trucción progresiva y sistemática de la democracia y de las instituciones del Estado de derecho, utilizándose sus instituciones desde el ejercicio del poder, secuestrando de los derechos y libertades públicas[85].

En 2007, una vez más, para sancionar una reforma a la Constitución se utilizaron fraudulentamente sus propias previsiones pero para fines distintos a los establecidos en ellas, acudiéndose al procedimiento de "reforma constitucional" (art. 342), pero para producir una transformación radical del Estado, y trastocar el Estado Social y Democrático de Derecho y de Justicia de orden civil y convertirlo en un Estado Socialista, Centralizado, Policial y Militarista, donde se buscaba que desapareciera la democracia representativa, la alternabilidad republicana y toda idea de descentralización del poder, se retrocedía en materia de protección de los derechos humanos, y se concentraba todo el poder en la Jefatura del Estado, desapareciendo la libertad económica y el derecho de propiedad. Ello no era posible hacerlo constitucionalmente con el procedimiento de la "reforma", sino que requería del procedimiento de convocatoria de una Asamblea Nacional Constituyente (Art. 347). Por ello, en sentido similar, como lo reseñó el Tribunal Supremo de Justicia al referirse a un hecho histórico trascendente, ello también ocurrió "con el uso fraudulento de los poderes conferidos por la ley marcial en la Alemania

---

85 Véase Allan R. Brewer-Carías, "El autoritarismo establecido en fraude a la Constitución y a la democracia y su formalización en "Venezuela mediante la reforma constitucional. (De cómo en un país democrático se ha utilizado el sistema eleccionario para minar la democracia y establecer un régimen autoritario de supuesta "dictadura de la democracia" que se pretende regularizar mediante la reforma constitucional)" en el libro *Temas constitucionales. Planteamientos ante una Reforma*, Fundación de Estudios de Derecho Administrativo, FUNEDA, Caracas 2007, pp. 13-74. Véase también, "Constitution Making in Defraudation of the Constitution and Authoritarian Government in Defraudation of Democracy. The Recent Venezuelan Experience", en *Lateinamerika Analysen*, 19, 1/2008, GIGA, Germa Institute of Global and Area Studies, Institute of latin American Studies, Hamburg 2008, pp. 119-142.

de la Constitución de Weimar, forzando al Parlamento a conceder a los líderes fascistas, en términos de dudosa legitimidad, la plenitud del poder constituyente, otorgando un poder legislativo ilimitado"[86].

Todo este fraude constitucional que cometió la Asamblea Nacional al sancionar la reforma propuesta por el Presidente de la República, fraude que también cometió el propio Presidente al proponerla y el Consejo Presidencial para la Reforma Constitucional al avalarla, y el Consejo Nacional Electoral al convocar el referendo aprobatorio de la misma, comenzó a evidenciarse no sólo del contenido de los discursos y anuncios oficiales, sino de las propuestas formuladas por el mencionado Consejo (integrado, como se dijo, por los titulares de los demás Poderes Públicos) de cambios radicales respecto de una serie de artículos de la Constitución, y cuya divulgación, a pesar del "pacto de confidencialidad" que había ordenado el Presidente, se efectuó mediante documento en junio de 2007[87].

Si bien las propuestas del Consejo, en algunos casos, no fueron acogidas por el Presidente de la República en el "Anteproyecto para la primera reforma constitucional" presentado el

---

86 Véase la sentencia de la Sala Constitucional del Tribunal Supremo de Justicia N° 74 de 25-01-2006, en *Revista de Derecho Público,* N° 105, Editorial Jurídica Venezolana, Caracas 2006, pp. 76 y ss.

87 El documento circuló en junio de 2007 con el título Consejo Presidencial para la Reforma de la Constitución de la República Bolivariana de Venezuela, "Modificaciones propuestas". El texto completo fue publicado como *Proyecto de Reforma Constitucional. Versión atribuida al Consejo Presidencial para la reforma de la Constitución de la república Bolivariana de Venezuela*, Editorial Atenea, Caracas 01 de julio de 2007, 146 pp. Véase Allan R. Brewer-Carías, *Hacia la consolidación de un Estado Socialista, Centralizado, Policial y Militarista. Comentarios sobre el sentido y alcance de las propuestas de reforma constitucional 2007,* Colección Textos Legislativos, N° 42, Editorial Jurídica Venezolana, Caracas, 2007, p. 157.

15 de agosto de 2007 ante la Asamblea Nacional[88], con las mismas ya se mostraba cual era el pensamiento y la intención de los más altos funcionarios del gobierno y del Estado que formaron dicho Consejo, razón por la cual, en definitiva, en su casi totalidad fueron luego consideradas y aprobadas por la Asamblea Nacional e incorporadas en el proyecto de reforma constitucional sancionada. Muchas de ellas eran consecuencia de las propuestas de reforma que formuló el Presidente de la República, pero otras no, y en todo caso, el Presidente, en el documento que éste presentó ante la Asamblea, claramente anunció que lo suyo se trataba de un Anteproyecto para una "primera reforma" constitucional, con lo que se abría la puerta para la incorporación de otras reformas.

En todo caso, con el proyecto de reforma constitucional sancionado por la Asamblea Nacional en Noviembre de 2007, en Venezuela se busca efectuar una radical transformación del Estado y se sentaban las bases para la creación de un nuevo ordenamiento jurídico, para:

Primero, transformar el Estado en un **Estado Socialista,** con una doctrina política oficial de carácter socialista, que se denomina además como "doctrina bolivariana", con lo cual se eliminaba toda posibilidad de pensamiento distinto al oficial y, por tanto, toda disidencia, pues la doctrina política oficial se incorporaba en la Constitución, como política y doctrina del Estado y la Sociedad, constituyendo un deber constitucional de todos los ciudadanos cumplir y hacerla cumplir. Con ello, se sentaban las bases para la criminalización de la disidencia.

---

88 Véase *Proyecto de Reforma Constitucional. Elaborado por el ciudadano Presidente de la República Bolivariana de Venezuela, Hugo Chávez Frías* Editorial Atenea, Caracas agosto 2007, 58 pp. En el Anteproyecto presentado por el Presidente de la República a la Asamblea Nacional, se formulan propuestas respecto de los artículos 11, 16, 18, 67, 70, 87, 90, 100, 112, 113, 115, 136, 141, 156, 167, 168, 184, 185, 225, 230, 236, 251, 252, 300, 302, 305, 307, 318, 320, 321, 328 y 329.

Segundo, transformar el Estado en un **Estado Centralizado**, de poder concentrado bajo la ilusión del Poder Popular, lo que implicaba la eliminación definitiva de la forma federal del Estado, imposibilitando la participación política y degradando la democracia representativa; todo ello, mediante la supuesta organización de la población para la participación en los Consejos del Poder Popular, como los Comunales, que son instituciones sin autonomía política alguna, cuyos miembros se declaraba que no eran electos, y que son controlados desde la Jefatura del gobierno y para cuyo funcionamiento, el instrumento preciso era el partido único que el Estado ha tratado de crear durante 2007.

Tercero, transformar el Estado en un **Estado de economía estatista, socialista y centralizada,** propia de un capitalismo de Estado, con lo que se eliminaba la libertad económica y la iniciativa privada, y desaparecía la propiedad privada, que con la reforma hubieran dejado de ser derechos constitucionales, dándosele al Estado la propiedad de los medios de producción, la planificación centralizada y la posibilidad de confiscar bienes de las personas materialmente sin límites, configurándolo como un Estado del cual todo dependía, y a cuya burocracia quedaba sujeta la totalidad de la población. Ello chocaba, sin embargo, con las ideas de libertad y solidaridad social que se proclamaban en la propia Constitución, sentando las bases para que el Estado sustituyera a la propia sociedad y a las iniciativas particulares, minimizándoselas.

Cuarto, transformar el Estado en un **Estado Policial** (represivo), con la tarea fundamental de someter a toda la población a la doctrina oficial socialista y "bolivariana", y velar que la misma se cumpliera en todos los órdenes, lo que se aseguraba mediante la regulación, con acentuado carácter regresivo y represivo del ejercicio de los derechos civiles en situaciones de excepción, previéndose amplios márgenes de restricción y suspensión.

Quinto, transformar el Estado en un **Estado Militarista**, dado el rol que se le daba a la "Fuerza Armada Bolivariana" en su configuración y funcionamiento, toda sometida al Jefe de Estado, y con la creación del nuevo componente de la Milicia Popular Bolivariana.

En esta forma, siete años después de la sanción de la Constitución de 1999, el mismo Presidente de la República que en aquél momento motorizó la concepción y sanción de aquella, a través de sus seguidores, quienes controlaron totalmente la Asamblea Constituyente; en 2007 había conducido el proceso de cambiar de nuevo la Constitución, esta vez por una Asamblea Nacional también totalmente controlada por sus seguidores, pero con el objeto, en este caso, de transformar radicalmente el sistema político constitucional venezolano, estableciendo un Estado Centralizado del Poder Popular, como Estado Socialista, de economía estatal y centralizada, y como Estado Militarista y Policial de ideología única oficial, lo que se apartaba radicalmente de la concepción del Estado descentralizado, civil, social, democrático y pluralista de derecho y de justicia, y de economía mixta que reguló la Constitución de 1999.

Con las reformas sancionadas por la Asamblea, además, materialmente desaparecía la democracia representativa y las autonomías político territoriales, buscando sustituírsela por un esquema estatal centralizado supuestamente montado sobre una democracia "participativa y protagónica" que estaba controlada total y centralizadamente desde arriba, por el Jefe de Estado, en la cual quedaba proscrita toda forma de descentralización política y autonomía territorial, y que a la vez, restringía los mecanismos de participación política que estaban directamente regulados en la Constitución, como son los referendos y la participación de la sociedad civil en los Comité de Postulaciones de altos funcionarios.

Como se ha dicho, las reformas sancionadas tuvieron su origen directo en el "*Anteproyecto para la 1era. Reforma Constitucional, Propuesta del Presidente Hugo Chávez*", que presentó ante la Asamblea Nacional el 15 de agosto de 2007, y en las

"Propuestas de Reforma Constitucional" formuladas en junio de 2007 por la Comisión Presidencial para la Reforma Constitucional[89], de cuyo contenido se evidencia la magnitud del fraude constitucional que se buscaba cometer, utilizándose, para engañar al pueblo, un procedimiento inadecuado para hacer unas reformas sustanciales que afectaban casi todo el texto constitucional. Por la trascendencia de los cambios efectuados, como se ha dicho, se debió haber recurrido al procedimiento de la convocatoria de una Asamblea Nacional Constituyente y no al procedimiento de "reforma constitucional". Al hacerlo, tanto el Presidente como su Consejo Presidencial -integrado, entre otros por la propia Presidenta del Tribunal Supremo y por el propio Defensor del Pueblo- comenzaron el proceso de reforma violando la Constitución[90], en fraude a la misma, tarea que completó la Asamblea Nacional en noviembre de 2007.

---

89 En este sentido llama la atención lo afirmado el 17-08-2007 por la Presidenta del Tribunal Supremo de Justicia, Presidenta de la Sala Constitucional y miembro del Consejo Presidencial para la Reforma Constitucional en el sentido de que, según reseñó Juan Francisco Alonso: "los diputados de la Asamblea Nacional no están facultados para realizar ninguna modificación distinta a las 33 que planteó el jefe del Estado, salvo que alguno de los cambios contenidos en el proyecto de reforma altere otras normas. "La reforma fue planteada por el Presidente, por lo tanto es lo que presentó el Presidente lo que debe ser estudiado (...) Si (algún artículo) tuviese conexión con los que se van a reformar, entonces por técnica legislativa deberían adecuarse, porque no puede haber artículos contradictorios", afirmó, al ser consultada sobre la posibilidad de que el Parlamento cambie alguna de las normas referidas a la estructura y funcionamiento del Poder Judicial". Véase en *El Universal*, 18-08-07.

90 Ello incluso fue advertido de inmediato por el Rector del Consejo Nacional Electoral, Sr. Vicente Díaz, quien el día 16-08-2007 indicó "que la propuesta presidencial para reformar el texto constitucional modifica las disposiciones fundamentales y por ello sería necesario convocar una Asamblea Constituyente para su aprobación". Véase en *Unión Radio, 16 de agosto de 2007*, http://www.unionradio.com.ve/Noticias/Noticia.aspx?noticiaid=212503. El inicio del procedimiento de reforma ante la Asamblea Nacional, por tanto, podría ser impugnado ante la Jurisdicción Constitucional, por inconstitucionalidad. Sin embargo, el día 17-08-2007, ade-

Afortunadamente, el pueblo, consultado en referendo el 2 de diciembre de 2007, rechazó la reforma propuesta, la cual por tanto no se pudo materializar. [91] Pero en realidad, de haber fun-

---

lantándose a cualquier impugnación y emitiendo opinión impunemente, prejuzgando cualquier asunto, la Presidenta del Tribunal Supremo de Justicia, Presidenta de la Sala Constitucional (es decir de la Jurisdicción Constitucional) y miembro del Consejo Presidencial para la Reforma Constitucional, "dejó en claro que la Sala Constitucional no tramitará ninguna acción relacionada con las modificaciones al texto fundamental, hasta tanto éstas no hayan sido aprobadas por los ciudadanos en el referendo. "Cualquier acción debe ser presentada después del referendo cuando la reforma ya sea norma, porque no podemos interpretar una tentativa de norma. Después de que el proyecto sea una norma podríamos entrar a interpretarla y a conocer las acciones de nulidad", precisó". Reseña del periodista Juan Francisco Alonso, en *El Universal*, Caracas 18-08-07. Luego de varias solicitudes de recursos de interpretación sobre el artículo 342 de la Constitución, la misma Presidenta de la Sala Constitucional se reservó la elaboración de las ponencias de las sentencias, y con motivo de su recusación que efectuaron los peticionantes por estar comprometida su imparcialidad en la materia al haber formado parte de la Comisión Presidencial para la Reforma Constitucional, en decisión de 01-11-07, el magistrado J.E. Cabrera de la misma Sala, decidió que de la lectura del Decreto de creación del Consejo de Reforma (art. 5), "se desprende que la Secretaria Ejecutiva, cumplía funciones administrativas y no de redacción, corredacción, o ponencia sobre el contenido de un anteproyecto de reforma constitucional; por lo que la Dra. Luisa Estella Morales Lamuño no es -necesariamente- promovente del "Proyecto de Reforma Constitucional" que ha presentado el Presidente de la República, y los recusantes no señalan cuál aporte de la Secretaria Ejecutiva fue incorporado al Proyecto de Reforma, ni siquiera alguno que haga presumir la intervención de la Dra. Morales"; agregando que "Además, por ser parte del Consejo Presidencial, la Secretaria Ejecutiva no está dando ninguna recomendación sobre el juicio de nulidad de que trata esta causa, ya que nada ha manifestado en ese sentido, ni se le imputa declaración alguna de su parte que adelante opinión sobre la inconstitucionalidad denunciada en esta causa". Véase también, la Reseña periodística de JFA, *El Universal*, Caracas 2-11-07.

91 Tomando en cuenta los resultados anunciados por el Consejo Nacional Electoral en día 2 de diciembre en la noche, de un universo de más de 16.109.664 de electores inscritos, sólo acudieron a votar 9.002.439 votantes, lo que significó un 44.11% de abstención; y de los electores que votaron, votaron por rechazar la reforma (voto NO) por el Bloque de artículos marcado A, 4.504.354 de votantes, con 50.70% y por el Bloque de artícu-

cionado los mecanismos institucionales para la protección del Estado de derecho, el referendo convocado para el 2 de diciembre de 2007 hubiera podido detenerse por la Sala Constitucional del Tribunal Supremo de Justicia, como supremo guardián de la Constitución. La Sala, sin embargo, renunció a cumplir su obligación y se negó sistemáticamente a controlar la constitucionalidad del procedimiento de reforma constitucional.

IV. LA RENUNCIA POR PARTE DEL JUEZ CONSTITUCIONAL A CONTROLAR EL FRAUDE A LA CONSTITUCIÓN PERPETRADO CON LA REFORMA CONSTITUCIONAL DE 2007

En efecto, desde el momento en que la Constitución estableció detalladamente los procedimientos para la revisión de la Constitución, los mismos son obligatorios y debían ser respetados por los órganos constituidos del Estado. De esas previsiones se deriva el derecho ciudadano a que los procedimientos constitucionales se respeten como parte del derecho a la supremacía de la Constitución, de manera que toda violación de esos procedimientos es inconstitucional y atentatoria del derecho ciudadano a esa supremacía, y tiene que ser controlada por el juez constitucional.

Ello, sin embargo, fue desconocido por la Jurisdicción Constitucional en Venezuela, en particular, al decidir varias acciones de amparo constitucional que se ejercieron contra los ac-

---

los marcado B, 4.522.332 de votantes, con 51.05%. Es decir, sólo votaron por aprobar la reforma (voto SÍ), por el bloque A 4 379 392 votantes, con 49.29%; y por el bloque B 4.335.136 votantes con 48.94%. Ello equivale a que sólo el 28% del universo de los electores inscritos en el Registro Electoral votaron por aprobar la reforma constitucional. En dicho referendo, por tanto, en realidad, no fue que "triunfó" el voto NO por poco margen, como aludió el Presidente de la República, Hugo Chávez, sino que lo que ocurrió fue que su propuesta de reforma fue rechazada por el 72% de los electores inscritos, quienes, o votaron por el NO (50.7%), o simplemente no acudieron a votar para pronunciarse por la reforma.

tos estatales adoptados en sus diversas fases durante el procedimiento de reforma constitucional de 2007 inconstitucionalmente desarrollado: por el Presidente de la República, quien tuvo la iniciativa, por la Asamblea Nacional que discutió y sancionó el proyecto de reforma, y por el Consejo Nacional Electoral, que convocó a referendo aprobatorio el proyecto inconstitucionalmente sancionado. En todas y cada una de las sentencias que resolvieron las acciones intentadas,[92] la Sala Constitucional desconoció el derecho ciudadano a la supremacía constitucional y a la tutela judicial efectiva, y fue declarando inadmisibles o que no había lugar a ellas, considerando, por una parte, que no había legitimación alguna de parte de los recurrentes para intentar las acciones, y por la otra, con el absurdo argumento de que los actos estatales dictados en el procedimiento de reforma constitucional (la presentación del proyecto y la sanción de la Asamblea Nacional) no eran actos que producían efectos jurídicos externos, ni podían causar gravamen a los derechos de los ciudadanos, concluyendo que solamente hubieran podido ser impugnados cuando concluyera el procedimiento con el referendo aprobatorio de la reforma, y la reforma hubiera sido aprobada.

La primera decisión en esta materia, se adoptó por la Sala Constitucional mediante sentencia N° 1974 de 23 de octubre de 2007, (Ponencia Luisa Estella Morales) en el Caso *José Ignacio Guédez Yépez*, en una acción de amparo constitucional que había sido intentada antes de que la reforma constitucional fuera sancionada por la Asamblea Nacional, ejercida por un ciudadano en su propio nombre y en protección de derechos difusos y colecti-

---

92 Véase el estudio de dichas sentencias en Allan R. Brewer-Carías, "El juez constitucional vs. la supremacía constitucional. O de cómo la Jurisdicción Constitucional en Venezuela renunció a controlar la constitucionalidad del procedimiento seguido para la "reforma constitucional" sancionada por la Asamblea Nacional el 2 de noviembre de 2007, antes de que fuera rechazada por el pueblo en el referendo del 2 de diciembre de 2007", en *Revista de Derecho Público*, N° 112, Editorial Jurídica Venezolana, Caracas, 2007, pp. 661-694.

vos, contra la Asamblea Nacional por la amenaza de violación del derecho constitucional difuso correspondiente "a la alternabilidad democrática del poder" consagrado en el artículo 6 de la Constitución, por la eventual aprobación por la Asamblea Nacional, del proyecto de Reforma constitucional que le había presentado el Presidente de la República.

La Sala declaró **inadmisible** la acción, argumentando que el accionante:

> "no sólo no señaló de qué forma se verían afectados los intereses de la sociedad -o de alguna porción definida de la misma-, sino que al contrario de los planteamientos formulados por el accionante en torno a la interpretación y materialización del principio del alternabilidad, es preciso reiterar que la reelección en nuestro ordenamiento no supone un cambio de régimen o forma del Estado, y muy por el contrario, reafirma y fortalece los mecanismos de participación dentro del Estado Democrático, Social de Derecho y Justicia, que estableció el Constituyente en 1999 (*Cfr.* Sentencia de la Sala Nº 1.488 del 28 de julio de 2006)"[93].

La Sala estimó, entonces, que la acción intentada "no corresponde a derechos o intereses difusos, sino a un interés particular del accionante de limitar el ámbito de la reforma constitucional propuesta", razón por la cual estimó que el presunto agraviado **carecía de legitimación** procesal para intentar una acción de amparo en tutela de derechos o intereses difusos o colectivos".

Por otra parte, en cuanto a la posibilidad de admitir una acción de amparo contra las amenazas a los derechos del accionante, la Sala, reiterando su jurisprudencia sobre que la necesidad de que la amenaza sea "inminente, factible y practicable por la persona a quien se le imputa el acto, hecho u omisión que se señala como lesiva", señaló que en el caso concreto de la acción de amparo contra la presunta amenaza que se derivaba de la posible

---

93 Véase Sentencia del Tribunal Supremo de Justicia en Sala Constitucional Nº 1974 de 23 de octubre de 2007, Caso *José Ignacio Guédez Yépez* en http://www.tsj.gov.ve/decisiones/scon/Octubre/1974-231007-07-1055.htm

sanción, en ese momento, del proyecto de reforma constitucional por la Asamblea Nacional, que esta sólo era un órgano que participaba en el proceso de reforma constitucional "pero en el marco del mismo, sólo corresponde al pueblo mediante referendo", concluyendo entonces señalando que "el presunto agraviado no puede pretender la materialización de una lesión constitucional, de un hecho futuro o incierto como lo es la eventual aprobación por parte de la Asamblea Nacional y consecuentemente del correspondiente referendo aprobatorio del texto de reforma constitucional"; y que "para que la supuesta amenaza se concrete y, en consecuencia, surta algún efecto jurídico, es necesario la verificación de un conjunto de circunstancias hipotéticas para que se materialice lo que a decir del accionante, constituye una amenaza de lesión constitucional"[94].

Posteriormente, mediante sentencia N° 2042 (Ponencia de Francisco A. Carrasquero), dictada en el Caso *Néstor Luís Romero* de 2 de noviembre de 2007, es decir, el mismo día en el cual la Asamblea Nacional sancionó el proyecto de reforma constitucional, la Sala Constitucional decidió una acción de amparo también intentada contra la amenaza de lesión de los derechos constitucionales del accionante derivados de los artículos 342 y siguientes de la Constitución, por parte del Presidente de la República y la Asamblea Nacional al pretender tramitar como reforma constitucional un proyecto que contenía modificaciones a la estructura y principios fundamentales del Estado, violando la Constitución. La acción había sido intentada específicamente contra el Presidente de la República, por haber presentado el proyecto, y contra la Asamblea Nacional, por haberlo admitido para su discusión. En este caso, la Sala Constitucional también declaró inadmisible la acción, pero en este caso por falta de legitimación del recurrente, considerando que al intentar la acción, el mismo "no señaló, ni se evidencia de autos, de qué manera las

94 *Ibídem*

actuaciones denunciadas como lesivas son susceptibles de vulnerar sus derechos constitucionales."[95]

Para decidir, la Sala recordó el "carácter personalísimo" de la acción de amparo, "de modo que sólo puede ser incoada por el afectado inmediato de la infracción constitucional, dejando a salvo supuestos especiales, como los reclamos efectuados en protección de los derechos colectivos o difusos, que nacen del reconocimiento de esta esfera de derechos por parte del artículo 26 de la Constitución, o el caso del amparo a la libertad y la seguridad personal, en el que cualquier persona está legitimada para intentarlo". En el caso concreto, por tanto, la Sala concluyó que: "el accionante no señaló cuál es la situación jurídica subjetiva lesionada o amenazada por las actuaciones que denunció como lesivas" siendo que "la denuncia planteada está referida a la supuesta amenaza de infracción constitucional producida por la inclusión en el contenido del Proyecto de Reforma presentado ante la Asamblea Nacional por iniciativa del Presidente de la República, de normas que, en opinión del accionante, modifican la estructura y principios fundamentales del Texto Constitucional, en contravención a los límites establecidos en el artículo 342 de la Constitución vigente". Sin embargo, decidió la Sala que el accionante "no expuso de qué forma su situación jurídica personal se vería afectada por las actuaciones denunciadas, ya que sólo se limitó a señalar la presunta inconstitucionalidad del aludido proyecto de reforma"[96].

Para afirmar esto, la Sala desconoció el derecho ciudadano a la supremacía constitucional, afirmando que del artículo 342 de la Constitución que regula el procedimiento de reforma constitucional, "no consagra derechos, garantías o libertades de carácter

---

95 Véase sentencia del Tribunal Supremo de Justicia en Sala Constitucional N° 2042 del 2 de Noviembre de 2007, Caso *Néstor Luis Romero Méndez* en http://www.tsj.gov.ve/decisiones/scon/Noviembre/2042-021107-07-1374.htm

96 *Ibídem*

individual" ni "establece derechos difusos, ya que la misma no prevé una prestación genérica o indeterminada en cuanto a sus posibles beneficiarios, en los términos establecidos por la doctrina de esta Sala." Por último, la Sala consideró que la acción de amparo interpuesta no podía tampoco "ser considerada como ejercido en protección de derechos colectivos, ya que se ejerció en nombre propio y no en nombre de un sector poblacional determinado e identificable." [97]

Con base en estos argumentos declaró la inadmisibilidad de la acción de amparo interpuesta, contrariando doctrina de la propia Sala, como la sentada en sentencia que suspendió las elecciones generales de mayo de 2000, que benefició "tanto para las personas naturales y organizaciones que han solicitado la protección de amparo constitucional como para todos los electores en su conjunto"[98].

A la anterior decisión N° 2042 -Caso *Néstor Luis Romero*- le siguió la sentencia de la misma Sala Constitucional N° 2191 de 22 de noviembre de 2007 (Ponente Marcos Tulio Dugarte), dictada en el Caso *Yvett Lugo Urbaéz* con motivo de la acción de amparo intentada, en esta oportunidad contra el acto sancionatorio de la reforma constitucional adoptado por la Asamblea Nacional el 2 de noviembre de 2007 y la convocatoria a referendo efectuada por el Consejo Nacional Electoral, porque dichos actos constituían una subversión del trámite procedimental para la modificación de la Constitución, pues el procedimiento de reforma constitucional no podía utilizarse para alterar la estructura y principios fundamentales de la Constitución Nacional.

En este caso, la Sala decidió que "**no ha lugar a la acción**", pues los actos impugnados supuestamente no causaban

---

97 *Ibídem*

98 Véase sentencia de la Sala Constitucional N° 483 de 29-05-2000, Caso: *"Queremos Elegir" y otros*, en *Revista de Derecho Público*, N° 82, Caracas, 2000, Editorial Jurídica Venezolana, pp. 489-491.

gravámenes susceptibles de control. Para llegar a esta conclusión, la Sala, citando dos previas decisiones de 7 de noviembre de 2007 (N° 2108, Caso *Jorge Paz Nava y otros*)[99] y de 13 de noviembre de 2007 (N° 2147, caso *Rafael Ángel Briceño*)[100] , reiteró su criterio de que "la reforma constitucional es un proceso complejo conformado por la concreción de múltiples factores para asegurar la legitimidad institucional y democrática del cambio"[101], el cual "se configura en etapas sucesivas en la que interactúan autoridades públicas (Presidente de la República), órganos del Estado (Asamblea Nacional y Consejo Nacional Electoral) y el pueblo, que en definitiva ostenta el poder para aprobar y validar mediante el voto la reforma propuesta."[102] Con base en ello, la Sala consideró que "las etapas tempranas o de formación del proyecto de reforma constitucional no causan gravamen alguno porque no exteriorizan sus efectos y, por lo tanto, no son susceptibles de control jurisdiccional"[103], de manera que "sólo será el desenvolvimiento de ese proceso el que determine la posibilidad de control de un acto que, sin exteriorizar sus efectos, puede ser objeto de control"[104].

Es decir, conforme al criterio de la Sala, debía esperarse la aprobación de la reforma mediante referendo para poder juzgar

---

99 Véase la sentencia del Tribunal Supremo de Justicia en Sala Constitucional N° 2108 del 7 de Noviembre de 2007, Caso *Jorge Paz Nava y otros* en http://www.tsj.gov.ve/decisiones/scon/Noviembre/2108-071107-07-1484.htm

100 Véase sentencia del Tribunal Supremo de Justicia en Sala Constitucional N° 2147 de 13 de Noviembre de 2007, Caso *Rafael Ángel Briceño*, en http://www.tsj.gov.ve/decisiones/scon/Noviembre/2147-131107-07-1476.htm

101 Véase sentencia del Tribunal Supremo de Justicia en Sala Constitucional N° 2191 del 22 de Noviembre de 2007, Caso *Yvett Lugo Urbaéz* en http://www.tsj.gov.ve/decisiones/scon/Noviembre/2191-221107-07-1605.htm. Criterio reiterado también en las sentencias 2108/2007; 2147/2007 y 2189/2007 de esta misma sala.

102 *Ibídem*

103 *Ibídem*

104 *Ibídem*

su constitucionalidad, pues supuestamente los actos estatales de las diversas fases del procedimiento no producen efectos jurídicos externos. Para llegar a esta conclusión, la Sala afirmó que

> "el acto de la Asamblea Nacional sancionado el 2 de noviembre de 2007 contentivo de la "Reforma de la Constitución de la República Bolivariana de Venezuela" no es un acto normativo, por cuanto al no adquirir eficacia no produce efectos jurídicos externos, esto es, no afecta relaciones jurídicas abstractas o concretas, por lo que mal puede lesionar o amenazar derecho constitucional alguno ya que no posee carácter obligatorio y, por tanto, no puede órgano del Estado alguno o particular darle ejecución".[105]

Luego, analizando el procedimiento de reforma constitucional como si fuera equivalente al de formación de las leyes, concluyó la Sala señalando que en Venezuela no hay control previo de constitucionalidad sobre los proyectos de leyes, declarando entonces que no se puede impugnar en forma previa el acto sancionado por la Asamblea Nacional, declarando en consecuencia que "**no ha lugar a la acción**"[106].

Se observa, con esta decisión, que la Sala no fue que declaró "inadmisible" la acción, sino que con la misma, en realidad, **lo** que hizo fue negar el derecho ciudadano de acceso a la justicia y a la tutela judicial efectiva consagrados en la Constitución (Art. 26), al "inventar" la Sala un tipo de "decisión" no prevista en la Ley que rige sus funciones, de que "**no ha lugar a la acción**" que equivale a decidir, que el ciudadano en ese caso, no tiene derecho de acceder a la justicia. Ello es la negación misma del Estado de derecho.

Por otra parte, en cuanto a la acción de amparo ejercida contra el acto del Consejo Nacional Electoral convocando el referendo, la Sala lo declaró **inadmisible** porque dicho acto sólo se podía impugnar mediante acción de inconstitucionalidad por su-

---

105 *Ibídem*

106 *Ibídem*

puestamente tratarse de actos de ejecución directa de la Constitución, con lo cual, de otro plumazo, la Sala Constitucional renunció a proteger la Constitución, se negó a reconocer la existencia del derecho ciudadano a la supremacía constitucional, y negó la posibilidad de la acción de amparo contra actos del Consejo Nacional Electoral en contra del principio de la universalidad del amparo de otrora arraigada raíz en la jurisprudencia, expresada en la sentencia de la antigua Corte Suprema de Justicia, de 31 de enero de 1991 (Caso *Anselmo Natale)*, en la famosa frase de que "no puede existir ningún acto estatal que no sea susceptible de ser revisado por vía de amparo".[107]

La comentada sentencia N° 2191[108], se dictó en paralelo con la sentencia N° 2193 del mismo día 22 de noviembre de 2007 (Ponente: Carmen Zuleta de Merchán), dictada en el Caso *Luis Hueck Henríquez*[109], con motivo de la interposición de una acción de amparo constitucional también contra los actos de la Asamblea Nacional y contra el Consejo Nacional Electoral mediante los cuales se aprobó el texto definitivo de la Reforma Constitucional y se convocó al referendo a que alude el artículo 346 de la Constitución, a cuyo efecto el recurrente adujo actuar "en nombre de los intereses colectivos y difusos de los inscritos en el Registro Electoral Permanente"[110].

Esta acción también fue declarada **inadmisible**, para lo cual la Sala estimó que en el caso concreto, no estaban presentes

---

107 Citada por la sentencia de la Sala Político Administrativa de la misma antigua Corte Suprema de 24 de mayo de 1993, en *Revista de Derecho Público,* N° 55-56, Editorial Jurídica Venezolana, Caracas 1993, pp. 284-285.

108 Véase sentencia del Tribunal Supremo de Justicia en Sala Constitucional N° 2191 del 22 de Noviembre de 2007, Caso *Yvett Lugo Urbaéz* en http://www.tsj.gov.ve/decisiones/scon/Noviembre/2191-221107-07-1605.htm.

109 Véase sentencia del Tribunal Supremo de Justicia en Sala Constitucional N° 2193 del 22 de Noviembre de 2007, Caso *Luis Hueck Henríquez* en http://www.tsj.gov.ve/decisiones/scon/Noviembre/2193-221107-07-1641.htm

110 *Ibídem*

"aspectos que caracterizan a este tipo de derechos o intereses, y a los cuales se ha referido esta Sala en distintas oportunidades (entre otras, en sentencia del 18 de febrero de 2003, recaída en el Caso: *César Pérez Vivas*) como lo son que los hechos en que se funde la acción sean genéricos y que la prestación requerida sea indeterminada"[111], constatando que la acción intentada no perseguía "la protección de la calidad de vida de un grupo determinado o indeterminable de ciudadanos, sino que, en la forma en la cual fue planteada dicha pretensión, persigue un pronunciamiento jurisdiccional de esta Sala tendiente a restringir o anular dos actos dictados por órganos que ejercen el Poder Público en los términos previstos en el artículo 343 y 346 de la Constitución"[112]. De ello concluyó la Sala, señalando que "la pretensión de la parte accionante escapa del carácter protector de la calidad de vida que involucra la tutela de los derechos difusos, por cuanto no se persigue la protección de un bien común"[113].

En el caso concreto, además, la Sala señaló que "la lesión constitucional se le atribuye a un proyecto de reforma aprobado por la Asamblea Nacional y que será sometido a referendo próximamente", lo que supuestamente "quiere decir que la efectividad del texto definitivo **aún no se ha verificado** y, por lo tanto, no se cumple con el requisito de la inmediatez de la lesión"[114], razón por la cual declaró la inadmisibilidad de la acción.

En otra sentencia N° 2198 de 23 de noviembre de 2007 (Ponente: Arcadio Delgado Rosales), Caso *Moisés Troconis Villarreal*[115], la misma Sala Constitucional también declaró **inad-**

---

111 *Ibídem*

112 *Ibídem*

113 *Ibídem*

114 *Ibídem*

115 Véase la sentencia del Tribunal Supremo de Justicia en Sala Constitucional, N° 2198 de 23 de Noviembre de 2007, Caso *Moisés Troconis Villareal* en http://www.tsj.gov.ve/decisiones/scon/Noviembre/2198-231107-07-1645.htm

misible otra acción de amparo intentada, esta vez por quien había sido un magistrado del Tribunal Supremo, intentada contra la sanción de la reforma constitucional por la Asamblea Nacional, alegando violación al "derecho fundamental a la Constitución de la República, a su integridad y a su revisión", en particular, "del derecho y de la garantía constitucionales consagrados en los artículos 334, primer párrafo y 342, primer párrafo, de la Constitución de la República". Para tal fin, la Sala consideró que no evidenciaba "que las precitadas normas consagren derechos, garantías o libertades de carácter individual o de naturaleza colectiva o difusa", sino más bien "estas disposiciones consagran competencias a ser ejercidas por el Poder Público"; decidiendo, en definitiva que "no contempla derechos" y que "al no advertirse en dichas normas ningún derecho o garantía, sino competencias y atribuciones a ser ejercidas por lo poderes públicos, esta Sala considera que en las aludidas disposiciones no existen derechos a ser tutelados."[116]

Por ello la Sala concluyó, en el caso concreto, que no había evidenciado del escrito del accionante "cómo las actuaciones denunciadas como lesivas son susceptibles de vulnerar sus derechos o garantías constitucionales", decidiendo también que carecía "de legitimación activa para incoar la acción de amparo".[117] Desconoció, así, la Sala Constitucional, de nuevo, el derecho ciudadano a la supremacía constitucional.

La Sala Constitucional, en efecto, al declarar la inadmisibilidad de estas acciones de amparo constitucional, en definitiva, lo que consideró fue que la norma del artículo 342 supuestamente no contenía derecho constitucional alguno, concluyendo como lo dijo en la antes citada sentencia N° 2042 (Caso *Néstor Luis Romero*) de 2 de noviembre de 2007, que el accionante "no tiene legitimación activa alguna para incoar la presente acción de am-

---

116 *Ibídem*

117 *Ibídem*

paro constitucional, por cuanto no señaló, ni se evidencia de autos, de qué manera las actuaciones denunciadas como lesivas son susceptibles de vulnerar sus derechos constitucionales", por lo cual declaró inadmisible la acción de conformidad con lo dispuesto en el artículo 19,5, de la Ley Orgánica del Tribunal Supremo de Justicia, "por la falta de legitimación del accionante".

El magistrado Pedro Rafael Rondón Haaz, en cambio, en dicha sentencia N° 2042 salvó su Voto por considerar básicamente que, al contrario, la norma del artículo 342:

> "entraña un evidente derecho de rango constitucional y alcance general para todos los ciudadanos, en el sentido de que, sólo por su condición de tales, en cuanto suscriptores del pacto social que es, en definitiva, una Constitución, que determina la directa afectación de su esfera jurídica constitucional cuando dicho pacto es alterado, lo cual les proporciona legitimación para la defensa de dicha esfera jurídica y título jurídico suficiente para exigir a los destinatarios directos de la norma (la Asamblea Nacional -mediante acuerdo aprobado por el voto de la mayoría de sus integrantes-, el Presidente o Presidenta de la República en Consejo de Ministros; o un número no menor del quince por ciento de los electores inscritos y electoras inscritas en el Registro Civil y Electoral, que son quienes tienen iniciativa para solicitarla), como conducta determinada de la cual es acreedor aquél, el estricto cumplimiento o apego a ella. En el peor de los casos, se trataría, en términos análogos, de un interés -por oposición a derecho propiamente dicho- igualmente legitimador." [118]

El Magistrado salvante del voto ratificó entonces su criterio de que no cabe duda de que:

> "el artículo 342 entraña un derecho de todos -como miembros de la sociedad suscriptora del pacto social- a que la reforma constitucional proceda -y solo proceda- para *"una revisión parcial de*

---

118 Véase sentencia del Tribunal Supremo de Justicia en Sala Constitucional N° 2042 de 2 de Noviembre de 2007, Caso *Néstor Luis Romero Méndez* en http://www.tsj.gov.ve/decisiones/scon/Noviembre/2042-021107-07-1374.htm.

esta Constitución y la sustitución de una o varias de sus normas que no modifiquen la estructura y principios fundamentales del Texto Constitucional", de manera que, cuando el demandante alegó la supuesta vulneración de esta norma ante una eventual reforma constitucional que incluya modificaciones en la estructura y principios fundamentales del Estado, está, ciertamente, haciendo referencia a la supuesta lesión a derechos constitucionales difusos, los cuales tienen expresa protección constitucional según dispone el artículo 26 de la Constitución de la República Bolivariana de Venezuela."[119]

En la misma orientación restrictiva de las anteriores sentencias, la Sala Constitucional mediante sentencia N° 2211 (Ponente: Arcadio Delgado Rosales) de 29 de noviembre de 2007, Caso *Claudia Nikken y Flavia Pesci Feltri*[120], también declaró la **inadmisibilidad** de la acción de amparo que estas ciudadanas habían interpuesto en nombre propio como abogadas integrantes del sistema de justicia y asumiendo "la representación del Pueblo de Venezuela" contra el Presidente de la República, la Asamblea Nacional y el Consejo Nacional Electoral, con fundamento en los artículos 26, 27 y 333 de la Constitución, con la finalidad de que se proteja el derecho del pueblo de Venezuela al reconocimiento de su soberanía, que consideraron violado al rebasar dichos órganos los límites sustanciales de su competencia al darle curso a la reforma constitucional.

En este caso, la inadmisibilidad de la acción fue declarada por la Sala, por inepta acumulación de dos acciones que la Sala estimó como no acumulables, que eran la referida en el artículo 26, que es la acción de tutela de intereses colectivos o difusos, y la referida en el artículo 27, que es la acción de amparo. Sin embargo, ello no impidió que la Sala en forma expresa, desconociera el carácter de derecho constitucional del "*derecho del pueblo*

---

119 *Ibídem*

120 Véase Sentencia del Tribunal Supremo de Justicia en Sala Constitucional Nº 2211 de 29-11-2007, Caso *Claudia Nikken y Flavia Pesci Feltri*, en http://www.tsj.gov.ve/decisiones/scon/Noviembre/2211-291107-07-1617.htm

de Venezuela al reconocimiento de su soberanía", el cual estimó que en '*sensu stricto*' **no es un derecho** (no está incluido como tal en el Título III de la Constitución), sino un principio contemplado expresamente en el Título I, artículo 5 de la Carta Fundamental," decisión con la cual el juez constitucional redujo la categoría de derechos constitucionales a los incluidos en el Titulo III de la Constitución, y desconociendo tal condición a los otros derechos fundamentales derivados de la organización del Estado, como el derecho a la democracia, el derecho al control del poder, el derecho a la supremacía constitucional y el derecho al reconocimiento de la soberanía popular.

En todo caso, la actitud de la Sala Constitucional del Tribunal Supremo en 2007 al renunciar a ejercer su rol de guardián de la Constitución, no es de extrañar. El día 17 de agosto de 2007, sólo dos días después de que el Presidente de la República había presentado su Anteproyecto de reforma constitucional ante la Asamblea Nacional para inconstitucionalmente y en fraude a la Constitución iniciar el procedimiento de "reforma constitucional", la Presidenta de la Sala Constitucional del Tribunal Supremo (es decir, de la Jurisdicción Constitucional) y del propio Tribunal Supremo, quien a la vez era miembro del Consejo Presidencial para la Reforma Constitucional, adelantándose a cualquier posible y previsible impugnación por inconstitucionalidad de la iniciativa presidencial y del trámite parlamentario, y emitiendo opinión impunemente, prejuzgando cualquier asunto, dijo lo siguiente conforme se reseñó en la prensa:

> "dejó en claro que la Sala Constitucional no tramitará ninguna acción relacionada con las modificaciones al texto fundamental, hasta tanto éstas no hayan sido aprobadas por los ciudadanos en el referendo. "Cualquier acción debe ser presentada después del referendo cuando la reforma ya sea norma, porque no podemos interpretar una tentativa de norma. Después de que el proyecto

sea una norma podríamos entrar a interpretarla y a conocer las acciones de nulidad".[121]

Y eso fue, precisamente, lo que decidió la Sala Constitucional en su sentencia N° 2189 de Noviembre de 2007 (Caso *Confederación de Profesionales Universitarios de Venezuela (CONFEPUV)* y otros), (Ponente: Arcadio Delgado Rosales), en la cual participó la Magistrado Presidenta, pues no se inhibió como hubiera correspondido en un Estado de derecho al haber adelantado públicamente opinión sobre lo decidido comprometiendo su imparcialidad[122], declarando como "**improponible**" una acción de inconstitucionalidad contra el acto de la Asamblea Nacional que había sancionado la reforma constitucional.[123].

Al contrario, la inconstitucionalidad en el procedimiento de revisión constitucionalidad debía ser controlada por la Jurisdicción Constitucional que ejerce la Sala Constitucional, en sus fases, desde la iniciativa, la sanción por la Asamblea y la convocatoria de referendo, para lo cual tenía y tiene competencia al tratarse de acciones de nulidad de dichos actos estatales contrarios a la Constitución.

Lamentablemente ello no lo entendió así la Sala Constitucional, y sucesivamente, en diversas sentencias dictadas con motivo de variadas acciones de inconstitucionalidad intentadas con-

---

121 Reseña del periodista Juan Francisco Alonso, en *El Universal*, Caracas 18-08-07.

122 Conforme al artículo 8 del Código de Ética del Juez, "La imparcialidad constituye supuesto indispensable para la correcta administración de justicia, y por ello el magistrado...juez... que se hallare incurso en alguna causal de inhibición o recusación o viere comprometida su imparcialidad por alguna circunstancia previa o sobreviniente al proceso del cual deba conocer, debe separarse inmediatamente del mismo sin esperar a que se le recuse."

123 Véase la sentencia del Tribunal Supremo de Justicia en Sala Constitucional Nº 2189 de 22 de Noviembre de 2007, Caso *Confederación de Profesionales Universitarios de Venezuela (CONFEPUV) y otros*, en http://www.tsj.gov.ve/decisiones/scon/Noviembre/2189-221107-07-1596.htm.

tra los diversos actos estatales de las diversas fases del procedimiento de reforma constitucional, las fue sucesiva y sistemáticamente declarando como "**improponibles**", es decir, **negó incluso el derecho ciudadano acceder a la justicia y a obtener tutela judicial**.

En efecto, en sentencia N° 2108 de 7 de noviembre de 2007 (Ponente: Francisco Carrasqueño), dictada en el Caso *Jorge Paz y otros* con motivo de decidir una acción popular de inconstitucionalidad contra los actos ejecutados por el Presidente de la República el 15 de agosto de 2007; los actos del Ministro del Poder Popular del Despacho de la Presidencia; los actos de la Asamblea Nacional y de la Comisión Mixta, todos relacionados con el proyecto de reforma de la Constitución que por iniciativa del Presidente de la República tramitaba la Asamblea Nacional, la Sala la declaró la acción como "**improponible**", "inventando" así una nueva categoría de decisiones de la Jurisdicción Constitucional, distinta a la inadmisibilidad, o a declarar sin lugar la acción, consistente en **la negación del derecho ciudadano de accionar**, es decir, de acceso a la justicia y a una tutela judicial efectiva que consagra el artículo 26 de la Constitución. Eso, y no otra cosa, es esto de declarar como "**improponible**" una acción.

QUINTA PARTE:

LOS RECHAZADOS CAMBIOS CONSTITUCIONALES QUE SE HABÍAN PROPUESTO EN 2007 Y SU INCONSTITUCIONAL IMPLEMENTACIÓN

Como se ha dicho, la fraudulenta "reforma constitucional" de 2007 fue rechazada por votación popular en el referendo que tuvo lugar el 2 de diciembre de 2007. '

Es de importancia, sin embargo, analizar las rechazadas reformas,[124] no sólo para apreciar cuál era la magnitud del cambio

---

124 Véase Allan R. Brewer-Carías, "Estudio sobre la propuesta presidencial de reforma constitucional para la creación de un Estado Socialista, Centralizado y Militarista en Venezuela (análisis del anteproyecto presidencial, agosto 2007," en *Anuario da Facultade de Dereito da Universidade da Coruña, Revista jurídica interdisciplinaria internacional*, Con. 12, La Coruña 2008, pp. 87-125; "La proyectada reforma constitucional de 2007, rechazada por el poder constituyente originario", en *Anuario de Derecho Público 2007,* Año 1, Instituto de Estudios de Derecho Público de la Universidad Monteávila, Caracas 2008, pp. 17-65; "La reforma constitucional en Venezuela de 2007 y su rechazo por el poder constituyente originario", en *Revista Peruana de Derecho Público,* Año 8, N° 15, Lima, Julio-Diciembre 2007, pp. 13-53; "El sello socialista que se pretendía imponer al Estado", en *Revista de Derecho Público*, N° 112, Editorial Jurídica Venezolana, Caracas 2007, pp. 71-76; "Estudio sobre la propuesta presidencial de reforma constitucional para la creación de un Estado Socialista, Centralizado y Militarista en Venezuela (Agosto 2007", *Revista de Derecho Público*", N° 111, (julio-septiembre 2007), Editorial Jurídica Venezolana, Caracas 2007, pp. 7-42; "Estudio sobre la propuesta de Reforma Constitucional para establecer un Estado Socialista, Centralizado Y Mili-

institucional que se pretendía así como las intenciones del régimen, sino lo peor, cómo se ha venido cometiendo otro fraude a la Constitución mediante la implementación, en forma ilegítima e inconstitucional, de muchas de dichas rechazadas reformas, mediante leyes y decretos leyes e, incluso, mediante "interpretaciones constitucionales" emitidas solícitamente por la Sala Constitucional en muchos casos a petición del propio Ejecutivo nacional.

I. LOS RECHAZADOS CAMBIOS CONSTITUCIONALES QUE PERSEGUIAN CREAR UN ESTADO SOCIALISTA CENTRALIZADO

El Presidente de la República, Hugo Chávez, durante todo el año 2007, y en particular en su "Discurso de Presentación del Anteproyecto de reforma a la Constitución ante la Asamblea Nacional", en agosto de 2007,[125] señaló con toda claridad que el objetivo central de la reforma constitucional que estaba proponiendo era "la construcción de la Venezuela bolivariana y socialista";[126] es decir, como lo expresó, se trataba de una propuesta para sembrar "el socialismo en lo político y económico",[127] lo que -dijo- no se había hecho en la Constitución de 1999. Cuando

---

tarista (Análisis del Anteproyecto Presidencial, Agosto de 2007)", *Cadernos da Escola de Direito e Relações Internacionais da UniBrasil,* N° 07, Curitiba, 2007; "Hacia creación de un Estado socialista, centralizado y militarista en Venezuela (2007)", *Revista de Derecho Político*, N° 70, Madrid, septiembre-diciembre 2007, pp. 381-432

125 Véase *Discurso de Orden pronunciado por el ciudadano Comandante Hugo Chávez Frías, Presidente Constitucional de la República Bolivariana de Venezuela en la conmemoración del Ducentésimo Segundo Aniversario del Juramento del Libertador Simón Bolívar en el Monte Sacro y el Tercer Aniversario del Referendo Aprobatorio de su mandato constitucional*, Sesión especial del día miércoles, 15 de agosto de 2007, Asamblea Nacional, División de Servicio y Atención Legislativa, Sección de Edición, Caracas, 2007.

126 *Idem*, p. 4.

127 *Idem*, p. 33.

ésta se sancionó -dijo el Jefe de Estado-"no proyectábamos el socialismo como camino", agregando, que "así como el candidato Hugo Chávez repitió un millón de veces en 1998, 'Vamos a Constituyente', el candidato Presidente Hugo Chávez dijo: 'Vamos al Socialismo', y todo el que votó por el candidato Chávez, votó por ir al socialismo".[128] Por ello, el Anteproyecto de Constitución que presentó ante la Asamblea Nacional, era para "la construcción del socialismo Bolivariano, el socialismo venezolano, nuestro socialismo, nuestro modelo socialista",[129] cuyo "núcleo básico e indivisible" era "la comunidad", "donde los ciudadanos y las ciudadanas comunes, tendrán el poder de construir su propia geografía y su propia historia".[130] Y todo ello bajo la premisa de que "sólo en el socialismo será posible la verdadera democracia",[131] pero, por supuesto, una "democracia" sin representación que, como lo propuso el Presidente y fue sancionado por la Asamblea Nacional en la rechazada reforma del artículo

---

128 *Idem*, p. 4. Es decir, se pretende imponer al 56% de los votantes que no votaron por la reelección presidencial, la voluntad expresada por sólo el 46% de los votantes inscritos en el Registro Electoral que votaron por la reelección del Presidente. Según las cifras oficiales del CNE, en las elecciones de 2006, de un universo de 15.784.777 votantes inscritos en el Registro Electoral, sólo 7.309.080 votaron por el Presidente.

129 Véase *Discurso de Orden pronunciado por el ciudadano Comandante Hugo Chávez Frías ... cit.,* p. 34.

130 *Idem*, p. 32.

131 *Idem*, p. 35. Estos conceptos se recogen igualmente en la *Exposición de Motivos* para la Reforma Constitucional, Agosto 2007, donde se expresa la necesidad de "ruptura del modelo capitalista burgués" (p. 1), de "desmontar la superestructura que le da soporte a la producción capitalista" (p. 2); de "dejar atrás la democracia representativa para consolidar la democracia participativa y protagónica" (p. 2); de "crear un enfoque socialista nuevo" (p. 2) y "construir la vía venezolana al socialismo" (p. 3); de producir "el reordenamiento socialista de la geopolítica de la Nación" (p. 8); de la "construcción de un modelo de sociedad colectivista" y "el Estado sometido al poder popular" (p. 11); de "extender la revolución para que Venezuela sea una República socialista, bolivariana", y para "construir la vía venezolana al socialismo; construir el socialismo venezolano como único camino a la redención de nuestro pueblo" (p. 19).

136 de la Constitución, "no nace del sufragio ni de elección alguna, sino que nace de la condición de los grupos humanos organizados como base de la población". Es decir, se buscaba establecer una "democracia" que no era democracia, pues en el mundo moderno no hay ni ha habido democracia sin elección de representantes.

Todas estas propuestas que fueron rechazadas por el pueblo en diciembre de 2007, las resumió el Presidente en su Discurso del 15 de agosto de 2007, así:

> "en el terreno político, profundizar la democracia popular bolivariana; en el terreno económico, preparar las mejores condiciones y sembrarlas para la construcción de un modelo económico productivo socialista, nuestro modelo, lo mismo en lo político, la democracia socialista; en lo económico, el modelo productivo socialista; en el campo de la Administración Pública, incorporar novedosas figuras para aligerar la carga, para dejar atrás el burocratismo, la corrupción, la ineficiencia administrativa, cargas pesadas del pasado, que todavía tenemos encima como rémoras, como fardos en lo político, en lo económico, en lo social.[132]

Y todas estas propuestas de construcción del socialismo, además, el Presidente las vinculó al proyecto que Simón Bolívar había elaborado en plena guerra de independencia en 1819, el cual -dijo- "es perfectamente aplicable a un proyecto socialista: perfectamente se puede tomar la ideología bolivariana originaria, como elemento básico de un proyecto socialista".[133] Sin embargo, basta leer el "Discurso de Angostura", del Libertador Simón Bolívar, al presentar el proyecto de Constitución de 1819 en Congreso reunido en aquella ciudad (Angostura), para captar que nada de lo que allí expresó tiene que ver con proyecto socialista alguno.[134]

---

132 *Idem*, p. 74.

133 *Idem*, p. 42.

134 Véase Simón Bolívar, *Escritos Fundamentales*, Caracas 1982. Véase también, Pedro Grases (ed.), *El Libertador y la Constitución de Angostura de*

En todo caso, la reforma constitucional sancionada y rechazada popularmente, tocaba las bases fundamentales del Estado, en particular, en relación con la ampliación constitucional de la llamada "doctrina bolivariana"; con la sustitución del Estado democrático y social de Derecho por el Estado socialista; con la eliminación de la descentralización como política de Estado, supuestamente en aras de la participación política, la cual, por otra parte, se limitaba.

1. *El rechazo a la propuesta de establecer una "doctrina bolivariana" como doctrina del Estado socialista*

Una de las innovaciones de la Constitución de 1999 fue, sin duda, el cambio de la denominación de la República de Venezuela por el de "República Bolivariana de Venezuela" (Art. 1), que nada tenía que ver con Simón Bolívar y su pensamiento, y ni siquiera con la idea de construcción del socialismo -pues incluso, como lo dijo el Presidente en su discurso del 15 de agosto de 2007, en ese momento no estaba planteado-,[135] habiendo obedecido, entonces, a una motivación político-partidaria, partisana o partidista,[136] vinculada al partido "bolivariano", que no se podía utilizar.[137]

En 2007, todo ello cambió, de manera que, al formular su propuesta de reforma constitucional, el Presidente de la Repúbli-

---

1819, Caracas, 1969; y José Rodríguez Iturbe (ed.), *Actas del Congreso de Angostura*, Caracas 1969.

135 Véase *Discurso de Orden pronunciado por el ciudadano Comandante Hugo Chávez Frías ..., cit.*, p. 4.

136 Véase lo que expusimos en Allan R. Brewer-Carías, *La Constitución de 1999*, Caracas, Editorial Jurídica-Editorial Arte, 1999, pp. 44 y ss.

137 De acuerdo con la Ley de Partidos Políticos, *Gaceta Oficial* N° 27 725, de 30-04-1965, los partidos políticos no pueden usar los nombres de los próceres ni los símbolos de la patria. La organización política que el Presidente había formado antes de la campaña presidencial de 1998, se llamó el Movimiento Bolivariano 2000, nombre que no podía ser usado. Por ello, el partido político que fundó se denominó Movimiento V República.

ca buscó identificar la doctrina bolivariana con otra cosa distinta al pensamiento del Libertador, como fue el modelo socialista de sociedad y Estado, y el "bolivarianismo" como su ideología política. Por ello se propuso denominar a todos los componentes de la Fuerza Armada como "bolivariana" (Art. 156,8; 236,6; 328 y 329), a la cual se le asignaba el cumplimiento de su misión de defensa que debía realizar "mediante el estudio, planificación y ejecución de la doctrina militar bolivariana".

Además, en la reforma al artículo 103 de la Constitución, se buscaba completar el concepto de vinculación de lo bolivariano con el socialismo, al disponerse que la inversión prioritaria que debe realizar el Estado en materia educativa, debía ser "de acuerdo a los principios humanísticos del socialismo bolivariano, y tomando en cuenta las recomendaciones de la Organización de las Naciones Unidas".

2. *El rechazo a la propuesta de sustituir el Estado Democrático y Social de Derecho y de Justicia por el Estado Socialista*

El artículo 2 de la Constitución de 1999 define a Venezuela como un Estado Democrático y Social de Derecho y de Justicia, precisamente para diseñar un Estado no socialista, es decir, contrario al Estado Socialista que se pretendió crear con la rechazada reforma constitucional.

Ello resultaba de la propuesta de reforma que se pretendía respecto del artículo 16, donde se buscaba crear las comunas y comunidades como "el núcleo territorial básico e indivisible del Estado Socialista Venezolano"; del artículo 70, donde, al definirse los medios de participación y protagonismo del pueblo en ejercicio directo de su soberanía mediante todo tipo de consejos, se pretendía indicar que era "para la construcción del socialismo", haciéndose mención a las diversas asociaciones "constituidas para desarrollar los valores de la mutua cooperación y la solidaridad socialista"; del artículo 112, donde se proponía indicar, en relación con el modelo económico del Estado, que era para crear "las mejores condiciones para la construcción colectiva y cooperativa de una economía socialista"; del artículo 113, en el cual se buscaba indicar la necesidad de la constitución de "empresas mixtas o unidades de producción socialistas"; del artículo 158, del que se buscaba eliminar toda mención a la descentralización como política nacional, y definir como política nacional "la participación protagónica del pueblo, restituyéndole el poder y creando las mejores condiciones para la construcción de una democracia socialista"; del artículo 168, relativo al Municipio, en el que se buscaba precisar la necesidad de incorporar "la participación ciudadana a través de los Consejos del Poder Popular y de los medios de producción socialista"; del artículo 184, en el que se buscaba orientar la descentralización de estados y municipios para permitir "la construcción de la economía socialista"; del artículo 299, relativo al régimen socioeconómico de la República, en el que se pretendía indicar que se debía fundamentar "en los principios socialistas"; del artículo 300, relativo a la creación de empresas públicas, que se pretendía orientar sólo "para la promoción y realización de los fines de la economía socialista"; del artículo 318, sobre el sistema monetario nacional en el cual se pretendía indicar que debía "propender al logro de los fines esenciales del Estado Socialista", todo de acuerdo con el Plan de Desarrollo Integral de la Nación, cuyo objetivo se pretendía indicar que era "para alcanzar los objetivos superiores del Estado Socialista"; y del artículo 321, sobre el régimen de las reservas internacionales, respecto de las cuales los fondos que se pretendía regular, se buscaba declarar que fueran sólo para "el desarrollo integral, endógeno, humanista y socialista de la Nación".

3. *El rechazo a la propuesta de eliminar la descentralización como política de Estado*

La Constitución de 1999, en su artículo 4, no sólo precisó que "La República Bolivariana de Venezuela es un Estado federal descentralizado en los términos consagrados por esta Constitución"; sino que definió a la descentralización como política de Estado (Arts. 16, 84, 166, 184, 185, 269, 272, 285, 300) para "profundizar la democracia, acercando el poder a la población y creando las mejores condiciones, tanto para el ejercicio de la democracia como para la prestación eficaz y eficiente de los cometidos estatales" (Art. 158).

Todo esto se buscaba eliminar en la rechazada reforma constitucional de 2007, en la cual, siguiendo la orientación de la práctica política centralista de los últimos años, definitivamente se buscaba centralizar completamente al Estado, eliminándose todo vestigio de descentralización como organización y política pública, de autonomía territorial y de democracia representativa a nivel local; es decir, de la unidad política primaria en el territorio, lo que tocaba otro aspecto fundamental y medular del Estado venezolano, que es la forma federal. Con la rechazada reforma constitucional, en efecto, se buscaba formular una supuesta "nueva geometría del poder", donde no había ni podía haber autonomías, con la propuesta de creación de nuevas instancias territoriales, todas sometidas al poder central, mediante las cuales el poder popular, supuestamente, iba a desarrollar "formas de agregación comunitaria política territorial", que constituían formas de autogobierno, pero sin democracia representativa alguna, sino sólo como "expresión de democracia directa" (Art. 16). Con ello se buscaba, como lo dijo el Presidente de la República, "el desarrollo de lo que nosotros entendemos por descentralización, porque el concepto cuarto-republicano de descentralización es muy distinto al concepto que nosotros debemos manejar. Por eso incluimos aquí la participación protagónica, la transferencia del poder y crear las mejores condiciones para la construcción de la democracia socialista".[138]

138 Véase *Discurso de Orden pronunciado por el ciudadano Comandante Hugo Chávez Frías…., cit.*, p. 5.

4. *El rechazo a la propuesta de eliminar la democracia representativa a nivel local*

De acuerdo con el artículo 5° de la Constitución de 1999, se definió a la democracia conforme a la representatividad política, es decir, la democracia indirecta (democracia representativa), conforme a la cual todos los órganos del Poder Público tienen que tener su origen en elección popular, la cual se complementó con la posibilidad de su ejercicio directo. La democracia, por tanto, para ser tal, tiene que ser representativa, mediante la elección de cargos públicos (Art. 70), a través de votaciones libres, universales, directas y secretas (Art. 63). Por ello, en la Constitución no existe ni puede existir democracia que no sea representativa, siendo de la esencia del régimen político democrático la idea de que el pueblo, titular de la soberanía, no la ejerce directamente, sino a través de representantes.

Esa democracia representativa, por supuesto, no se opone a democracia participativa; pero en forma alguna ésta puede pretender sustituir a aquélla. La democracia, para que sea participativa, además de esencialmente representativa, tiene que permitir al ciudadano participar en los asuntos públicos, teniendo acceso al poder, lo cual puede ocurrir sólo cuando lo tiene cerca. Ello implica, necesariamente, un bien arraigado y desarrollado sistema de gobierno local, en cada lugar, asentamiento urbano o rural, que goce de autonomía política, lo que sólo puede estar basado en la descentralización política, es decir, en la creación de entidades políticas autónomas que permitan el autogobierno local. En ese sentido, participar es sólo posible cuando, mediante la descentralización, se crean autoridades locales en los niveles territoriales más pequeños, lo que implica desparramar el poder.

Este sistema democrático es contrario a la concentración del poder y al centralismo, que es lo que se buscaba encubrir con el rechazado proyecto de reforma constitucional, que estaba destinado a la construcción del socialismo, de una sociedad colectivista y de supuesta "participación protagónica",[139] eliminando de la Constitución toda referencia a la descentralización política, y por tanto, de efectiva posibilidad de participación, y además, la sustitución de la democracia representativa por una supuesta "democracia participativa". Para ello, lo que se buscaba era acabar con la propia democracia como régimen político, tratando de sustituirla por un régimen autoritario, centralizador y concentrador del poder que hubiera impedido la real participación política, al no existir entidades locales autónomas, y depender los consejos comunales de la cúspide del poder ejecutivo nacional. Ello se pretendía lograr con la eliminación de los entes territoriales descentralizados políticamente, sin los cuales no puede haber, efectivamente, democracia participativa, y la creación, en su lugar, de Consejos del Poder Popular, que no pasan de ser una simple manifestación de movilización controlada desde el poder central. Ello es lo que ha ocurrido, precisamente, con los Consejos Comunales creados por Ley en 2006,[140] cuyos miembros no son electos mediante sufragio, sino designados por asambleas de ciudadanos controladas por el propio Poder Ejecutivo Nacional. Ello era lo que, con la rechazada reforma constitucional, se pretendía

---

139 En la *Exposición de Motivos del Proyecto de Reforma Constitucional* presentado por el Presidente de la República, en agosto 2007, se lee que el Poder Popular "es la más alta expresión del pueblo para la toma de decisiones en todos sus ámbitos (político, económico, social, ambiental, organizativo, internacional y otros) para el ejercicio pleno de su soberanía. Es el poder constituyente en movimiento y acción permanente en la construcción de un modelo de sociedad colectivista de equidad y de justicia. Es el poder del pueblo organizado, en las más diversas y disímiles formas de participación, al cual está sometido el poder constituido. No se trata del poder del Estado, es el Estado sometido al poder popular. Es el pueblo organizado y organizando las instancias de poder que decide las pautas del orden y metabolismo social y no el pueblo sometido a los partido políticos, a los grupos de intereses económicos o a una particularidad determinada", *op. cit,* p. 11.

140 Véanse los comentarios sobre ello en Allan R. Brewer-Carías *et al*, *Ley Orgánica del Poder Público Municipa*l, Caracas, Editorial Jurídica Venezolana, 2007, pp. 75 y ss.

consolidar en el texto fundamental, al proponerse una "nueva geometría del poder" en la cual se sustituía a los municipios, por las comunidades, como el "núcleo territorial básico e indivisible del Estado Socialista Venezolano", que debían agrupar a las comunas (socialistas)[141] como "células sociales del territorio", las cuales se debían agrupar en ciudades, que eran las que se pretendía concebir como "la unidad política primaria de la organización territorial nacional". En la rechazada reforma constitucional se buscaba establecer en forma expresa que los integrantes de los diversos Consejos del Poder Popular no nacían "del sufragio ni de elección alguna, sino que nacen de la condición de los grupos humanos organizados como base de la población".

Con ello, en definitiva, en nombre de una "democracia participativa y protagónica", lo que se buscaba era poner fin en Venezuela a la democracia representativa a nivel local, y con ello, de todo vestigio de autonomía política territorial, que es la esencia de la descentralización.

II. LOS RECHAZADOS CAMBIOS CONSTITUCIONALES QUE PERSEGUÍAN RESTRINGIR EL DERECHO CIUDADANO A LA PARTICIPACIÓN POLÍTICA

1. *El rechazo a la propuesta de reducir el derecho a la participación política sólo para la ejecución de la ideología socialista*

Conforme al artículo 62 de la Constitución de 1999, todos tienen el derecho "de *participar libremente* en los asuntos públi-

141 En la *Exposición de Motivos del Proyecto de Reforma Constitucional*, presentado por el Presidente de la República, en agosto 2007, a las comunas se las califica como "comunas socialistas", y se las define como "un conglomerado social de varias comunidades que poseen una memoria histórica compartida, usos, costumbres y rasgos culturales que los identifican, con intereses comunes, agrupadas entre sí con fines político-administrativos, que persiguen un modelo de sociedad colectiva de equidad y de justicia", *op. cit.*, p. 12.

cos, directamente o por medio de sus representantes elegidos o elegidas", refiriéndose a "la participación del pueblo en la formación, ejecución y control de la gestión pública" como "el medio necesario para lograr el protagonismo que garantice su completo desarrollo, tanto individual como colectivo", a través de los mecanismos de participación enumerados en el artículo 70.

Con la rechazada reforma constitucional, dichos medios de participación política, entre los cuales se proponía incluir a los Consejos del Poder Popular, perdían su carácter libre y se buscaba que quedaran reducidos al único propósito de "la construcción del socialismo", de manera que, quien no quisiera construir socialismo alguno, hubiera quedado excluido del derecho a la participación política, que sólo estaba destinado a desarrollar los valores de "la solidaridad socialista" y no era libre como indica el artículo 62.

Por otra parte, en sustitución del concepto amplio de participación ciudadana que establece el artículo 168 de la Constitución y que deben desarrollar los municipios, con la rechazada reforma constitucional se pretendía establecer la obligación de los municipios de "incorporar, dentro del ámbito de sus competencias, la participación ciudadana a través de los Consejos del Poder Popular y de los medios de producción socialista", eliminándose toda posibilidad de otras formas de participación, la cual dejaba de ser libre.

2. *El rechazo a la propuesta de eliminar la participación de los representantes de la sociedad civil en la postulación de altos funcionarios del Estado*

El proyecto de reforma constitucional de 2007, por otra parte, buscaba eliminar las formas de participación política de la sociedad civil en los asuntos públicos que directamente establece la Constitución de 1999, para la postulación de los candidatos a los cargos de Magistrados del Tribunal Supremo de Justicia, de Miembros del Consejo Nacional Electoral, del Defensor del Pueblo, del Contralor General de la República y del Fiscal General de la República. Esa postulación debe hacerse ante la Asamblea Nacional por sendos Comités de Postulaciones que necesariamente debían estar integrados por "representantes de los diferentes sectores de la sociedad" (Arts. 264, 279, 295).

Estas previsiones de la Constitución de 1999 han sido distorsionadas por la práctica política y legislativa desarrollada desde que se sancionó la propia Constitución, tanto por parte de la entonces Asamblea Nacional Constituyente (1999), como luego por la Asamblea Nacional (2000), que fueron convirtiendo dichos Comités de Postulaciones, en contra de lo dispuesto por la Constitución, en simples Comisiones parlamentarias ampliadas (2002-2007), limitando el derecho a la participación política de la sociedad civil.[142] Esa tendencia es la que se buscaba constitucionalizar con el rechazado proyecto de reforma constitucional, al buscarse regular los Comités de Postulaciones para la elección de los Magistrados del Tribunal Supremo de Justicia y de los titulares de los órganos del Poder Electoral y del Poder Ciudadano, en los cuales se pretendía eliminar su integración exclusiva por representantes de los diversos sectores de la sociedad, y, en su lugar, se buscaba que estuvieran integrados mayoritariamente por diputados, representantes del Poder Popular, en fin, por funcionarios del Estado (Arts. 264, 295, 279).

3. *El rechazo a la propuesta de limitar el derecho a la participación política mediante referendos*

Con la rechazada propuesta constitucional, por otra parte, se buscaba restringir los mecanismos de democracia directa establecidos en la Constitución, particularmente en relación con los

---

142 Véase Allan R. Brewer-Carías, "La participación ciudadana en la designación de los titulares de los órganos no electos de los Poderes Públicos en Venezuela y sus vicisitudes políticas", en *Revista Iberoamericana de Derecho Público y Administrativo*, Año 5, N° 5-2005, San José, Costa Rica, 2005, pp. 76-95.

referendos consultivo, el referendo revocatorio, el referendo aprobatorio y el referendo abrogatorio (Art. 71 a 74). Respecto de todos ellos, en efecto, la rechazada propuesta de reforma constitucional pretendía elevar el porcentaje de firmas necesarias para que pudieran ser iniciados por iniciativa popular, es decir, hacer más dificultosa dicha iniciativa; y además, buscaba aumentar el porcentaje de votos necesarios para que los referendos pudieran tener efectos. En particular, respecto del referendo revocatorio, con el rechazado proyecto de reforma constitucional, se buscaba hacerlo menos participativo y más dificultoso, al buscarse establecer, en primer lugar, que, en vez de que la solicitud de convocatoria del mismo correspondiera directamente, como un derecho popular, a un número no menor del 20% de los electores inscritos en la correspondiente circunscripción, ahora se tuviera que "solicitar al Consejo Nacional Electoral la activación del mecanismo para que los electores y electoras inscritos e inscritas en la correspondiente circunscripción del Registro Electoral, en un número no menor del treinta por ciento, soliciten la convocatoria de un referendo para revocar su mandato", distorsionado la iniciativa popular. En segundo lugar, en lugar de exigirse que sólo concurran al referendo un número de electores igual o superior al 25% de los electores inscritos para que se considere válido el referendo, con la rechazada reforma constitucional se buscaba que concurrieran al referendo el 40% de los electores inscritos; y en tercer lugar, adicionalmente a la exigencia de que se considerase revocado el mandato cuando voten a favor de la revocatoria "igual o mayor número de electores que eligieron al funcionario", con la reforma constitucional que ha sido rechazada popularmente, se buscaba exigir que "sea mayor el total de votos a favor que el total de votos en contra", así hubieran votado por la revocatoria más electores que los que eligieron al funcionario, con lo cual se perseguía distorsionar el referendo revocatorio y transformarlo en un "referendo ratificatorio".

4. *El rechazo a la propuesta de limitar el derecho a la participación política en materia de revisión de la Constitución*

En la Constitución de 1999, se establecen tres mecanismos institucionales para la revisión constitucional que se distinguen según la intensidad de las transformaciones que se proponen, y que son: las Enmiendas Constitucionales, las Reformas Constitucionales y la Asamblea Nacional Constituyente. En todos los casos, la Constitución ha previsto la iniciativa popular de las propuestas de cambios constitucionales, mediante la fijación de un porcentaje de ciudadanos que oscila entre el 15 y el 30% de los inscritos en el Registro Electoral.

En la rechazada reforma constitucional, se hacía más difícil la iniciativa popular al proponerse en todos los casos, aumentar el porcentaje de ciudadanos que podían presentarla, y además, se buscaba hacer más dificultoso el proceso de modificación constitucional, al buscarse también aumentar el porcentaje de electores que debían concurrir a los referendos y de los votos necesarios para aprobar los proyectos en los referendos (Arts. 341 y ss).

III. LOS RECHAZADOS CAMBIOS CONSTITUCIONALES QUE PERSEGUÍAN DESMANTELAR LA FEDERACIÓN Y CENTRALIZAR TOTALMENTE AL ESTADO

1. *El rechazo a la propuesta de establecer una supuesta "nueva geometría del poder"*

La forma del Estado venezolano ha sido siempre la de una Federación, en la cual el poder público está distribuido en el territorio entre entidades políticas territoriales autónomas en tres niveles: el nivel nacional (República), el nivel estadal (estados) y el nivel municipal (municipios), cuyas respectivas autonomías garantiza la propia Constitución. Con la rechazada reforma constitucional de 2007, si bien no se eliminaba expresamente la palabra "federación", o la forma "federal" del Estado, la misma se vaciaba totalmente de contenido.

En particular, en cuanto a los estados y municipios sobre cuya concepción se monta el sistema federal, con la reforma que se pretendía hacer al artículo 16, desaparecía la garantía constitucional de la autonomía municipal y el principio de la descentralización político administrativa que establece la Constitución de 1999 como condición esencial de la división territorial.

En particular, en relación con los municipios, con la rechazada reforma constitucional, se buscaba quitarles el carácter de unidad política primaria que el artículo 168 de la Constitución de 1999 les garantiza y, en su lugar, se proponía establecer a "la ciudad" como la unidad política primaria de la organización territorial nacional, entendida como "todo asentamiento poblacional dentro del municipio, e integrada por áreas o extensiones geográficas denominadas comunas". Además, se buscaba definir a estas comunas como las células sociales del territorio, conformadas por las "comunidades", cada una de las cuales se proponía que constituyera "el núcleo territorial básico e indivisible del Estado Socialista Venezolano, donde los ciudadanos y las ciudadanas tendrán el poder para construir su propia geografía y su propia historia". En la rechazada propuesta de reforma constitucional, también se proponía crear la figura de la Ciudad Comunal, que debía constituirse cuando, en la totalidad de su perímetro, se hubieran establecido las comunidades organizadas, las comunas y el autogobierno comunal, pero asignándose su creación al Presidente de la República en Consejo de Ministros.

A partir de este esquema inicial, en el artículo 16 del proyecto de la rechazada reforma constitucional, se buscaba cambiar radicalmente la división política del territorio nacional en "entidades políticas" (estados, distrito capital, dependencias federales, territorios federales y municipios y otras entidades locales) que, conforme a la Constitución, gozan esencialmente de autonomía política territorial, y deben tener un gobierno "electivo" (Art. 6); por una "conformación" del territorio nacional a los fines político-territoriales y de acuerdo con una "nueva geometría del poder", por un distrito federal, por los estados, las regiones marítimas, los territorios federales, los municipios federales y los distritos insulares". En ese esquema, se proponía eliminar la exigencia constitucional de que todo el territorio nacional se debe organizar en municipios, por la previsión de que sólo "los Estados se organizan en municipios" (Art. 16), los que por tanto se buscaba que desaparecieran, si una parte del territorio se convertía en alguna de las "nuevas" entidades. Por ello es que precisamente, se buscaba que el municipio desapareciera como unidad política primaria en la organización nacional.

Lo más notorio de la rechazada reforma constitucional es que, mediante la misma, se buscaba autorizar al Presidente de la República, en Consejo de Ministros, para que "previo acuerdo aprobado por la mayoría simple de los diputados y diputadas de la Asamblea Nacional", pudiera "decretar regiones marítimas, territorios federales, municipios federales, distritos insulares, provincias federales, ciudades federales y distritos funcionales, así como cualquier otra entidad que establezca esta Constitución y la Ley", con lo que, materialmente, la totalidad de la división político-territorial de la República se pretendía que dejara de ser una materia de rango constitucional y pasara a ser una materia, ni siquiera de regulación Legislativa, sino solamente Ejecutiva. En fin, lo que se pretendía con la rechazada reforma constitucional era la total centralización del poder, lo que se confirma mediante la asignación que se pretendía hacer al Presidente de la República para designar y remover "las autoridades respectivas" de dichas entidades que hubieran quedado sujetas completamente al Poder Central.

2. *El rechazo a la propuesta de restablecer el distrito federal sin autonomía política ni gobierno democrático local*

En cuanto al régimen político de la ciudad capital, Caracas, la Constitución de 1999 aseguró, definitivamente, un régimen de gobierno local descentralizado y democrático, en el cual se debe garantizar la autonomía municipal y la participación política de las diversas entidades que componen la ciudad. De allí el esfuerzo por establecer un gobierno metropolitano a dos niveles, para asegurar, por una parte, el gobierno global (metropolitano) de la ciudad y, por la otra, asegurar el gobierno local. En esta forma, en 1999, se eliminó la figura territorial del "distrito federal", que había quedado como vestigio decimonónico del esquema tradicional de las federaciones, en el cual la ciudad capital carece de autogobierno.

Con la rechazada reforma constitucional de 2007, lo que se pretendía era volver al mismo esquema del siglo XIX, ya superado en todas las capitales de todas las federaciones del mundo, de restablecer un distrito federal sin garantía alguna de la autonomía municipal o territorial, ni del carácter democrático y participativo de su gobierno, cuyas autoridades se pretendía que quedaran totalmente sujetas y controladas por el Poder Nacional, y en particular, por el Presidente de la República, a quien se buscaba atribuir la designación y remoción de sus autoridades.

Además, en la propuesta de reforma constitucional rechazada por el pueblo, se pretendía "nacionalizar" totalmente las competencias públicas respecto de todos los asuntos que concernieran a la ciudad capital, mediante la propuesta de asignar al "Poder Nacional por intermedio del Poder Ejecutivo" (con la colaboración y participación de todos los entes del Poder Público Nacional, Estatal y Municipal, así como del Poder Popular) disponer de

> "todo lo necesario para el reordenamiento urbano, reestructuración vial, recuperación ambiental, logros de niveles óptimos de seguridad personal y pública, fortalecimiento integral de la infraestructura del hábitat de las comunidades, sistemas de salud, educación, cultura, deporte y recreación, recuperación total de su casco y sitios históricos, construcción de un sistema de pequeñas y medianas ciudades a lo largo de sus ejes territoriales de expansión…"

Es decir, todo lo que es propio de los gobiernos locales, se pretendía asignar al Ejecutivo Nacional.

3. *El rechazo a la propuesta de establecer un "Poder Popular" en la distribución vertical del Poder Público*

Con la rechazada propuesta de reforma constitucional, se buscaba agregar a la distribución vertical del Poder Público entre el Poder Municipal, el Poder Estatal y el Poder Nacional (Art. 136), a un denominado Poder Popular, que se pretendía concebir como el medio para que supuestamente "el pueblo", como el depositario de la soberanía, la ejerciera "directamente", pero con la advertencia expresa de que dicho "Poder Popular no nace del sufragio ni de elección alguna, sino que nace de la condición de los grupos humanos organizados como base de la población", sino mediante la constitución de comunidades, comunas y el autogobierno de las ciudades, a través de toda suerte de consejos comunales y de otra índole.

Se pretendía, así, agregar como un Poder Público más en el territorio, al Poder Popular, cuyos voceros, por ejemplo, con la rechazada reforma constitucional, se pretendía que también formaran parte de los Comités de Postulaciones y Evaluaciones para la selección de los magistrados del Tribunal Supremo de Justicia, los titulares del Poder Ciudadano y los miembros del Consejo Nacional Electoral (Arts. 264, 279 y 295).

4. *El rechazo a la propuesta de "nacionalización" de las competencias en el Poder Público*

Con la rechazada reforma constitucional, además, se buscaba trastocar la distribución de competencias públicas prevista en la Constitución entre los tres niveles territoriales de gobierno (nacional, estatal y municipal), a manera de centralizar materialmente todas las competencias del Poder Público en el nivel nacional (Arts. 156, 164), vaciándose de competencias a los estados y obligándose a los municipios a transferir sus competencias a los Consejos Comunales, con lo que, en definitiva, hubieran quedado como entelequias vacías.

Pero entre las materias que con el rechazado proyecto de reforma constitucional se pretendía asignar al Poder Nacional, estaba la que se quería incorporar al artículo 156, 10, para "la ordenación y gestión del territorio y el régimen territorial del Distrito Federal, los Estados, los Municipios, las Dependencias Federales y demás entidades regionales"; y en el Artículo 156, 11, para "la creación, supresión, ordenación y gestión de provincias federales, regiones estratégicas de defensa, territorios federales, municipios federales, ciudades federales y comunales, distritos funcionales, regiones marítimas y distritos insulares". En esta forma, se pretendía con la reforma rechazada que los estados y municipios dejaran de ser "entidades políticas" perdiendo efectiva autonomía, y pasaran a depender totalmente del Poder Nacional, como órganos sin autonomía alguna, es decir, como administraciones periféricas del Poder Central, sometidas a la ordenación y gestión que establezca el Poder Nacional. Por ello, también se buscaba reformar el artículo 164,2 de la Constitución, para establecer que los estados tuvieran competencia para ejercer "la coordinación de sus municipios y demás entidades locales", lo que también hubiera implicado la eliminación de la autonomía municipal.

La centralización de todas las competencias del Poder Público en el nivel nacional llegaba a tal extremo en la rechazada reforma constitucional que con la misma se pretendía eliminar formalmente la tradicional competencia residual de los estados (Art. 164,11) -que existe en todas las federaciones del mundo-, respecto de toda otra competencia no asignada expresamente a los otros niveles de gobierno (nacional y municipal), y en cambio, establecer dicha competencia residual a favor del Poder Nacional (Art. 156,36), dejando a los Estados, sólo y exclusivamente, competencia en "todo lo que le atribuya esta Constitución o ley nacional" (Art. 164,10).

5. *El rechazo a la propuesta de limitar la autonomía municipal y de eliminar las parroquias como entidades locales*

De acuerdo con el artículo 168 de la Constitución de 1999, la autonomía municipal respecto de los otros niveles de gobierno (nacional y estatal), está garantizada al disponer que sus actos "no pueden ser impugnados sino ante los tribunales competentes, de conformidad con la Constitución y la ley"; lo que implica que no pueden ser revisados, en forma alguna, por los órganos del Poder Nacional ni de los Estados. Con el rechazado proyecto de reforma constitucional de 2007, se buscaba eliminar de este artículo no sólo la característica del municipio de ser la unidad política primaria de la organización nacional, lo que se pretendía atribuir a la ciudad (Art. 16), sino la mencionada autonomía jurídica e institucional de los municipios, lo que hubiera permitido que sus actos hubieran podido ser impugnados y revisados por los otros órganos administrativos de los estados, o del Poder Ejecutivo u otro ente.

El rechazado proyecto de reforma constitucional, además, pretendía eliminar del artículo 173 de la Constitución toda referencia a la existencia de las "parroquias" como entidades locales.

IV. LOS RECHAZADOS CAMBIOS CONSTITUCIONALES EN LA ORGANIZACIÓN Y FUNCIONAMIENTO DEL PODER NACIONAL

1. *El rechazo a la propuesta de reforma para acentuar el presidencialismo*

Con la rechazada reforma constitucional se pretendía acentuar el presidencialismo y la concentración del poder, por una parte, mediante el establecimiento de la posibilidad de reelección indefinida del Presidente de la República y el aumento del período constitucional del Presidente de 6 a 7 años (Art. 230); y por la otra, mediante la ampliación de las competencias asignadas al Presidente de la República (Art. 236).

En este último aspecto, lo que ha sido rechazado en el referéndum del 2 de diciembre de 2007, por voluntad del poder constituyente originario, fueron las propuestas de atribuir al Presidente de la República diversas nuevas competencias, entre las cuales destacaban:

1. Para resolver en materia de "la ordenación y gestión del territorio", y el "régimen territorial del Distrito Federal, los estados, los municipios, dependencias federales y demás entidades regionales, de acuerdo con la ley nacional" (Art. 236,3), con lo que hubiera desaparecido todo vestigio de autonomía y división territorial, ya que dicha materia ni siquiera hubiera sido competencia del legislador, sino del Poder Ejecutivo.

2. Para "crear o suprimir las provincias federales, territorios federales, ciudades federales, distritos funcionales, municipios federales, regiones marítimas y distritos insulares, según lo establecido en esta Constitución, designar y remover sus autoridades, conforme a la ley, asimismo podrá crear ciudades comunales de acuerdo con esta Constitución" (Art. 236,4), con lo cual se buscaba dejar todo lo que concernía al territorio y su división en manos del Jefe de Estado.

3. Para "formular el Plan Nacional de Desarrollo y dirigir su ejecución" (Art. 236,20), eliminándose la necesaria aprobación por parte de la Asamblea Nacional en relación con la formulación y ejecución del Plan Nacional de Desarrollo que dispone la Constitución (Art. 236, 18).

4. Para "decretar la suspensión o restricción de garantías" en casos de que declare estados de excepción (Art. 236,9), cuando en el artículo 236,7 de la Constitución sólo se autoriza al Presidente a "restringir" garantías, pero nunca a "suspenderlas". Esta atribución, además, se buscaba fuera ratificada en la reforma propuesta y rechazada respecto del artículo 337 de la Constitución, con la que se buscaba ampliar los poderes presidenciales en los estados de excepción (Art. 338 y 339).

5. Para administrar "las reservas internacionales, así como el establecimiento y regulación de la política monetaria, en coordinación con el Banco Central de Venezuela" (236,13).

6. Para "decretar Regiones Estratégicas de Defensa a fin de garantizar la soberanía, la seguridad y defensa en cualquier parte del territorio y espacios geográficos de la República"; para "decretar autoridades especiales en situaciones de contingencia, desastres o cualquier otra que requiera la intervención inmediata y estratégica del Estado" (Art. 11); para crear por decreto las ciudades comunales (Art. 16); para "decretar regiones marítimas, territorios federales, municipios federales, distritos insulares, provincias federales, ciudades federales y distritos funcionales, así como cualquier otra entidad que establezca esta Constitución y la ley" (Art. 16); y para designar y remover las autoridades respectivas de las regiones marítimas, territorios federales, Distrito Federal, municipios federales, distritos insulares, provincias federales, ciudades federales y distritos funcionales, así como cualquier otra entidad que establezca esta Constitución y la ley" (Art. 16).

2. *El rechazo a la propuesta de reforma para acentuar la concentración del poder*

Con la rechazada reforma constitucional de 2007, además de haberse pretendido acentuar el centralismo y el presidencialismo, también se buscaba acentuar la concentración del poder, particularmente en la Asamblea Nacional, y mediante el dominio que sobre la misma ejerce el Presidente de la República, en definitiva, en manos de éste.

En tal sentido, en la rechazada propuesta de reforma constitucional, se pretendía reformar el sistema tanto para la selección de los titulares de los Poderes Judicial, Ciudadano y Electoral, como para su remoción por la Asamblea Nacional.

A tal efecto, como se destacó anteriormente, con la rechazada reforma constitucional se pretendía cambiar radicalmente la conformación de los Comités de Postulaciones Judiciales (Arts. 264, 279, 292), para convertirlos, materialmente, en Comisiones Parlamentarias, eliminando la exigencia de la Constitución de que deben estar integrados solamente por representantes de los diversos sectores de la sociedad, precisamente para neutralizar las componendas políticas de la Asamblea en dichas designaciones; y se buscaba además, eliminar el principio de la mayoría calificada de dos terceras partes para la designación de dichos altos funcionarios (Art. 279).

Pero, además, con la rechazada reforma constitucional, se pretendía establecer en general, la posibilidad de que los titulares de los Poderes Judicial (Magistrados del Tribunal Supremo de Justicia); Ciudadano (Contralor General de la República, Fiscal General de la República, Defensor del Pueblo); y Electoral (rectores del Consejo Nacional Electoral) pudieran ser removidos de sus cargos por la Asamblea Nacional mediante la mayoría de votos de los diputados, eliminándose la mayoría calificada de las dos terceras partes que establece la Constitución (Art. 265, 279, 292).

3. *El rechazo a la propuesta de reforma para acentuar el militarismo*

En la rechazada reforma constitucional, se buscaba cambiar la denominación de la Fuerza Armada y de sus componentes para calificarlas de "bolivarianas" (Art. 156,8; 236,6; 328 y 329) y, además, se buscaba eliminar la previsión constitucional de que la Fuerza Armada es una "institución esencialmente profesional, sin militancia política" y, en su lugar, se pretendía establecer que la misma constituía "un cuerpo esencialmente patriótico, popular y antiimperialista". Con ello, hubiera desaparecido la institución militar como institución profesional y la prohibición de que la misma no tuviera militancia política, buscando definirla, en cambio, como "un cuerpo patriótico, popular y antiimperialista", lo que hubiera abierto el camino constitucional para la integración de la Fuerza Armada Bolivariana en el partido político de su

Comandante en Jefe, quien ejerce la Suprema Autoridad Jerárquica en todos sus Cuerpos, Componentes y Unidades, tal como se buscaba disponer en la reforma del artículo 236,6 de la Constitución.

Por otra parte, con la reforma constitucional que ha sido rechazada popularmente, en lugar de establecerse que los objetivos de las Fuerzas Armadas deben lograrse "mediante la defensa militar, la cooperación en el mantenimiento del orden interno y la participación activa en el desarrollo nacional", se pretendía establecer que se debían lograr "mediante el estudio, planificación y ejecución de la doctrina militar bolivariana, la aplicación de los principios de la defensa integral y la guerra popular de resistencia, la cooperación en tareas de mantenimiento de la seguridad ciudadana y del orden interno, así como la participación activa en planes para el desarrollo económico, social, científico y tecnológico de la Nación". Se buscaba así incorporar, la "doctrina militar bolivariana", como elemento esencial de la actuación de la Fuerza Armada, que era lo mismo que doctrina militar socialista, dada la vinculación que la rechazada reforma constitucional hacía entre "socialismo" y "bolivarianismo"; y se buscaba incorporar en la Constitución elementos de guerrilla como "la guerra popular de resistencia", convirtiéndose a la Fuerza Armada en una organización de policía nacional, al buscar atribuirle competencia en materia de mantenimiento de la seguridad ciudadana y del orden interno.

Adicionalmente, con la rechazada reforma constitucional, en lugar de establecerse como lo prevé la Constitución, que en el cumplimiento de sus funciones, la Fuerza Armada "está al servicio exclusivo de la Nación y en ningún caso al de persona o parcialidad política alguna", se buscaba sustituir esta previsión por otra donde se pretendía indicar que en "el cumplimiento de su función, estará siempre al servicio del pueblo venezolano en defensa de sus sagrados intereses y en ningún caso al de oligarquía alguna o poder imperial extranjero", eliminándose la prohibición de que la Fuerza Armada pueda estar al servicio de persona o parcialidad política alguna. Con ello se buscaba abrir el camino constitucional para la integración de la Fuerza Armada en el partido político de su Comandante en Jefe, quien ejerce la Suprema Autoridad Jerárquica en todos sus Cuerpos, Componentes y Unidades (Art. 236,6), y que la podía poner a su servicio o al servicio del partido del gobierno.

Con estas rechazadas reformas, se buscaba acentuar el carácter político de la Fuerza Armada y el militarismo del Estado, que la propia Constitución de 1999 ya había iniciado, al desaparecer del texto constitucional "el carácter apolítico y no deliberante" de la Fuerza Armada, que establecía el artículo 132 de la Constitución de 1961; la obligación esencial que tenía la Fuerza Armada Nacional, conforme a ese mismo artículo, de asegurar "la estabilidad de las instituciones democráticas y el respeto a la Constitución y las leyes, cuyo acatamiento estará siempre por encima de cualquier otra obligación"; la tradicional prohibición de que la autoridad militar y la civil no podían ejercerse simultáneamente, que establecía el artículo 131 de la Constitución de 1961; y el control por parte de la Asamblea Nacional respecto de los ascensos de los militares de alta graduación (Art. 331, C. 1961).

V. LOS RECHAZADOS CAMBIOS CONSTITUCIONALES EN LA CONSTITUCIÓN ECONÓMICA

Uno de los componentes normativos esenciales de toda Constitución contemporánea, es la llamada *Constitución Económica,* que deriva de los principios constitucionales que guían el régimen de las relaciones económicas y el papel que, en las mismas, corresponde a la iniciativa privada y al propio Estado, y que, conforme al constitucionalismo desarrollado desde mitades del siglo pasado, está montada sobre un modelo económico de economía mixta, basado en el principio de la libertad como opuesto al de economía dirigida, similar al que existe en todos los países occidentales. Este sistema económico, por tanto, se fundamenta en la libertad económica, la iniciativa privada y la libre competencia, pero con la participación del Estado como promotor del desarrollo económico, regulador de la actividad económica y planificador con la participación de la sociedad civil.

Conforme a esa orientación, la Constitución de 1999 establece un sistema económico de economía mixta, es decir, de economía social de mercado que se fundamenta en la libertad económica, pero que debe desenvolverse conforme a principios de justicia social, que requiere de la intervención del Estado. Ese régimen socioeconómico, conforme al artículo 299 de la Constitución de 1999, se fundamenta en los siguientes principios: justicia social, democratización, eficiencia, libre competencia, protección del ambiente, productividad y solidaridad, con el fin de asegurar el desarrollo humano integral y una existencia digna y provechosa para la colectividad. Por ello, el mismo artículo constitucional dispone, expresamente, que el Estado, "conjuntamente con la iniciativa privada", debe promover:

> "el desarrollo armónico de la economía nacional, con el fin de generar fuentes de trabajo, alto valor agregado nacional, elevar el nivel de vida de la población y fortalecer la soberanía económica del país, garantizando la seguridad jurídica, solidez, dinamismo, sustentabilidad, permanencia, equidad del crecimiento de la economía, para garantizar una justa distribución de la riqueza mediante una planificación estratégica democrática, participativa y de consulta abierta."

Como lo precisó la Sala Constitucional del Tribunal Supremo de Justicia en sentencia N° 117, de 6 de febrero de 2001, se trata de "un sistema socioeconómico intermedio entre la economía de libre mercado (en el que el Estado funge como simple programador de la economía, dependiendo ésta de la oferta y la demanda de bienes y servicios) y la economía interventora (en la que el Estado interviene activamente como el "empresario mayor")", conforme al cual, el texto constitucional promueve "expresamente la actividad económica conjunta del Estado y de la iniciativa privada en la persecución y concreción de los valores supremos consagrados en la Constitución"; tratando de alcanzar "el equilibrio de todas las fuerzas del mercado y la actividad conjunta del Estado e iniciativa privada". Conforme a este sistema, dijo además la Sala Constitucional en esa sentencia, la Constitución: "propugna una serie de valores normativos superiores del régimen económico, consagrando como tales la libertad de empresa en el marco de una economía de mercado y fundamentalmente el del Estado Social de Derecho (*Welfare State*, Estado de Bienestar o Estado Socialdemócrata), esto es un Estado social opuesto al autoritarismo".[143]

La aplicación práctica de ese modelo constitucional, en todo caso, ha provocado el desarrollo de una economía basada en la libertad económica y la iniciativa privada, pero con una intervención importante y necesaria del Estado para asegurar los principios de justicia social que constitucionalmente deben orientar el régimen económico; lo que se ha acrecentado por el hecho de ser el Estado, el titular desde siempre del dominio público sobre el subsuelo.

Con el rechazado proyecto de reforma constitucional de 2007, se pretendía cambiar radicalmente este modelo, acentuando el desequilibrio existente entre lo público y lo privado, buscando transformarlo en un sistema de economía estatal, de planificación centralizada, propia de un Estado y economía socialista, donde desaparecía la libertad económica y el derecho de propiedad como derechos constitucionales.

---

143 Esos valores aludidos conforme a la doctrina de la Sala Constitucional "se desarrollan mediante el concepto de libertad de empresa, que encierra, tanto la noción de un derecho subjetivo 'a dedicarse libremente a la actividad económica de su preferencia', como un principio de ordenación económica dentro del cual se manifiesta la voluntad de la empresa de decidir sobre sus objetivos. En este contexto, los poderes públicos cumplen un rol de intervención, la cual puede ser directa (a través de empresas) o indirecta (como ente regulador del mercado)". Véase en *Revista de Derecho Público,* N° 85-88, Editorial Jurídica Venezolana, Caracas 2001, pp. 212-218.

1. *El rechazo a la propuesta de reforma para eliminar la libertad económica*

El artículo 112 de la Constitución establece como uno de los principios fundamentales del sistema constitucional el derecho de todas las personas de poder dedicarse libremente a la actividad económica de su preferencia, sin más limitaciones que las previstas en la Constitución y las que establezcan las leyes, por razones de desarrollo humano, seguridad, sanidad, protección del ambiente u otras de interés social, a cuyo efecto, el Estado está obligado a promover:

> "la iniciativa privada, garantizando la creación y justa distribución de la riqueza, así como la producción de bienes y servicios que satisfagan las necesidades de la población, la libertad de trabajo, empresa, comercio, industria, sin perjuicio de su facultad para dictar medidas para planificar, racionalizar y regular la economía e impulsar el desarrollo integral del país."

Con la rechazada propuesta de reforma constitucional de 2007, en cambio, se buscaba eliminar este derecho y la libertad económica, es decir, se pretendía quitarle rango constitucional, buscando sustituir esta norma por otra en la cual lo que se establecía era la definición de una política estatal para promover:

> "el desarrollo de un modelo económico productivo, intermedio, diversificado e independiente, fundado en los valores humanísticos de la cooperación y la preponderancia de los intereses comunes sobre los individuales, que garantice la satisfacción de las necesidades sociales y materiales del pueblo, la mayor suma de estabilidad política y social y la mayor suma de felicidad posible."

Agregando, además, que el Estado

> "fomentará y desarrollará distintas formas de empresas y unidades económicas de propiedad social, tanto directa o comunal como indirecta o estatal, así como empresas y unidades económicas de producción o distribución social, pudiendo ser éstas de propiedad mixta entre el Estado, el sector privado y el poder

comunal, creando las mejores condiciones para la construcción colectiva y cooperativa de una economía socialista."

Es decir, en un artículo como el 112, ubicado en el Capítulo Constitucional sobre los derechos económicos, se buscaba eliminar el derecho al libre ejercicio de las actividades económicas y la propia libertad económica, lo que era contrario al principio de la progresividad en materia de derechos humanos y constitucionales que garantiza el artículo 19 de la Constitución.

Con la eliminación de este derecho, como derecho constitucional, lo que en definitiva se pretendía era desaparecer las garantías constitucionales al mismo y, en particular, la desaparición de la garantía de la reserva legal, es decir, que las limitaciones o restricciones al derecho sólo pueden establecerse mediante ley formal emanada de la Asamblea Nacional, y no mediante decretos reglamentarios del Ejecutivo.

Además, con la rechazada reforma constitucional, respecto del artículo 299, se buscaba eliminar de la Constitución, como fundamentos del sistema económico, los principios de justicia social, libre competencia, democracia y productividad y, en su lugar, se buscaban establecer, entre otros, los principios socialistas, antiimperialistas, humanistas, con el fin de asegurar el desarrollo humano integral y una existencia digna y provechosa para la colectividad. Por otra parte, la garantía del desarrollo armónico de la economía no se asignaba "al Estado conjuntamente con la iniciativa privada", como dispone la Constitución de 1999, sino "al Estado conjuntamente con la iniciativa comunitaria, social y personal".

Por otra parte, con la rechazada reforma constitucional, se buscaba cambiar radicalmente el régimen de la actividad económica, buscándose establecer, en el artículo 113, una serie de limitaciones a la misma que iban mucho más allá de la restricción de los monopolios y la posición dominante de empresas, privilegiándose la economía estatal y los medios de producción socialista, proponiéndose agregar a la norma que, en general, "no se permitirán actividades, acuerdos, prácticas, conductas y omisiones de los y las particulares que vulneren los métodos y sistemas de producción social y colectiva con los cuales se afecte la propiedad social y colectiva o impidan o dificulten la justa y equitativa concurrencia de bienes y servicios", con lo cual hubiera quedado en manos del Estado la suerte de cualquier actividad económica particular.

2. *El rechazo a la propuesta de reforma para eliminar la propiedad privada*

Por otra parte, otro de los pilares fundamentales de la Constitución de 1999, además de la libertad económica, es la garantía del derecho de propiedad privada, al que, conforme al artículo 115 de la Constitución de 1999, se le concibe como el derecho que tiene toda persona "al uso, goce, disfrute y disposición de sus bienes", aun cuando sea sometida a "las contribuciones, restricciones y obligaciones que establezca la ley con fines de utilidad pública o de interés general". Dicha garantía implica que "sólo por causa de utilidad pública o interés social, mediante sentencia firme y pago oportuno de justa indemnización, podrá ser declarada la expropiación de cualquier clase de bienes".

Con el rechazado proyecto de reforma constitucional de 2007, se buscaba cambiar radicalmente el régimen de la propiedad privada, la cual se eliminaba como derecho constitucional, y quedaba materialmente reducida a la que pudiera existir sobre los bienes de uso, consumo y medios de producción legítimamente adquiridos, quedando, por tanto, minimizada y marginalizada en relación con la propiedad pública.[144]

---

144 Sobre esto, el magistrado Jesús Eduardo Cabrera, en el Voto salvado a la sentencia N° 2042 de la Sala Constitucional de 2 de noviembre de 2007 en la cual se declaró inadmisible un amparo constitucional ejercido contra el Presidente de la República y la Asamblea Nacional, con motivo de la inconstitucional "reforma constitucional", sostuvo lo siguiente: "El artículo 113 del Proyecto, plantea un concepto de propiedad que se adapta a la

Además, con la rechazada reforma constitucional, se pretendía eliminar la garantía de la propiedad, al proponerse eliminar la exigencia de que "sólo" mediante expropiación podía extinguirse la propiedad como se ha establecido siempre en el ordenamiento constitucional, lo que abría la vía para que, por ley, se pudieran establecer otras formas de extinción de la propiedad.

3. *El rechazo a la propuesta de reforma para eliminar la autonomía del Banco Central de Venezuela y concentrar en el Presidente de la República el manejo del régimen fiscal y económico del Estado*

En materia del régimen fiscal, por primera vez en el constitucionalismo venezolano, en la Constitución de 1999, se incorporaron un conjunto de normas relativas al Banco Central de Venezuela y a la política macroeconómica del Estado (Arts. 318 a 321), atribuyéndosele en particular, al Banco Central de Venezuela, dotado de autonomía, el ejercicio de las competencias monetarias del Poder Nacional para formular y ejecutar la política monetaria, participar en el diseño y ejecutar la política cambiaria, regular la moneda, el crédito y las tasas de interés, administrar las reservas internacionales, y todas aquellas que establezca la ley.

Con el rechazado proyecto de reforma constitucional sancionado en noviembre de 2007 se buscaba cambiar total y radicalmente el régimen de la política monetaria y del Banco Central de Venezuela, eliminándosele sus competencias y su autonomía, y estableciendo su total dependencia directa respecto del Ejecuti-

---

propiedad socialista, y que es válido, incluso, dentro del Estado Social; pero al limitar la propiedad privada sólo sobre bienes de uso, es decir aquellos que una persona utiliza (sin especificarse en cuál forma); o de consumo, que no es otra cosa que los fungibles, surge un cambio en la estructura de este derecho que dada su importancia, conduce a una transformación de la estructura del Estado. Los alcances del derecho de propiedad dentro del Estado Social, ya fueron reconocidos en fallo de esta Sala de 20 de noviembre de 2002, con ponencia del magistrado Antonio García García".

vo Nacional. A tal efecto, en el artículo 318 se buscaba precisar que "El sistema monetario nacional debe propender al logro de los fines esenciales del Estado Socialista y el bienestar del pueblo, por encima de cualquier otra consideración", y las competencias para fijar las políticas monetarias del Poder Nacional y ejercer las competencias monetarias del Poder nacional que la Constitución de 1999 asigna "exclusivamente" al Banco Central de Venezuela, se proponía que se atribuyeran al "Ejecutivo Nacional, a través del Banco Central de Venezuela en estricta y obligatoria coordinación". Como consecuencia de esas propuestas de reforma, rechazadas popularmente, también se propuso establecer la naturaleza totalmente dependiente, jerárquicamente, del Banco Central de Venezuela, como "ente del Poder Ejecutivo Nacional", eliminándose formalmente la autonomía del Banco Central, a proponer que la norma constitucional dijera que "es persona de derecho público sin autonomía para la formulación y el ejercicio de las políticas correspondientes", agregándose que "sus funciones estarán supeditadas a la política económica general y al Plan Nacional de Desarrollo de la Nación para alcanzar los objetivos superiores del Estado Socialista y la mayor suma de felicidad posible para todo el pueblo".

Además, en la rechazada reforma constitucional, se buscaba quitarle al Banco Central de Venezuela la competencia de "administrar las reservas internacionales" y, en su lugar, se pretendía establecer, que "las reservas internacionales de la República serán manejadas por el Banco Central de Venezuela, bajo la administración y dirección del Presidente o Presidenta de la República, como administrador o administradora de la Hacienda Pública Nacional".

Por último, en la rechazada reforma constitucional se buscaba eliminar del artículo 320 de la Constitución la previsión de que "en el ejercicio de sus funciones, el Banco Central de Venezuela no estará subordinado a directivas del Poder Ejecutivo y no podrá convalidar o financiar políticas fiscales deficitarias", eliminándose la necesidad de que la actuación coordinada del Poder

Ejecutivo y del Banco Central de Venezuela se debe realizar "mediante un acuerdo anual de políticas", en el cual se deben establecer "los objetivos finales de crecimiento y sus repercusiones sociales, balance externo e inflación, concernientes a las políticas fiscal, cambiaria y monetaria; así como los niveles de las variables intermedias e instrumentales requeridos para alcanzar dichos objetivos finales", buscándose eliminar todo principio de coordinación entre el Ejecutivo Nacional y el Banco Central, el cual, como se dijo, ha quedado sin autonomía, como un brazo ejecutor dependiente del Ejecutivo y de lo que éste disponga.

En la rechazada reforma constitucional, además, se buscaba eliminar la existencia del Fondo de Estabilización Macroeconómica, y en su lugar, lo que se proponía era la atribución del Presidente de la República de establecer "en coordinación con el Banco Central de Venezuela y al final de cada año, el nivel de las reservas necesarias para la economía nacional, así como el monto de las reservas excedentarias" con la propuesta de indicar que las mismas se debían destinar "a fondos que disponga el Ejecutivo Nacional para inversión productiva, desarrollo e infraestructura, financiamiento de las misiones y, en definitiva, el desarrollo integral, endógeno, humanista y socialista de la Nación".

VI. LOS RECHAZADOS CAMBIOS CONSTITUCIONALES REGRESIVOS AL RÉGIMEN DE LOS DERECHOS CONSTITUCIONALES

En materia de derechos constitucionales, dejando aparte las propuestas de reforma sobre derechos sociales, las cuales pueden implementarse mediante ley y no requerían reforma constitucional alguna, respecto de los derechos individuales, en cambio, la rechazada propuesta de reforma constitucional tenía un notable carácter regresivo, completamente contrario a dicho principio de la progresividad, por lo que de haber sido aprobadas se hubiera configurado al Estado como un Estado policial y represivo.

En particular, en cuanto al régimen de los estados de excepción derivados de circunstancias excepcionales que pueden originar situaciones que afecten gravemente la seguridad de la Nación, de las instituciones y de las personas, y que pueden ameritar la adopción de medidas político-constitucionales para afrontarlas (Art. 337), la rechazada reforma constitucional buscaba cambiar radicalmente las previsiones sobre los mismos, ampliándose incluso sus categorías (Art. 338), al buscar eliminar los límites temporales que pueden tener los estados de excepción y que, conforme a la Constitución, no pueden ser superiores a 90 días. En su lugar, en la rechazada reforma constitucional se buscaba disponer que los estados de excepción debían durar "mientras se mantengan las causas que los motivaron", lo que de haberse aprobado, los hubiera podido convertir en estados de excepción de duración ilimitada, y en todo caso, de duración sujeta a la sola discreción del Presidente de la República, con lo cual además, la Asamblea Nacional hubiera perdido la potestad que le daba el artículo 338 de la Constitución de 1999, de aprobar o negar la prórroga de los estados de excepción.

En esta materia de los "estados de excepción", una de las reformas de mayor interés de la Constitución de 1999 fue la eliminación de la posibilidad de que en los casos de estados de excepción, se pudieran "suspender" las garantías constitucionales como lo había autorizado la Constitución de 1961, lo cual dio origen a muchos abusos institucionales, reduciendo la potestad de excepción a la sola posibilidad de "restringir" (Art. 236,7) temporalmente las garantías constitucionales. Mediante la rechazada reforma constitucional, en una forma asombrosamente regresiva, en cambio, se buscaba establecer la posibilidad de que, por decisión del Presidente de la República, no sólo se pudieran "restringir" las garantías constitucionales, sino, más grave aún, que se pudieran "suspender" dichas garantías (Art. 337), lo cual es inadmisible en una sociedad democrática, por lo que fue expresamente eliminado cuando se sancionó la Constitución de 1999.

Por otra parte, en la Constitución de 1999, entre las garantías consagradas en la Constitución que no pueden ser afectadas en los estados de excepción por decisión ejecutiva, están "las referidas a los derechos a la vida, prohibición de incomunicación o tortura, el derecho al debido proceso, el derecho a la información y los demás derechos humanos intangibles". En cambio, en la rechazada reforma constitucional, en franca violación del principio de progresividad en materia de derechos humanos, se buscaba reducir los derechos y garantías que no podían ser suspendidos mediante una enumeración engañosa con el siguiente texto: "las referidas al derecho a la vida, la prohibición de tortura, la incomunicación, la desaparición forzosa, el derecho a la defensa, a la integridad personal, a ser juzgado o juzgada por sus jueces naturales y no ser condenado o condenada a penas que excedan los treinta años". `

VII. LA IRREGULAR Y FRAUDULENTA IMPLEMENTACIÓN DE MUCHAS DE LAS RECHAZADAS REFORMAS CONSTITUCIONALES DE 2007 MEDIANTE LEYES Y DECRETOS LEYES

Tan pronto fue rechazada por el pueblo la Reforma Constitucional de 2007, el Presidente de la República y los directivos de la Asamblea Nacional anunciaron que a pesar de ello implementarían las reformas rechazadas, mediante leyes y decretos leyes, lo que efectivamente ha ocurrido en muchas áreas.

En particular muchas de las rechazadas reformas constitucionales fueron ilegítima y fraudulentamente implementadas mediante decretos leyes dictados por el Presidente de la República en ejecución de la Ley que Autoriza al Presidente de la República para Dictar Decretos con Rango, Valor y Fuerza de Ley, en las materias que se Delegan,"[145] la cual había sido sancionada coetáneamente con el anuncio presidencial de iniciar el proceso de

145 *Gaceta Oficial* 38.617, de fecha 1° de febrero de 2007.

reforma constitucional de 2007. Como este resultó rechazado por el pueblo, dicha ley de delegación legislativa fue el instrumento utilizado para implementar fraudulentamente muchas de las reformas rechazadas,[146] particularmente en el área económico y social para estructurar un Estado Socialista centralizado.

Ello, incluso se había comenzado a realizar en ejecución de dicha ley de delegación legislativa con el Decreto Ley N° 5841 de 12 de junio de 2007[147] mediante el cual se dictó la Ley Orgánica de Creación de la Comisión Central de Planificación, la cual constituyó el primer acto estatal formal con el que se comenzó la construcción de un Estado Socialista.[148] Posteriormente, luego de rechazada la reforma constitucional en el referendo realizado el 2 de diciembre de 2007, en ejecución de dicho Decreto Ley, la Asamblea Nacional aprobó el 13 de diciembre de 2007, al adoptar el *Plan de Desarrollo Económico y Social de la Nación 2007-2013* en ejecución de lo establecido en el artículo 32 del Decreto con Fuerza de Ley Orgánica de Planificación, en el cual se establecieron las bases de un "sistema de planificación, producción y distribución orientado hacia el socialismo, donde lo relevante es el desarrollo progresivo de la propiedad social sobre los medios

---

146 Véanse los trabajos de Lolymar Hernández Camargo, "Límites del poder ejecutivo en el ejercicio de la habilitación legislativa: Imposibilidad de establecer el contenido de la reforma constitucional rechazada vía habilitación legislativa," en *Revista de Derecho Público*, N° 115 *(Estudios sobre los Decretos Leyes)*, Editorial Jurídica venezolana, Caracas 2008, pp. 51 ss.; Jorge Kiriakidis, "Breves reflexiones en torno a los 26 Decretos-Ley de Julio-Agosto de 2008, y la consulta popular refrendaría de diciembre de 2007", *Idem*, pp. 57 ss.; y José Vicente Haro García, Los recientes intentos de reforma constitucional o de cómo se está tratando de establecer una dictadura socialista con apariencia de legalidad (A propósito del proyecto de reforma constitucional de 2007 y los 26 decretos leyes del 31 de julio de 2008 que tratan de imponerla)", *Idem*, pp. 63 ss.

147 *Gaceta Oficial* N° 5.841 Extraordinaria del 22 de junio de 2007.

148 Véase Allan R. Brewer-Carías, "Comentarios sobre la inconstitucional creación de la Comisión Central de Planificación, centralizada y obligatoria", *Revista de Derecho Público*, N° 110, (abril-junio 2007), Editorial Jurídica Venezolana, Caracas 2007, pp. 79-89.

de producción". A tal efecto, las propuestas de la rechazada Reforma Constitucional de 2007, que buscaban atribuir al Estado la facultad de controlar y asumir sectores de la producción agrícola, pecuaria, pesquera y acuícola, en particular la producción de alimentos, se materializaron en el Decreto Ley de Ley Orgánica de Seguridad y Soberanía Agroalimentaria[149] en la cual se atribuye al Estado no sólo autorizar la importación de alimentos, sino priorizar su producción, y además asumir directamente las actividades de distribución e intercambio de los mismos.

En la misma orientación, el Decreto Ley N° 6.130 de 03 junio de 2008, de Ley para el fomento y desarrollo de la economía popular, regula el "modelo socioproductivo comunitario", con diversas formas de organizaciones socioproductivas siguiendo el modelo socialista[150]. En igual orientación abiertamente socialista se dictó el Decreto Ley sobre la Ley para la Defensa de las Personas en el Acceso a los Bienes y Servicios que derogó la Ley de Protección al Consumidor y al Usuario,[151] con el objeto de regular toda la cadena de comercialización y todos los ámbitos económicos en materia de bienes y servicios, ampliando excesivamente las facultades del Estado al punto de poder efectuar confiscaciones de bienes y servicios.

En cuanto a las reformas en la democracia representativa para eliminarla del nivel local, tal y como se buscaba generalizar en la reforma constitucional rechazada de 2007, como se dijo, las mismas ya se habían comenzado a efectuar con la sanción en 2006 de la Ley de los Consejos Comunales,[152] como unidades u

---

149 *Gaceta Oficial* N° 5.889 Extraordinaria con fecha 31 de julio de 2008.

150 *Gaceta Oficial* N° 5.890 Extraordinaria de 31 julio de 2008.

151 *Gaceta Oficial* N° 37.930 del 4 de mayo de 2004.

152 Ley de Consejos Comunales, *Gaceta Oficial,* N° 5806 *Extraordinario,* 10-04-2006. Véase Allan R. Brewer-Carías, "El inicio de la desmunicipalización en Venezuela: La organización del Poder Popular para eliminar la descentralización, la democracia representativa y la participación a nivel local", en *AIDA, Opera Prima de Derecho Administrativo. Revista de la*

organizaciones sociales no electas mediante sufragio universal, directo y secreto y sin autonomía territorial, supuestamente dispuestos para canalizar la participación ciudadana, pero conforme a un sistema de conducción centralizado desde la cúspide del Poder Ejecutivo Nacional.

En cuanto a la eliminación del principio descentralizador como pilar fundamental del constitucionalismo venezolano, que con la reforma constitucional rechazada de 2007 se buscaba desmantelar completamente, minimizándose la forma Federal del Estado, mediante la centralización de competencias que eran de los Estados, la creación de órganos administrativos creados y dirigidos por el Ejecutivo Nacional, la atribución al Presidente de la República para intervenir en los asuntos regionales y locales; y el vaciamiento adicional de las competencias estadales y municipales mediante su transferencias a los consejos comunales. Para implementar estas reformas, no sólo se ha puesto en ejecución el último de los aspectos señalados obligando a Estados y Municipios de transferir sus competencias a entes locales controlados por el Poder Central (Consejos Comunales), sino que mediante el Decreto Ley N° 6.217 de 15 de julio de 2008, sobre la Ley Orgánica de la Administración Pública,[153] que ahora se aplica directamente a las Administraciones Públicas Nacional, Estadal y Municipal, al poner en ejecución el principio de planificación centralizada, las somete todas a lo que defina el Ejecutivo Nacional a través de la Comisión Central de Planificación. Esta Ley, además, atribuye al Presidente de la República, como se propuso en la rechazada reforma constitucional de 2007, la faculta de designar Autoridades Regionales que tendrían la función de planificación, ejecución, seguimiento y control de las políticas, planes y

Asociación Internacional de Derecho Administrativo, Universidad Nacional Autónoma de México, México, 2007, pp. 49 a 67

153 *G.O.* Extra N° 5.890 de 31-07-2008. Véase Allan R. Brewer-Carías, "El sentido de la reforma de la Ley Orgánica de la Administración Pública", *Revista de Derecho Público*, N° 115, EJV, Caracas 2008, pp. 155 ss.

proyectos de ordenación y desarrollo del territorio aprobado conforme a la planificación centralizada.

En cuanto al sistema de distribución territorial de competencias entre el nivel nacional y el nivel estadal, la propuesta de reforma constitucional de 2007 perseguía eliminar la competencia "exclusiva" atribuida a los Estados en el artículo 164,10 de la Constitución en materia de "La conservación, administración y aprovechamiento de carreteras y autopistas nacionales, así como de puertos y aeropuertos de uso comercial, en coordinación con el Poder Nacional." En este caso, la fraudulenta implementación de la rechazada reforma correspondió hacerlo a la Sala Constitucional del Tribunal Supremo de Justicia, al decidir un recurso de interpretación introducido por el Procurador General de la República en representación del Ejecutivo Nacional, mediante la sentencia N° 565 de 15 de abril de 2008[154], en la cual, pura y simplemente "modificó" el contenido de esta norma constitucional y dispuso, mutándola, como interpretación vinculante de la misma, que esa "competencia exclusiva" *no es tal competencia exclusiva*, sino una competencia "concurrente" y que, incluso, el Poder Nacional podía revertir a su favor la materia "descentralizada" eliminando toda competencia de los Estados. Aun cuando sobre ello se comenta en el próximo Capítulo, es de destacar que por el trastocamiento al orden jurídico que la sentencia provocaba, la Sala Constitucional instó a la Asamblea Nacional a dictar la legislación acorde con la "reforma" constitucional que efectuaba, lo cual efectivamente originó en marzo de 2009, la reforma de la Ley Orgánica de Descentralización, Delimitación y Transferencia de Competencias del Poder Público,[155] a los efectos de eliminar las competencias exclusivas de los Estados esta-

---

154 *Cfr.* Sentencia de la Sala Constitucional N° 565, Caso *Procuradora General de la República*, recurso de interpretación del artículo 164.10 de la Constitución de 1999 de fecha 15 de Abril de 2008, en http://www.tsj.gov.ve/decisiones/scon/Abril/565-150408-07-1108.htm.

155 *Gaceta Oficial* N° 39 140 del 17 de marzo de 2009.

blecidas en los ordinales 3 y 5 del artículo 11 de dicha Ley, agregando dos nuevas normas que autorizan al Ejecutivo Nacional, para revertir la transferencia de las competencias a los Estados (Art. 8); y decretar la intervención de bienes y servicios públicos transferidos a los Estados en la materia (Art. 9). Con ello se completó el fraude constitucional dispuesto por la Sala Constitucional, trastocándose el régimen federal.[156]

En la misma orientación centralista, mediante la rechazada Reforma Constitucional de 2007 se buscaba eliminar como entidad político territorial dentro de la forma federal del Estado, al Distrito Capital donde tienen su sede los Poderes nacionales, y recrear la desaparecida figura del "Distrito Federal" como entidad totalmente dependiente del Poder Nacional, en particular del Presidente de la república, sin gobierno propio. Esto último, rechazada la reforma constitucional se ha hecho en fraude a la Constitución, mediante la sanción por la Asamblea Nacional en abril de 2009 de la Ley Especial Sobre la Organización y Régimen del Distrito Capital[157], mediante la cual, lejos de haber establecido una organización democrática de una entidad política de la Republica, lo ha regulado como una dependencia del Poder Nacional, con ámbito territorial según se indica en el artículo 4 igual al que "correspondían al extinto Distrito Federal a la fecha de entrada en vigencia de la Constitución de la República Bolivariana de Venezuela y que comprende el territorio del actual Municipio Bolivariano Libertador." Conforme a esta Ley, el Distrito Capital ahora y contrariando la Constitución, no tiene autoridades propias de gobierno, sino que es gobernada por el Poder Nacional mediante, un "régimen especial … de gobierno" que consiste en que el ejercicio de la función legislativa en el Distrito

---

156 Véase Allan R. Brewer-Carías, "La Sala Constitucional como poder constituyente: la modificación de la forma federal del estado y del sistema constitucional de división territorial del poder público, en *Revista de Derecho Público*, N° 114, (abril-junio 2008), Editorial Jurídica Venezolana, Caracas 2008, pp. 247-262.

157 *Gaceta Oficial* N° 39.156 de 13 de abril de 2009.

esta a cargo de la Asamblea Nacional, y que el órgano ejecutivo es ejercido por un Jefe de Gobierno (Art. 3), el cual de acuerdo con el artículo 7 de la Ley Especial es "de libre nombramiento y remoción" por parte del Presidente de la República, con lo que en el mismo territorio del Municipio Libertador se le ha superpuesto una estructura nacional, mediante una Ley nacional, totalmente inconstitucional.

Otra de las reformas constitucionales que fueron rechazadas por el pueblo, se refirieron al ámbito militar y buscaban transformar la Fuerza Armada Nacional en una Fuerza Armada Nacional Bolivariana, y entre otros aspectos, agregando al Ejercito Nacional Bolivariano, la Armada Nacional Bolivariana, la Aviación Nacional Bolivariana y la Guardia Nacional Bolivariana, un nuevo componente que era la Milicia Nacional Bolivariana. Todo ello, a pesar del rechazo popular a la reforma, se ha hecho mediante el Decreto Ley sobre la Ley Orgánica de la Fuerza Armada Nacional, [158] mediante el cual efectivamente, la Fuerza Armada Nacional como se la denomina en la Constitución ahora se llama Fuerza Armada Nacional Bolivariana sujeta a la doctrina militar bolivariana, y se creó la Milicia Nacional Bolivariana como órgano de apoyo de la Fuerza Armada Nacional Bolivariana, todo conforme se había propuesto en la rechazada reforma constitucional.

158 Decreto Ley N° 6.239, sobre la Ley Orgánica de la Fuerza Armada Nacional Bolivariana, en *Gaceta Oficial* N° 5.891 Extra. de 31-07-2008.

SEXTA PARTE:

LA "ENMIENDA CONSTITUCIONAL" DE 2009 PARA PERMITIR LA REELECCIÓN CONTÍNUA E INDEFINIDA, APROBADA EN FRAUDE A LA CONSTITUCIÓN, CON LA ANUENCIA DEL JUEZ CONSTITUCIONAL

Una de las reformas constitucionales rechazadas en 2007 había sido la propuesta presidencial aprobada por la Asamblea Nacional tendiente a eliminar el límite constitucionalmente que imponía el artículo 230 de la Constitución para la reelección del Presidente de la República, al prever que sólo podía ser "reelegido de inmediato y por una sola vez, para un nuevo período," conforme al principio de la alternabilidad republicana establecido, como principio de gobierno, en el artículo 6 de la misma Constitución.

A pesar de la voluntad popular expresada en el referendo de diciembre de 2007, rechazando tal propuesta de reforma constitucional, un año después en diciembre de 2008, la Asamblea Nacional tomó la iniciativa de elaborar y proponer no otra "reforma constitucional" sino una "enmienda constitucional" para reformar el mismo artículo 230 de la Constitución. Ante la discusión y rechazo que suscitó la propuesta, que significada volver a someter en el mismo período constitucional al voto popular, como "enmienda," la misma propuesta de modificación de la Constitución que ya había sido rechazada como "reforma", contrariando el espíritu de la prohibición que establece el artículo 345 de la Constitución,[159] la Asamblea decidió en enero de 2009 extender la propuesta de "enmienda constitucional" no sólo respecto del artículo 350 de la Constitución, sino de los artículos 160, 162, 174, 192 del texto fundamental en los cuales también se establecía la restricción para la reelección, para también eliminarla respecto de los Gobernadores de Estado, de los miembros de los Consejos Legislativos de los Estados, de los Alcaldes municipales, y de los diputados a la Asamblea Nacional. En esta forma, el principio de la alternabilidad republicana que establece el artículo 6 de la Constitución como principio pétreo, quedaba materialmente eliminado en relación con todos los cargos de elección popular.

La "enmienda constitucional" se aprobó por la Asamblea nacional y se sometió al Consejo Nacional Electoral para la convocatoria del referendo aprobatorio que se fijó para el 15 de febrero de 2009.

Sin embargo, sobre ello había objeciones constitucionales importantes que debieron previamente dilucidarse, en particular, primero, sobre la posibilidad de utilizar la vía de la "enmienda" constitucional para obviar la prohibición constitucional de volver someter a consulta popular, en un mismo período constitucional, una "reforma" ya rechazada por el pueblo; y segundo, sobre la posibilidad de utilizar la vía de la "enmienda" para modificar uno de los principios pétreos del constitucionalismo venezolano como lo había sido el de la alternabilidad republicana.

Esas dudas fueron diligentemente resueltas por la Sala Constitucional del Tribunal Supremo de Justicia en decisión No 53 de 3 de febrero de 2009,[160] dictada precisamente con el objeto

---

159 Artículo 345 "...La iniciativa de reforma constitucional que no sea aprobada no podrá presentarse de nuevo en un mismo período constitucional a la Asamblea Nacional."

160 Véase la sentencia N° 53, de la Sala Constitucional de 2 de febrero de 2009 (Caso: *Interpretación de los artículos 340,6 y 345 de la Constitu-*

de allanar el camino constitucional para la realización del referendo aprobatorio.[161] Como se dijo, este se realizó el 15 de febrero de 2009, habiéndose aprobado el proyecto de Enmienda Constitucional relativa a los artículos 160, 162, 174, 192 y 230 de la Constitución, estableciéndose en Venezuela, al contrario de la tradición constitucional anterior, el principio de la posibilidad de reelección continua e inmediata de cargos electivos, eliminando el principio constitucional de la alternabilidad republicana (Art. 6), y violando la prohibición constitucional de realizar una consulta popular sobre modificaciones a la Constitución ya rechazadas por el pueblo en un mismo período constitucional (Art. 345).

Por ello, dos temas precisos se sometieron a la interpretación de la Sala Constitucional en un recurso de interpretación que se había introducido el 11 de diciembre de 2008:

Primero, determinar si la prohibición constitucional establecida para someter a consulta popular una modificación constitucional ya rechazada popularmente en un mismo período constitucional también se aplica, cuando se somete la misma modificación a referendo por vía de Enmienda Constitucional, en el mismo período constitucional.

Segundo, determinar si la Enmienda de 2008-2009 que buscó establecer el principio de la reelección indefinida para cargos electivos, alteraba el principio de la "alternabilidad" del gobierno que el artículo 6 de la Constitución establece como un principio fundamental, que además es de carácter pétreo ("El gobierno **es y será siempre**... alternativo...), y que es común en los sistemas presidenciales de gobierno.[162]

---

ción), en http:/www.tsj.gov.ve/decisions/scon/Febrero/53-3209-2009-08-1610.html

161 Véanse los comentarios en Allan R. Brewer-Carías, "El Juez Constitucional vs. la alternabilidad republicana (La reelección continua e indefinida)," en *Revista de Derecho Público*, N° 117, enero marzo 2009, Editorial Jurídica Venezolana, Caracas 2009, pp. 205-214.

162 Las restricciones a la reelección presidencial son tradicionales en los sistemas presidenciales de gobierno, como son los de América Latina, y no

I. PRECISIÓN SOBRE LA DISTINCIÓN ENTRE ENMIENDA CONSTITUCIONAL Y REFORMA CONSTITUCIONAL

Para entender adecuadamente la sentencia, hay que tener presente los elementos comunes y de distinción entre los procedimientos de *Enmienda Constitucional y la Reforma Constitucional.*

Ambos procedimientos de modificación de la Constitución tienen en común", por una parte, que mediante ellos no se puede alterar o modificar la estructura y principios fundamentales de la Constitución (Arts. 340 y 342). Ello sólo puede hacerse mediante el procedimiento de la Asamblea Nacional Constituyente (Art. 347).

Por la otra, también tienen en común que ambos procedimientos requieren de aprobación popular mediante referendo para que la modificación tenga vigencia. En la Constitución no se regula poder constituyente "derivado" alguno. Solo hay un "poder constituyente originario" que es el pueblo, el cual tiene que aprobar por referendo tanto la Enmienda como la Reforma Constitucional, o la convocatoria a Asamblea nacional Constituyente.

La Asamblea Nacional y los órganos que tienen la iniciativa de Enmienda y de Reforma Constitucional, sólo coadyuvan en el proceso de modificación constitucional, pero no son "poder constituyente derivado".

En cuanto a la distinción entre la Enmienda Constitucional y la Reforma Constitucional, la misma existe, en primer lugar en cuanto al alcance del procedimiento de modificación:

---

en los sistemas parlamentarios como los que existen en Europa. Véase, Allan R. Brewer-Carías, *Reflexiones sobre la Revolución Norteamericana (1776), la Revolución Francesa (1789) y la Revolución Hispanoamericana (1810-1830) y sus aportes al constitucionalismo moderno*, Universidad Externado de Colombia, Bogotá 2008, pp. 106 ss.

La Enmienda Constitucional tiene por objeto la adición o modificación de artículos de la Constitución (no la supresión de ellos).

En cambio, la Reforma Constitucional tiene por objeto la revisión parcial y sustitución de artículos, siempre que no se afecten, como se dijo, los principios y la estructura fundamental del texto (Arts. 340, 342).

En segundo lugar, la otra distinción entre la Enmienda y la Reforma Constitucional se refiere a la iniciativa y a la intervención de la Asamblea Nacional en el procedimiento de modificación constitucional.

La Enmienda Constitucional no necesita ser discutida por la Asamblea Nacional, pero si su iniciativa parte de la propia Asamblea Nacional, la misma debe, primero apoyarla por el voto de al menos el 30% de sus integrantes y luego, aprobarla mediante el procedimiento de formación de las leyes con el voto de la mayoría de sus integrantes (Art. 341).

En cuanto a la Reforma Constitucional, se debe presentar ante la Asamblea Nacional la cual siempre debe aprobarla en tres discusiones mediante voto de 2/3 de sus integrantes. Cuando la iniciativa de Reforma parta de la propia Asamblea Nacional, debe ser apoyada por mayoría de sus integrantes.

Por último, en tercer lugar, la Constitución también establece una distinción en cuanto a los efectos del rechazo popular de la modificación constitucional, en el sentido de que la prohibición constitucional de que se pueda presentar a la Asamblea Nacional otra iniciativa de reforma constitucional rechazada por el pueblo en el mismo período constitucional, sólo está establecida como efecto del rechazo a la Reforma Constitucional. Nada se establece en cuanto a los efectos del rechazo de la Enmienda Constitucional.

Fue en este marco constitucional, en el cual la Asamblea Nacional tomó la iniciativa y aprobó un proyecto de Enmienda

Constitucional 2008-2009, que inicialmente sólo perseguía modificar el artículo 230 de la Constitución sobre reelección del Presidente, y que luego se extendió a los artículos 160, 162, 174 y 192 de la Constitución sobre reelección de otros cargos electivos, en los cuales se establecen límites para la reelección, a los efectos de eliminar dichos límites, el cual fue el definitivamente aprobado en el referendo del 15 de febrero de 2009.

Los Artículos 162 y 192 establecían que los miembros de Consejos Legislativos de los Estados y los Diputados a la Asamblea Nacional, sólo podrían reelegirse por dos períodos como máximo.

Los Artículos 160, 174, y 230 establecían que los Gobernadores y Alcaldes, y el Presidente de la República, solo podían reelegirse de inmediato y por una sola vez, para un nuevo período.

II. EL SENTIDO DE LA PROHIBICIÓN TEMPORAL PARA LAS CONSULTAS AL PUEBLO SOBRE MODIFICACIÓN A LA CONSTITUCIÓN.

Como se dijo, el 2 de diciembre de 2007 el pueblo rechazó con su voto popular expresado en el Referendo convocado para aprobar la Reforma Constitucional propuesta por el Presidente de la Republica ante la Asamblea Nacional, la propuesta, entre otros aspectos, de establecer la posibilidad de la reelección continua del Presidente de la República mediante la eliminación de la limitación constitucional a la reelección, antes indicada.[163]

Siendo la manifestación de la voluntad popular el rechazar la propuesta de modificación constitucional, conforme al artículo 345 de la Constitución no se podía someter de nuevo a consulta popular, la misma reforma en el mismo período constitucional.

---

163 Véase Allan R. Brewer-Carías, *La reforma constitucional de 2007 (Comentarios al proyecto inconstitucionalmente sancionado por la Asamblea Nacional el 2 de noviembre de 2007)*, Editorial Jurídica Venezolana, Caracas 2007.

Ello era lo que se había requerido que la Sala Constitucional interpretara. Sin embargo, sobre este primer punto respecto de si la prohibición contenida en el artículo 345 de la Constitución en el sentido de que la iniciativa de reforma constitucional que no fuese aprobada no podía presentarse de nuevo en un mismo período constitucional a la Asamblea Nacional, la Sala Constitucional, confundiendo el sentido de la norma, sostuvo que la misma no estaba destinada a regular **los efectos de la manifestación de rechazo popular** de la modificación propuesta, sino que sostuvo que la norma estaba sólo **dirigida a regular a la Asamblea Naciona**l, en el sentido de que lo que no podría era exigírsele que debatiera una reforma constitucional una vez que ya la había debatido en el mismo período constitucional y había sido rechazada por el pueblo. La Sala olvidó que la norma constitucional a lo que estaba dirigida era a regular las consultas a la voluntad popular en materia de modificación de la Constitución y sus efectos, y no los efectos de los debates en la Asamblea Nacional.

En efecto, la prohibición constitucional de volver a someter a consulta una reforma rechazada, en realidad está dirigida a regular los efectos de la voluntad popular expresada mediante referendo, en el sentido de que no se puede consultar al pueblo de nuevo la misma modificación constitucional que el pueblo ya ha rechazado en un mismo período constitucional.

Lo importante de la prohibición establecida en un Título de la Constitución relativo a la "Reforma Constitucional" que en Venezuela sólo puede realizarse con la participación del pueblo, es que la misma se refiere precisamente a los efectos de la expresión de la voluntad popular que es manifestación del poder constituyente originario, y no a los efectos del debate que pueda haber habido en la Asamblea Nacional en la materia, que no es poder constituyente, ni siquiera derivado, ya que no puede haber modificación constitucional alguna sin aprobación popular.

La decisión de la Sala Constitucional fue una nueva burla a la Constitución al ignorar la prohibición de sucesivas consultas populares, basándose en dos artilugios que se utilizaron en este caso de la Enmienda 2008-2009: primero, el utilizado por la Asamblea Nacional, en su iniciativa de Enmienda, al extenderla a otros artículos constitucionales además del 230, para tratar de diferenciar la Enmienda de 2008-2009 de la rechazada Reforma Constitucional de 2007; y segundo, el utilizado por la Sala Constitucional al considerar que la prohibición constitucional de consultar al pueblo sobre reformas rechazadas es sólo formal respecto de las discusiones en la Asamblea Nacional, ignorando su propósito esencial de respetar la voluntad popular una vez que esta se ha expresado en forma negativa respecto de una modificación de la Constitución.

Esa voluntad hay que respetarla, que es lo que persigue la Constitución, por lo que una vez que el pueblo se ha manifestado rechazando una modificación al texto constitucional no se lo puede estar convocando sucesivamente sin límites en el mismo período constitucional para volver a pronunciarse sobre lo mismo.

III. EL PRINCIPIO DE LA ALTERNABILIDAD DEL GOBIERNO

Pero aparte de burlar la prohibición constitucional de sucesivas consultas populares en un periodo constitucional sobre modificaciones constitucionales una vez que el pueblo las ha rechazado, la Sala Constitucional procedió a mutar ilegítimamente la Constitución, eliminando el carácter de principio fundamental del gobierno que además de "democrático" y "electivo" conforme al artículo 6 de la Constitución, debe ser **siempre** "alternativo," considerando que dicho principio no se altera con las reformas propuestas en la Enmienda Constitucional 2008-2009.

Esta, como se dijo, propugnó establecer en la Constitución la posibilidad de la reelección continua y sin límites de los cargos electivos lo cual, lo que fue aprobado en el referendo, sin duda, alterando un principio fundamental del constitucionalismo venezolano establecido desde 1830 en casi todas las Constituciones, que es el de la "alternabilidad" en el gobierno, y que en el artículo 6 de la Constitución de 1999 se formula como uno de los principios fundamentales del gobierno, con una formula que lo convierte en una de las llamadas "cláusulas pétreas" o inmodificables. Dispone la norma que "El gobierno **es y será siempre**... alternativo...", lo que implica que ello nunca podría ser alterado. Esa fue la voluntad del pueblo al aprobar la Constitución.

Este principio fue incorporado por primera vez en la historia constitucional como reacción al continuismo en el poder y entre otros aspectos, con base en la propia "doctrina de Simón Bolívar" en la cual la República se fundamenta conforme al artículo 1 de la Constitución, al expresar en su *Discurso de Angostura* de 1819, que:

> "..La continuación de la autoridad en un mismo individuo frecuentemente ha sido el término de los gobiernos democráticos. Las repetidas elecciones son esenciales en los sistemas populares, porque nada es tan peligroso como dejar permanecer largo tiempo en un mismo ciudadano el poder. El pueblo se acostumbra a obedecerle y él se acostumbra a mandarlo; de donde se origina la usurpación y la tiranía. ... nuestros ciudadanos deben temer con sobrada justicia que el mismo Magistrado, que los ha mandado mucho tiempo, los mande perpetuamente."[164].

De acuerdo con esta doctrina, en el constitucionalismo venezolano la palabra usada al expresar el principio del gobierno "alternativo" o de la "alternabilidad" en el poder, siempre ha tenido el significado que la misma tiene en castellano cuando se refiere a cargos, y que implica la idea de que las personas deben **turnarse sucesivamente** en los cargos o que los cargos deben desempeñarse **por turnos** (Diccionario de la Real Academia Es-

---

164 Véase en Simón Bolívar, *Escritos Fundamentales*, Caracas, 1982.

pañola).[165] Como lo señaló la Sala Electoral del Tribunal Supremo de Justicia en sentencia N° 51 de 18-3-2002, alternabilidad significa "**el ejercicio sucesivo de un cargo por personas distintas, pertenezcan o no a un mismo partido**."

Este principio de la alternabilidad, como principio fundamental, se concibió históricamente para enfrentar las ansias de perpetuación en el poder, es decir, el continuismo, y evitar las ventajas en los procesos electorales de quienes ocupan cargos y a la vez puedan ser candidatos para ocupar los mismos cargos. El principio de "gobierno alternativo," por tanto, no es equivalente al de "gobierno electivo." La elección es una cosa, y la necesidad de que las personas se turnen en los cargos es otra.

Ha sido este principio de la alternabilidad, como principio fundamental del constitucionalismo venezolano, el que ha implicado la inclusión en las Constituciones de limitaciones a las posibilidades de reelección en cargos electivos. Así sucedió en casi todas nuestras Constituciones, como las de 1830, 1858, 1864, 1874, 1881, 1891, 1893, 1901, 1904, 1909, 1936, 1845 y 1947[166] en las que se estableció, por ejemplo, la prohibición de la reelección del Presidente de la República para el período constitucional inmediato. En la historia constitucional del país, en realidad, la prohibición de la reelección presidencial inmediata solamente dejó de establecerse en las Constituciones de los gobiernos autoritarios: en la efímera Constitución de 1857; en las Constituciones de Juan Vicente Gómez de 1914, 1922, 1925, 1928, 1929 y 1931, y en la Constitución de Marcos Pérez Jiménez de 1953. Y

---

165 Véase el Voto Salvado a la sentencia Nº 53, de la Sala Constitucional de 2 de febrero de 2009 (Caso: *Interpretación de los artículos 340,6 y 345 de la Constitución*), en http:/www.tsj.gov.ve/decisions/scon/Febrero/53-3209-2009-08-1610.html

166 Véase el texto de todas las Constituciones en Allan R. Brewer-Carías, *Las Constituciones de Venezuela,* 2 vols., Academia de Ciencias Políticas y Sociales, Caracas 2008.

ahora, en la Enmienda Constitucional de 2009 a la Constitución de 1999, propuesta por Hugo Chávez Frías.

La prohibición, en cambio, respecto del Presidente de la República, en el período democrático iniciado en 1958[167] fue más amplia y se extendió en la Constitución de 1961 a los dos períodos siguientes (10 años). La flexibilización del principio, en cambio, se produjo en la Constitución de 1999, en la cual se permitió la posibilidad de reelección presidencial de inmediato y por una sola vez, para un nuevo período. Conforme a ella, ya se reeligió al Presidente Chávez en 2006, y a pesar de que fue sancionada por una Asamblea Nacional Constituyente enteramente controlada por él, diez años después el mismo Presidente ya reelecto, es quien propuso reformarla.

Como se dijo, alternabilidad del gobierno es un principio del constitucionalismo venezolano y además, propio de los sistemas presidenciales de gobierno, que se opone al continuismo o a la permanencia en el poder por una misma persona, por lo que toda previsión que permita que esto ocurra, es contraria a dicho principio.

Este principio, por tanto, no se puede confundir con el principio "electivo" del gobierno o el más general principio "democrático" que el mismo artículo 6 de la Constitución establece. Una cosa es poder elegir a los gobernantes, y otra cosa es el principio de alternabilidad que impide poder escoger al mismo gobernante ilimitadamente.

Es contrario a la Constitución, por tanto, interpretar, como lo hizo la Sala Constitucional en su sentencia Nº 53 de 03-02-2009, que el principio de la alternabilidad "lo que exige es que el pueblo como titular de la soberanía tenga la posibilidad periódica de escoger sus mandatarios o representantes", confundiendo "gobierno alternativo" con "gobierno electivo." Por ello es falso lo

---

167 Véase Allan R. Brewer-Carías, *Historia Constitucional de Venezuela*, 2 vols., Editorial Alfa, Caracas 2008.

que afirmó la Sala Constitucional en el sentido de que "sólo se infringiría el mismo si se impide esta posibilidad al evitar o no realizar las elecciones". Con su sentencia, la Sala Constitucional de nuevo lo que hizo fue mutar ilegítimamente el texto de la Constitución, y al contrario de lo que afirmó, la eliminación de la causal de inelegibilidad para el ejercicio de cargos públicos derivada de su ejercicio previo por parte de cualquier ciudadano, sí trastocó el principio de alternabilidad en el ejercicio del poder.

Se insiste, lo expuesto por la Sala Constitucional se refirió al principio de gobierno "electivo" que en los términos del mismo artículo 6 de la Constitución, es el que implica que "el electorado, como actor fundamental del proceso democrático, acuda a procesos comiciales periódicamente en los que compitan, en igualdad de condiciones, las diversas opciones políticas que integran el cuerpo social;" pero no al principio de gobierno "alternativo" que implica que no se pueda elegir indefinidamente una misma persona para el mismo cargo, así haya hecho un "buen gobierno." El principio de la alternabilidad, para evitar el continuismo en el poder, precisamente implica la limitación que el pueblo, como poder constituyente originario, se ha impuesto a si mismo, en cuanto a que supuestamente pueda tener la "oportunidad de decidir entre recompensar a quienes estime como sus mejores gobernantes, o bien renovar completamente las estructuras del poder cuando su desempeño haya sido pobre." Esta supuesta "oportunidad," por el principio de la alternabilidad en la Constitución, pudo ejercerse antes de 1999, sólo después de que, en sus casos, transcurrieron uno o dos períodos constitucionales siguientes al ejercicio de la Presidencia por quien pretendiera de nuevo optar a dicho cargo, y en la Constitución de 1999 sólo ocurrió en 2006, por una sola vez para un período inmediato, mediante la reelección ya efectuada del Presidente Chávez. Pero establecer dicha "oportunidad" como reelección continua, sin límite, sería contrario al principio de la alternabilidad.

Por tanto, al contrario de lo que decidió la Sala Constitucional, la posibilidad de reelección continúa sí alteraba el principio fundamental del gobierno "alternativo", que es uno de los valores democráticos que informan nuestro ordenamiento jurídico. Dicho principio, que se alteraba al establecerse la posibilidad de elección continua de cargos electivos y que es distinto del principio del gobierno "electivo," al tener una formulación pétrea en el artículo 6 de la Constitución (es y será siempre) no podía ser objeto de modificación constitucional alguna, y en el supuesto negado de que pudiera ser modificado, ello no podía realizarse ni por los procedimientos de Enmienda ni de Reforma Constitucional sino sólo mediante la convocatoria de una Asamblea Nacional Constituyente.

La Sala Constitucional, con su sentencia N° 53 de 03-02-2009, una vez más al servicio del autoritarismo, sin embargo, mutó la Constitución a través de una interpretación, modificando ilegítimamente el sentido del principio del gobierno 'alternativo" que los venezolanos dispusieron **que siempre** debía regir sus gobiernos, obviando la prohibición constitucional de que se pudiera consultar en un mismo período constitucional, la voluntad popular sobre modificaciones constitucionales que ya el pueblo ha rechazado.

Esta inconstitucional sentencia, en todo caso, lo que tuvo por objeto fue despejar el camino para que el régimen autoritario pudiera someter a referendo una Enmienda Constitucional relativa a un principio fundamental, pétreo, de la Constitución, que sólo podía modificarse mediante la convocatoria a una Asamblea Nacional Constituyente.

SÉPTIMA PARTE:

LA ILEGÍTIMA MUTACIÓN DE LA CONSTITUCIÓN POR LA SALA CONSTITUCIONAL DEL TRIBUNAL SUPREMO DE JUSTICIA AL SERVICIO DEL AUTORITARISMO

Manuel García Pelayo, en su artículo sobre "El 'Status' del Tribunal Constitucional", [168] destacó como de la esencia del Estado constitucional en el mundo contemporáneo, el hecho de "que la Constitución en tanto que norma fundamental positiva, vincula a todos los poderes públicos incluido el Parlamento, y que, por tanto, la Ley no puede ser contraria a los preceptos constitucionales, a los principios de que éstos arrancan, o que se infieren de ellos, y a los valores a cuya realización aspira."[169] Por supuesto, la referencia era motivada por la idea clave de que la justicia constitucional, como instrumento para finalizar con el absolutismo del parlamento, estaba llamada a asegurar la sumisión del Parlamento y de la Ley a la Constitución; pero al referirse la Constitución como vinculante para "todos los poderes públicos," en esa expresión tenía que estar por supuesto incluido el Tribunal Constitucional, pues si en términos del mismo García Pelayo, se trataba de "un órgano constitucional instituido y directamente

---

168 Véase Manuel García Pelayo, "El 'Status' del Tribunal Constitucional", en *Revista Española da Derecho Constitucional,* vol. I, N° 1, Madrid, 1981

169 *Idem*, p. 18.

estructurado por la Constitución," [170] a pesar de ser el guardián último de la propia Constitución, el mismo tenía y tiene que estar también sometido a ella. Es decir, si el Tribunal Constitucional, "como regulador de la constitucionalidad de la acción estatal, está destinado a dar plena existencia al Estado de derecho y a asegurar la vigencia de la distribución de poderes establecida por la Constitución, ambos componentes inexcusables, en nuestro tiempo, del verdadero "Estado constitucional,"[171] para ello tiene que adaptarse a lo que la Constitución establece, y someterse a su normativa, estándole vedado mutarla.

Por su parte, en cuanto al mismo Tribunal Constitucional español, Eduardo García de Enterría lo calificó como el "comisario del poder constituyente, encargado de defender la Constitución y de velar por que todos los órganos constitucionales conserven su estricta calidad de poderes constituidos."[172] Si las Constituciones son normas jurídicas efectivas, que prevalecen en el proceso político, en la vida social y económica del país, y que sustentan la validez a todo el orden jurídico,[173] la solución institucional para preservar su vigencia y la libertad, está precisamente en establecer estos comisarios del poder constituyente, como guardianes de la Constitución, que al tener por misión asegurar que todos los órganos del Estado la acaten, también tienen que adaptarse a lo que el texto fundamental establece, sometiéndose a su normativa, estándole vedado mutarla.

Pero lamentablemente esta no ha sido siempre la situación con los tribunales constitucionales, y en la historia constitucional, particularmente en los autoritarismos, no ha sido infrecuente que tribunales constitucionales, dado el poder que tienen asignados, lejos de garantizar el Estado de derecho, hayan sido los instru-

---

170 *Idem*, p. 15.

171 *Idem*, p. 15.

172 Véase E. García de Enterría, *La Constitución como norma y el Tribunal constitucional,* Madrid, 1985, p. 198.

173 *Idem*, pp. 33, 39, 66, 71, 177 y 187.

mentos utilizados por regímenes autoritarios para demoler sus bases. Lamentablemente, eso es precisamente lo que ha ocurrido en Venezuela a la vista del mundo democrático en la última década (1999-2009).

En efecto, en la Constitución Venezolana de 1999 el principio de la supremacía constitucional se encuentra formalmente expresado en su artículo 7 ("*La Constitución es la norma suprema y el fundamento del ordenamiento jurídico. Todas las personas y los órganos que ejercen el Poder Público están sujetos a esta Constitución*"), lo que implica que la Constitución debería prevalecer sobre la voluntad de todos los órganos constituidos del Estado, incluyendo el Tribunal Supremo de Justicia, por lo que su reforma sólo puede llevarse a cabo conforme se dispone en su propio texto, como expresión-imposición de la voluntad popular producto de ese poder constituyente originario.

La contrapartida de la obligación de los órganos constituidos de respetar la Constitución, de manera que el poder constituyente originario prevalezca sobre la voluntad de dichos órganos estatales constituidos, es el derecho constitucional que todos los ciudadanos tienen en un Estado Constitucional, a que se respete la voluntad popular expresada en la Constitución, es decir, *el derecho fundamental a la supremacía constitucional*.[174] Nada se ganaría con señalar que la Constitución, como manifestación de la voluntad del pueblo, debe prevalecer sobre la de los órganos del Estado, si no existiere el derecho de los integrantes del pueblo de exigir el respeto de esa Constitución, y además, la obligación de los órganos jurisdiccionales de velar por dicha supremacía.

La supremacía de la Constitución está asegurada mediante la previsión en el mismo texto constitucional, por una parte, de

---

174 Véase Allan R. Brewer-Carías, "El amparo a los derechos y libertades constitucionales (una aproximación comparativa)" en Manuel José Cepeda (editor), *La Carta de Derechos. Su interpretación y sus implicaciones*, Editorial Temis, Bogotá 1993, pp. 21-81.

su máximo carácter rígido al disponerse la necesaria e indispensable intervención popular para efectuar cualquier cambio a la Constitución, de manera que sólo el poder constituyente originario del pueblo puede aprobar dichas modificaciones, no existiendo en el texto constitucional poder constituyente derivado alguno, distinto al propio pueblo; y por la otra, de todo un sistema de justicia constitucional para garantizar dicha supremacía.

Ya nos hemos referido anteriormente a los tres procedimientos establecidos en la Constitución para la reforma constitucional (Reforma constitucional, Enmienda constitucional y Asamblea Nacional Constituyente), en los cuales siempre el pueblo debe intervenir, aprobando por referendo tanto la Enmienda como la Reforma Constitucional, o la convocatoria a Asamblea Nacional Constituyente. Es decir en el sistema venezolano, ninguna modificación a la Constitución se puede adoptar sin aprobación popular,[175] y cualquier modificación de la Constitución efectuada fuera de estos tres procedimientos, es inconstitucional e ilegítima.

En cuanto al sistema de justicia constitucional, la Constitución de 1999[176] como consecuencia de los principios de la supremacía y de la rigidez constitucional, ha establecido todo un sistema de justicia constitucional[177] de carácter mixto o inte-

---

175 Véase Allan R. Brewer-Carías, "La intervención del pueblo en la revisión constitucional en América Latina", en *El derecho público a los 100 números de la Revista de Derecho Público 1980-2005*, Editorial Jurídica Venezolana, Caracas 2006, pp. 41-52.

176 Véase los comentarios a la Constitución en Allan R. Brewer-Carías, *La Constitución de 1999. Derecho Constitucional Venezolano*, Editorial Jurídica Venezolana, 2 Tomos, Caracas 2004.

177 En cuanto a nuestros trabajos, véase Allan R. Brewer-Carías, *El Sistema de Justicia Constitucional en la Constitución de 1999: Comentarios sobre su desarrollo jurisprudencial y su explicación a veces errada, en la Exposición de Motivos,* Editorial Jurídica Venezolana, Caracas, 2000; *Justicia Constitucional,* Tomo VII, *Instituciones Políticas y Constitucionales*, Editorial Jurídica Venezolana, Caracas, 1996; "La Justicia Constitucional en la Nueva Constitución" en *Revista de Derecho Constitucional*, N° 1, Sep-

gral[178], que combina el llamado método difuso con el método concentrado de control de constitucionalidad.

Así, la garantía de la supremacía constitucional se consagra, en primer lugar, mediante la asignación a todos los jueces de la República, en el ámbito de sus respectivas competencias y conforme a lo previsto en la Constitución y en la ley, de la obligación "de asegurar la integridad de la Constitución" (Art. 334). Y en segundo lugar, además, mediante la asignación al Tribunal Supremo de Justicia de la tarea de garantizar "la supremacía y efectividad de las normas y principios constitucionales", como "el máximo y último intérprete de la Constitución," y de velar "por su uniforme interpretación y aplicación" (Art. 335). También, la Constitución asigna en concreto a la Sala Constitucional

---

tiembre-Diciembre 1999, Editorial Sherwood, Caracas, 1999, pp. 35-44; Allan R. Brewer-Carías, "La justicia constitucional en la Constitución de 1999", en *Derecho Procesal Constitucional*, Colegio de Secretarios de la Suprema Corte de Justicia de la Nación, A.C., Editorial Porrúa, México 2001, pp. 931-961; publicado también en *Reflexiones sobre el Constitucionalismo en América*, Editorial Jurídica Venezolana, Caracas, 2001, pp. 255-285; "Instrumentos de justicia constitucional en Venezuela (acción de inconstitucionalidad, controversia constitucional, protección constitucional frente a particulares)", en Juan Vega Gómez y Edgar Corzo Sosa (Coordinadores) *Instrumentos de tutela y justicia constitucional Memoria del VII Congreso Iberoamericano de Derecho Constitucional*, Instituto de Investigaciones Jurídicas, Serie Doctrina Jurídica, N° 99, México 2002, pp. 75-99.

178 En cuanto a nuestros trabajos, véase Allan R. Brewer-Carías, *Judicial Review in Comparative Law*, Cambridge University Press, Cambridge, 1989; *El sistema mixto o integral de control de la constitucionalidad en Colombia y Venezuela*, Universidad Externado de Colombia (Temas de Derecho Público N° 39) y Pontificia Universidad Javeriana (Quaestiones Juridicae N° 5), Bogotá 1995; publicado también en *Revista Tachirense de Derecho*, Universidad Católica del Táchira, N° 5-6, San Cristóbal, enero-diciembre 1994, pp. 111-164; en *Anuario de Derecho Constitucional Latinoamericano,* Fundación Konrad Adenauer, Medellín-Colombia 1996, pp. 163-246; y en G. J. Bidart Campos y J. F. Palomino Manchego (Coordinadores), *Jurisdicción Militar y Constitución en Iberoamérica, Libro Homenaje a Domingo García Belaúnde*, Instituto Iberoamericano de Derecho Constitucional (Sección Peruana), Lima 1997, pp. 483-560.

del Tribunal Supremo, la Jurisdicción Constitucional (Arts. 266,1 y 336) mediante la cual ejerce el control concentrado de la constitucionalidad de las leyes y demás actos estatales de rango legal.

Conforme a estas previsiones, la Sala Constitucional del Tribunal Supremo de Justicia de Venezuela, sin duda, el instrumento más poderoso diseñado para garantizar la supremacía de la Constitución y el Estado de Derecho, la cual, por supuesto, como guardián de la Constitución, también está sometida a la Constitución. Como tal guardián, y como sucede en cualquier Estado de derecho, el sometimiento del tribunal constitucional a la Constitución es una preposición absolutamente sobreentendida y no sujeta a discusión, ya que sería inconcebible que el juez constitucional pueda violar la Constitución que esta llamado a aplicar y garantizar. Esa la pueden violar los otros poderes del Estado, pero no el guardián de la Constitución. Pero por supuesto, para garantizar que ello no ocurra, el Tribunal Constitucional debe gozar de absoluta independencia y autonomía, pues un Tribunal Constitucional sujeto a la voluntad del poder en lugar del guardián de la Constitución se convierte en el instrumento más atroz del autoritarismo. El mejor sistema de justicia constitucional, por tanto, en manos de un juez sometido al poder, es letra muerta para los individuos y es un instrumento para el fraude a la Constitución.

Lamentablemente, sin embargo, esto último es lo que ha venido ocurriendo en Venezuela en los últimos años, donde la Sala Constitucional del Tribunal Supremo, como Juez Constitucional, lejos de haber actuado en el marco de las atribuciones expresas constitucionales antes indicadas, ha venido efectuando una inconstitucional interpretación constitucional mediante la cual ha venido asumiendo y auto-atribuyéndose competencias no sólo en materia de interpretación constitucional; sino en relación con los poderes de revisión constitucional de cualquier sentencia dictada por cualquier tribunal, incluso por las otras Salas del Tribunal Supremo de Justicia; con los amplísimos poderes de avocamiento en cualquier causa; con los supuestos poderes de actuación de oficio no autorizados en la Constitución; con los poderes de solución de conflictos entre las Salas; con los poderes de control constitucional de las omisiones del Legislador; con la restricción del poder de los jueces de ejercer el control difuso de la constitucionalidad de las leyes; y con la asunción del monopolio de interpretar los casos de prevalencia en el orden interno de los tratados internacionales en materia de derechos humanos.[179]

En ejercicio de estas competencias y poderes, como máximo intérprete de la Constitución, al margen de la misma y mediante interpretaciones inconstitucionales, la Sala Constitucional al ejercer su facultad de interpretación del contenido y alcance de las normas constitucionales (Art. 334) en muchos casos incluso sin que estas sean ambiguas, imprecisas, mal redactadas y con errores de lenguaje, ha venido ilegítimamente modificando ("reformando") el texto constitucional, legitimando y soportando la estructuración progresiva de un Estado autoritario. Es decir, ha falseado el contenido de la Constitución, mediante una "mutación,"[180] ilegítima y fraudulenta de la misma.[181]

---

179 Véase Allan R. Brewer-Carías, "*Quis Custodiet Ipsos Custodes*: De la interpretación constitucional a la inconstitucionalidad de la interpretación," en *VIII Congreso Nacional de derecho Constitucional, Perú*, Fondo Editorial 2005, Colegio de Abogados de Arequipa, Arequipa, septiembre 2005, pp. 463-489; y en *Revista de Derecho Público*, N° 105, Editorial Jurídica Venezolana, Caracas 2006, pp. 7-27.

180 Una mutación constitucional ocurre cuando se modifica el contenido de una norma constitucional de tal forma que aún cuando la misma conserva su contenido, recibe una significación diferente. Véase Salvador O. Nava Gomar, "Interpretación, mutación y reforma de la Constitución. Tres extractos" en Eduardo Ferrer Mac-Gregor (coordinador), Interpretación Constitucional, Tomo II, Ed. Porrúa, Universidad Nacional Autónoma de México, México 2005, pp. 804 ss. Véase en general sobre el tema, Konrad Hesse, "Límites a la mutación constitucional", en *Escritos de derecho constitucional*, Centro de Estudios Constitucionales, Madrid 1992.

181 Véase Néstor Pedro Sagües, *La interpretación judicial de la Constitución*, Buenos Aires 2006, pp. 56-59, 80-81, 165 ss.

Y ello lo ha hecho el Juez Constitucional en Venezuela, lamentablemente, actuando como instrumento que ha sido del régimen autoritario,[182] como se ha analizado anteriormente, desde el momento mismo en el cual la Constitución fue sancionada y aprobada por el pueblo en diciembre de 1999, habiendo sucesivamente introducido múltiples modificaciones a la Constitución directamente, mediante sentencias interpretativas, o legitimando decisiones inconstitucionales de otros órganos del Estado, usurpando así el poder constituyente originario.

Estas modificaciones ilegítimas a la Constitución, por supuesto, al haber sido realizadas por el máximo guardián de la misma, que no tiene quien lo custodie, han quedado consolidadas en la vida político constitucional del país, al haber asumido la Sala Constitucional un poder constituyente derivado que no tiene y que no está regulado en el texto constitucional. La pregunta de siempre que suscita el poder incontrolado, ***Quis custodiet ipsos custodes,*** por tanto, aquí también ha adquirido todo su significado, pues no tiene respuesta.[183] A continuación me referiré a las mutaciones ilegítimas a la Constitución que considero más destacadas, ocurridas en la última década.

I. LA CREACIÓN JURISPRUDENCIAL DEL RECURSO AUTÓNOMO DE INTERPRETACIÓN ABSTRACTA DE LA CONSTITUCIÓN

La primera de las mutaciones ilegítimas de la Constitución efectuada por el Juez Constitucional, ha sido la creación por la Sala Constitucional de un recurso autónomo de interpretación de

182 Véase Allan R. Brewer-Carías, *Crónica sobre la "In" Justicia Constitucional. La Sala Constitucional y el autoritarismo en Venezuela*, Caracas 2007.

183 Véase nuestros comentarios iniciales sobre esta sentencia en Allan R. Brewer-Carías, *El sistema de justicia constitucional en la Constitución de 1999 (Comentarios sobre su desarrollo jurisprudencial y su explicación, a veces errada, en la Exposición de Motivos),* Editorial Jurídica Venezolana, Caracas 2000.

la Constitución no establecido ni en la Constitución ni en Ley alguna, que a la vez ha servido de vehiculo para las otras mutaciones ilegítimas de la Constitución por la misma Sala Constitucional.

Es decir, muchas de las mutaciones constitucionales ilegítimamente efectuadas tienen su origen en interpretaciones inconstitucionales que ha hecho el Juez Constitucional, no al interpretar la Constitución con motivo de resolver una acción de inconstitucionalidad u otro medio de control de la constitucionalidad de los actos estatales, sino al decidir "acciones o recursos autónomos de interpretación abstracta de la Constitución," muchos de ellos interpuestos por el propio Estado (Procurador General de la República), que la propia Sala Constitucional creó, a la vez, mutando ilegítimamente la Constitución.

En efecto, con anterioridad a la entrada en vigencia de la Constitución de 1999, el artículo 42,24 de la derogada Ley Orgánica de la Corte Suprema de Justicia había atribuido competencia a la Sala Político Administrativa de la antigua Corte Suprema para interpretar los "textos legales, en los casos previstos en la Ley." En esa misma tradición, la Constitución de 1999 estableció en forma expresa, la competencia del Tribunal Supremo de Justicia, para "conocer de los recursos de interpretación sobre el contenido y alcance de los textos legales", pero "en los términos contemplados en la ley" (artículo 266,6), atribución que debe ser ejercida "por las diversas Salas conforme a lo previsto en esta Constitución y en la ley" (único aparte, artículo 266). Por ello, el artículo 5, párrafo 1°, de la Ley Orgánica de 2004, atribuye a todas las Salas del Tribunal Supremo, competencia para:

> "52. Conocer del recurso de interpretación y resolver las consultas que se le formulen acerca del alcance e inteligencia de los textos legales, en los casos previstos en la ley, siempre que dicho conocimiento no signifique una sustitución del mecanismo, medio o recurso previsto en la ley para dirimir la situación si la hubiere".

Ahora bien, a pesar de que el ordenamiento constitucional y legal venezolano sólo regulaba y regula el recurso de interpretación respecto de textos legales, la Sala Constitucional creó jurisprudencialmente su propia competencia para conocer de recursos autónomos de interpretación abstracta e la Constitución, mediante una inconstitucional interpretación que le dio artículo 335 de la Constitución, que atribuye a todas las salas del Tribunal Supremo y no sólo a la Sala Constitucional, el carácter de "máximo y último intérprete de la Constitución"

En efecto, la Sala Constitucional en sentencia Nº 1077 de 22 de septiembre de 2000, consideró que los ciudadano no requieren "de leyes que contemplen, en particular, el recurso de interpretación constitucional, para interponerlo"[184], procediendo a "crear" un recurso autónomo de interpretación abstracta de las normas constitucionales no previsto constitucional ni legalmente, basándose para ello en el artículo 26 de la Constitución que consagra el derecho de acceso a la justicia, del cual dedujo que si bien dicha acción no estaba prevista en el ordenamiento jurídico, tampoco estaba prohibida, agregando que, por lo tanto:

> "No es necesario que existan normas que contemplen expresamente la posibilidad de incoar una acción con la pretensión que por medio de ella se ventila, bastando para ello que exista una situación semejante a las prevenidas en la ley, para la obtención de sentencias declarativas de mera certeza, de condena, o constitutivas. Este es el resultado de la expansión natural de la juridicidad"[185].

---

184 Véase Sentencia Nº 1077 de la Sala Constitucional de 22-09-00, caso: *Servio Tulio León Briceño*. Véase en *Revista de Derecho Público,* Nº 83, Caracas, 2000, pp. 247 y ss. Este criterio fue luego ratificado en sentencias de fecha 09-11-00 (Nº 1347), 21-11-00 (Nº 1387), y 05-04-01 (Nº 457), entre otras.

185 Sentencia Nº 1077 de la Sala Constitucional de 22-09-00, caso: *Servio Tulio León Briceño*. Véase en *Revista de Derecho Público,* Nº 83, Caracas, 2000, pp. 247 y ss.

En esta forma, la acción de interpretación de la Constitución, en criterio de la Sala Constitucional, es una acción de igual naturaleza que la de interpretación de la ley[186], es decir, tiene por objeto obtener una sentencia declarativa de mera certeza sobre el alcance y contenido de las normas constitucionales, que no anula el acto en cuestión, pero que busca en efecto semejante, ya que en estos casos, coincide el interés particular con el interés constitucional; agregando que:

La finalidad de tal acción de interpretación constitucional sería una declaración de certeza sobre los alcances y el contenido de una norma constitucional, y formaría un sector de la participación ciudadana, que podría hacerse incluso como paso previo a la acción de inconstitucionalidad, ya que la interpretación constitucional podría despejar dudas y ambigüedades sobre la supuesta colisión. Se trata de una tutela preventiva[187].

En cuanto a la legitimidad necesaria para interponer la demanda, la Sala Constitucional ha señalado que el recurrente debe tener un interés particular en el sentido de que:

> "Como persona pública o privada debe invocar un interés jurídico actual, legítimo, fundado en una situación jurídica concreta y específica en que se encuentra, y que requiere necesariamente de la interpretación de normas constitucionales aplicables a la situación, a fin de que cese la incertidumbre que impide el desarrollo y efectos de dicha situación jurídica".

La Sala precisó además que se "está ante una acción con legitimación restringida, aunque los efectos del fallo sean generales"; por lo que señaló que "puede declarar inadmisible un recurso de interpretación que no persiga los fines antes mencionados, o que se refiere al supuesto de colisión de leyes con la Constitución, ya que ello origina otra clase de recurso".

---

186 *Idem*

187 *Ibídem*

En la antes mencionada sentencia Nº 1077 de 22-09-01, la Sala Constitucional reiteró su criterio sobre la legitimación activa para intentar el recurso de interpretación, señalando que el recurrente debe tener un "interés jurídico personal y directo", de manera que en la demanda se exprese con precisión, como condición de admisibilidad, "en qué consiste la oscuridad, ambigüedad o contradicción entre las normas del texto constitucional, o en una de ellas en particular; o sobre la naturaleza y alcance de los principios aplicables; o sobre las situaciones contradictorias o ambiguas surgidas entre la Constitución y las normas del régimen transitorio o del régimen constituyente"[188].

En este caso de esta acción de interpretación constitucional, puede decirse que se está en presencia de un proceso constitucional, que requeriría de un accionante, como consecuencia de lo debería abrirse el proceso a un contradictorio; pues así como puede haber personas con interés jurídico en determinada interpretación de la Constitución, igualmente puede haber otras personas con interés jurídico en otra interpretación. En tal sentido, la Sala debería emplazar y citar a los interesados para garantizarles el que puedan hacerse parte en el proceso, y alegar a favor de una u otra interpretación del texto constitucional. Sin embargo, sobre esto, después de haber creado el recurso, la Sala Constitucional, en sentencia N° 2651 de 2 de octubre de 2003 (Caso: *Ricardo Delgado (Interpretación artículo 174 de la Constitución),* le negó el carácter de proceso constitucional señalando que en virtud de que "el recurso de interpretación debe tener como pretensión la exclusiva determinación del alcance de normas -en este

---

188 Caso: *Servicio Tulio León Briceño*, en *Revista de Derecho Público*, Nº 83, Caracas, 2000, pp. 247 y ss. Adicionalmente, en otra sentencia, Nº 1029 de 13-06-2001, la Sala Constitucional atemperó el rigorismo de declarar inadmisible el recurso si no precisaba el contenido de la acción, ya que señaló que "La solicitud deberá expresar: 1.- Los datos concernientes a la identificación del accionante y de su representante judicial; 2.- Dirección, teléfono y demás elementos de ubicación de los órganos involucrados; 3.- Descripción narrativa del acto material y demás circunstancias que motiven la acción."

caso constitucionales-", entonces "no hay *litis*, enfrentamiento entre unas partes, respecto de las cuales haya que procurar su defensa".

Por último, debe indicarse que en sentencia N° 1347, de 9 de noviembre de 2000, la Sala Constitucional delimitó el carácter vinculante de las interpretaciones establecidas con motivo de decidir los recursos de interpretación, señalando que:

> "Las interpretaciones de esta Sala Constitucional, en general, o las dictadas en vía de recurso interpretativo, se entenderán vinculantes respecto al núcleo del caso estudiado, todo ello en un sentido de límite mínimo, y no de frontera intraspasable por una jurisprudencia de valores oriunda de la propia Sala, de las demás Salas o del universo de los tribunales de instancia.

Como puede observarse de lo anterior, estamos en presencia de una mutación constitucional mediante la ampliación de competencias constitucionales propias que se ha arrogado la Sala Constitucional, a través de una inconstitucional interpretación de la Constitución, que no establece la posibilidad de este recurso autónomo y abstracto de interpretación de las normas constitucionales,[189] el cual, por lo demás no encuentra ningún antecedente en el derecho comparado sobre los sistemas de justicia constitucional.

---

189 Véase Allan R. Brewer-Carías, "Le recours d'interprétation abstrait de la Constitution au Vénézuéla", en *Le renouveau du droit constitutionnel, Mélanges en l'honneur de Louis Favoreu*, Dalloz, Paris, 2007, pp. 61-70

II. LA ACEPTACIÓN POR EL JUEZ CONSTITUCIONAL DE UN RÉGIMEN CONSTITUCIONAL TRANSITORIO NO APROBADO POR EL PUEBLO, EN PARALELO AL RÉGIMEN TRANSITORIO INCORPORADO EN LA CONSTITUCIÓN

La Constitución de 1999 fue sancionada por una Asamblea Nacional Constituyente conforme a un estatuto adoptado en referendo consultivo realizado en abril de 1999, en el cual se dispuso que la misma luego de sancionada tenía que someterse a aprobación popular. Y así fue que el pueblo, el 15 de diciembre de 1999, mediante referendo aprobó la Constitución, con lo cual concluyó la misión de la Asamblea Nacional Constituyente.

Sin embargo ello no ocurrió así, pues una semana después de aprobada la Constitución, el 22 de diciembre de 1999, la Asamblea nacional Constituyente sancionó un Decreto de "Régimen de Transición del Poder Público,"[190] fundamentándose en supuestos poderes que se había auto atribuido en el artículo 1° de su Estatuto de Funcionamiento, respecto de la potestad de decidir la cesación de las autoridades de los órganos del Poder Público "para hacer efectivo el proceso de transición hacia el régimen establecido en la Constitución de 1999", y en el supuesto "carácter supraconstitucional" de las normas que aprobase la Asamblea, lo que por supuesto no estaba establecido en previsión alguna del ordenamiento. Para supuestamente "permitir la vigencia inmediata de la Constitución" (Art. 1), en el decreto la Asamblea procedió dictar normas constitucionales que supuestamente "desarrollan y complementan las Disposiciones Transitorias" (Art. 2) de la nueva Constitución, procediendo sin atribución alguna prevista en la nueva Constitución, a eliminar el anterior Congreso con sus Senadores y Diputados, y a nombrar en su lugar una Comisión Legislativa Nacional no prevista en la Constitución; a disolver las Asambleas Legislativas de los Estados, y

---

190 *Gaceta Oficial* N° 36.859 de 29-12-1999.

nombrar en su lugar unas Comisiones Legislativas Estadales tampoco previstas en la Constitución; a intervenir las Alcaldías y Consejos Municipales; a eliminar la anterior Corte Suprema de Justicia, crear las Salas del Tribunal Supremo y fijarles el número de magistrados, lo que no estaba establecido en la Constitución, y nombrarlos sin cumplir lo que la Constitución exigía; a crear una Comisión de reorganización y Funcionamiento del Poder Judicial para intervenirlo, destituyendo jueces sin debido proceso, la cual aún en 2009 convive con el Tribunal Supremo, con su complicidad; a designar a los altos funcionarios de los diversos Poderes del Estado; y a dictar un Estatuto Electoral sin poder alguno para ello.

Ninguna de estas reformas fue aprobada por el pueblo. El Decreto de Régimen de Transición fue impugnado ante la Sala Constitucional por violación de la Constitución que venía de ser aprobada por el pueblo, la dicha Sala Constitucional que había sido producto de ese régimen de Transición constitucional, decidió en causa propia (la impugnación de su propia existencia), considerando que la Asamblea Nacional Constituyente tenía poder supraconstitucional para crear "normas constitucionales" sin aprobación popular, y que como consecuencia, en Venezuela existían dos regímenes constitucionales de transición: el que estaba en las disposiciones Transitorias aprobadas por el pueblo al aprobar la Constitución mediante referendo; y las aprobadas por la Asamblea Nacional Constituyente después de esa aprobación popular de la Constitución, sin que el pueblo las hubiera aprobado, pero antes de publicarla.

En sentencia Nº 6 de fecha 27 de enero de 2000, la Sala Constitucional decidió que como el régimen de transición era un acto "publicado en la *Gaceta Oficial* N° 36.859 del 29 de diciembre de 1999, esto es, con anterioridad a la vigencia de la Constitución de la República Bolivariana de Venezuela de 1999, no esta sujeto ni a ésta, ni a la Constitución de 1961.[191] Luego en sentencia de 28 de marzo de 2000 (Caso: *Allan R. Brewer-Carías y otros*), con motivo de declarar sin lugar la demanda de nulidad intentada contra el Estatuto Electoral del Poder Público dictado por la Asamblea Constituyente el 30 de enero de 2000,[192] el Juez Constitucional ratificó su tesis de que para crear un nuevo ordenamiento jurídico y dictar una nueva Constitución que sustituyera a la de 1961, supuestamente la Asamblea Constituyente tenía varias alternativas para regular el régimen constitucional transitorio: *Una*, elaborar unas Disposiciones Transitorias que formaran parte de la Constitución para ser aprobada por el pueblo mediante referendo; y *otra*, dictar actos constituyentes aparte, de valor y rango constitucional, que originarían un régimen transitorio constitucional paralelo, no aprobado por el pueblo.

Con ello, fue el Juez Constitucional el que procedió a mutar ilegítimamente la Constitución, violando la soberanía popular, admitiendo que supuestamente, la Asamblea Nacional Constituyente podía dictar normas de rango constitucional, no aprobadas mediante referendo por el pueblo,[193] con lo que se inició un largo período de transitoriedad constitucional que diez años después no ha concluido, como se evidencia de la supervivencia de la misma Comisión de reorganización y funcionamiento del Poder Judicial, que ejerce las funciones disciplinarias sobre los jueces, que la

---

191 Véase en *Revista de Derecho Público*, N° 81, (enero-marzo), Editorial Jurídica Venezolana, Caracas, 2000, pp. 81 y ss.

192 Véase en *G.O.* N° 36.884 de 03-02-2000.

193 La Sala Constitucional llegó a afirmar que "Tal disposición, emanada del poder constituyente *que podía lo más,* cual era la transformación del Estado, lo que iba a adelantar mediante la aprobación de una nueva Constitución y del régimen de transición, claro *que podía lo menos,* dentro de su cometido de transformación del Estado, cual era dictar las normas que permitirían la transición entre el sistema constitucional abrogado y el nuevo, que conforme al texto constitucional de 1999, no podía de inmediato constituirse en todas sus instituciones". Véase en *Revista de Derecho Público*, N° 81, (enero-marzo), Editorial Jurídica Venezolana, Caracas, 2000, p. 86.

Constitución exige que se realice solo por jueces disciplinarios integrantes de una jurisdicción disciplinaria (Art. 267). Venezuela, así ha tenido un régimen de transición constitucional no aprobado por el pueblo, por obra y gracia del Juez Constitucional el cual legitimó la usurpación de la voluntad popular.

III. LA TRANSFORMACIÓN DE LOS REFERENDOS REVOCATORIOS DE CARGOS ELECTIVOS EN REFERENDOS "RATIFICATORIOS"

En Venezuela el artículo 72 de la Constitución estableció como derecho político de los ciudadano la revocatoria de mandatos de todos los cargos de elección popular, a cuyo efecto se previó que transcurrida la mitad del período para el cual fue elegido el funcionario, por iniciativa popular de un número no menor del 20% de los electores inscritos en la correspondiente circunscripción, para convocar un referendo para revocar su mandato. La Constitución dispuso que "*Cuando igual o mayor número de electores o electoras* que eligieron al funcionario o funcionaria hubieren votado a favor de la revocación, siempre que haya concurrido al referendo un número de electores o electoras igual o superior al 25% de los electores o electoras inscritos, se considerará revocado su mandato y se procederá de inmediato a cubrir la falta absoluta conforme a lo dispuesto en esta Constitución y en la ley."

Es decir que los votos necesarios para que se produzca la revocatoria del mandato deben ser en un número igual o mayor de los votos de los electores que eligieron al funcionario, con independencia del número de votos que se hayan depositados contra la revocación; como incluso lo ratificó la Sala Constitucional en varias sentencias,[194] ya que de lo que se trata es de un

194 Sentencia N° 2750 de 21 de octubre de 2003, Caso: *Carlos Enrique Herrera Mendoza, (Interpretación del artículo 72 de la Constitución (Exp. 03-1989). Sentencia* N° 1139 de 5 de junio de 2002 (Caso: *Sergio Omar Calderón Duque y William Dávila Barrios)* Véase en *Revista de Derecho Público,* N° 89-92, Editorial Jurídica Venezolana, Caracas 2002, p. 171.

referendo revocatorio de mandatos de elección popular y no de un referendo "ratificatorio" (plebiscitos) de tales mandatos, el cual no existe en el texto constitucional. Precisamente por ello, nada indica la Constitución para el caso de que si bien voten a favor de la revocación de un mandato un número de electores superior al número de votos que obtuvo el funcionario cuando fue electo, sin embargo, en la votación refrendaria se hubiesen pronunciado por la "no revocación" un número mayor de votos. Ello podría ocurrir, pero conforme al texto de la Constitución, no tendría efecto alguno, pues la regulación constitucional lo que establece es un referendo revocatorio: basta que la votación favorable a la revocación sea igual o mayor que la que el funcionario obtuvo cuando fue electo, para que quede revocado. Y ello es así, incluso a pesar de que el Registro Electoral haya variado con el transcurso del tiempo.

Sin embargo, de manera evidentemente inconstitucional, en las *Normas para regular los procesos de Referendos Revocatorios de mandatos de Elección Popular* dictadas por el Consejo Nacional Electoral en 25 de septiembre de 2003[195], si bien se estableció que se considera revocado el mandato "si el número de votos a favor de la revocatoria es igual o superior al número de los electores que eligieron al funcionario", se agregó la frase: "y no resulte inferior al número de electores que votaron en contra de la revocatoria" (Art. 60). Con este agregado, en una norma de rango sublegal, se restringió el derecho ciudadano a la participación política mediante la revocación de mandatos populares, al establecerse un elemento que no está en la Constitución relativo al voto por la "no revocación," trastocándose la naturaleza "revocatoria" del referendo que regula el artículo 72 de la Constitución, y en evidente fraude a la Constitución, se lo convirtió en un referendo "ratificatorio" de mandatos de elección popular. A par-

---

Criterio seguido en la sentencia N° 137 de 13-02-2003 (Caso: *Freddy Lepage Scribani y otros*) (Exp. 03-0287).

195 Resolución N° 030925-465 de 25-09-2003.

tir de ese momento y luego del secuestro del Poder Electoral, en general en Venezuela se confiscó el derecho ciudadano a la revocatoria de mandatos de cargos de elección popular.[196]

Lo inaudito de este fraude constitucional, es que dicha "reforma" constitucional ilegítima fue avalada por la propia Sala Constitucional del Tribunal Supremo al decidir un recurso de interpretación abstracta de la Constitución en la sentencia N° 2750 de 21 de octubre de 2003 (Caso: *Carlos E. Herrera Mendoza, Interpretación del artículo 72 de la Constitución*), en la cual señaló que:

> "Se trata de una especie de relegitimación del funcionario y en ese proceso democrático de mayorías, incluso, **si en el referendo obtuviese más votos la opción de su permanencia, debería seguir en él**, aunque voten en su contra el número suficiente de personas para revocarle el mandato"[197].

En realidad, en un referendo "revocatorio" no puede haber votos por "la permanencia" del funcionario; lo que puede haber son votos por la "revocación" del mandato o por la "no revocación." El voto por la "no revocación" del mandato es un voto negativo (No); y un voto negativo no puede ser convertido en un

---

196 Véase Allan R. Brewer-Carías, "El secuestro del Poder Electoral y la confiscación del derecho a la participación política mediante el referendo revocatorio presidencial: Venezuela 2000-2004", en *Boletín Mexicano de Derecho Comparado*, Instituto de Investigaciones Jurídicas, Universidad Nacional Autónoma de México, N° 112. México, enero-abril 2005 pp. 11-73; en *Revista Jurídica del Perú*, Año LIV N° 55, Lima, marzo-abril 2004, pp. 353-396; en *Revista Costarricense de Derecho Constitucional,* Tomo V, Instituto Costarricense de Derecho Constitucional, Editorial Investigaciones Jurídicas S.A., San José 2004, pp. 167-312; en *Stvdi Vrbinati, Rivista tgrimestrale di Scienze Giuridiche, Politiche ed Economiche*, Año LXXI – 2003/04 Nuova Serie A–N. 55,3, Università degli studi di Urbino, Urbino, Italia 2004, pp.379-436; y en Juan Pérez Royo, Joaquín Pablo Urías Martínez, Manuel Carrasco Durán, Editores), *Derecho Constitucional para el Siglo XXI. Actas del Congreso Iberoamericano de Derecho Constitucional,* Tomo I, Thomson-Aranzadi, Madrid 2006, pp. 1081-1126.

197 Exp. 03-1989.

voto positivo (Si) por la permanencia del funcionario. Con esta mutación de la Constitución, la Sala Constitucional cambió la naturaleza del referendo revocatorio, ratificando el trastocamiento de la naturaleza de la revocación del mandato, convirtiéndolo en un voto para "relegitimar" o para "ratificar" mandatos de elección popular, cuando ello no sólo no fue la intención del constituyente, sino que no puede derivarse del texto del artículo 72 de la Constitución. Lo único que la Constitución regula es la revocación de mandatos, y para ello, lo único que exige en materia de votación es que un número "igual o mayor de electores que eligieron al funcionario hubieren votado a favor de la revocación." Todo éste cambio de la Constitución tuvo un objeto preciso: evitar que el mandato del Presidente de República, Hugo Chávez, fuera revocado en 2004: el mismo fue electo en agosto de 2000 con 3.757.774 votos, por lo que bastaba para que su mandato fuese revocado, que el voto a favor de la revocación superara esa cifra. Como lo anunció el Consejo Nacional Electoral el 27 de agosto de 2004, el voto a favor de la revocación del mandato del Presidente de la República en el referendo efectuado ese mismo mes y año, fue de 3.989.008, por lo que constitucionalmente su mandato había quedado revocado.

Sin embargo, ya se había cambiado ilegítimamente la Constitución, e independientemente de las denuncias de fraude que se formularon respecto del referendo revocatorio del 15 de agosto de 2004, el Consejo Nacional Electoral el mencionado día 27 de agosto de 2004, no sólo dio los datos definitivos de la votación efectuada en el referendo revocatorio, sino que acordó "ratificar" al Presidente de la República en su cargo hasta la terminación del período constitucional en enero de 2007.[198]

---

198 En efecto, en la *página web* del Consejo Nacional Electoral del día 27 de agosto de 2004, apareció la siguiente nota: "El presidente del Consejo Nacional Electoral, Francisco Carrasquero López, se dirigió al país en cadena nacional para anunciar las cifras definitivas y oficiales del evento electoral celebrado el pasado 15 de agosto, *las cuales dan como ratificado en su cargo al Presidente de la República*, Hugo Rafael Chávez Frías, con un

IV. LA TRANSFORMACIÓN DE LAS BASES DEL SISTEMA FEDERAL TRASTOCANDO LAS COMPETENCIAS EXCLUSIVAS DE LOS ESTADOS EN COMPETENCIAS CONCURRENTES SOMETIDAS AL PODER NACIONAL

Ya nos hemos referido brevemente a la mutación constitucional efectuada por la Sala Constitucional a la forma Federal del Estado, ignorando el principio del artículo 4 de la Constitución que declara que "la República Bolivariana de Venezuela es un *Estado federal descentralizado* en los términos consagrados en esta Constitución" norma que, sin embargo, ciertamente se contradice en otras previsiones de la propia Constitución que permiten calificar la forma de Estado como la de una federación Centralizada."[199] A pesar de ello, sin embargo, en la Constitución se

---

total de 5 millones 800 mil 629 votos a favor de la opción "No". En la contienda electoral participaron 9 millones 815 mil 631 electores, de los cuales 3.989.008 se inclinaron por la opción "Sí" para revocar el mandato del Presidente Chávez. La totalización arrojó que la opción "No" alcanzó el 59,25% de los votos, mientras el "Sí" logró el 40,74% del total general, y la abstención fue del 30,02%. Vale destacar que para estos comicios el Registro Electoral se incrementó significativamente, alcanzando un universo de 14.027.607 de electores con derecho a sufragar en el Referendo revocatorio. Con base en la expresión de la voluntad popular, el Consejo Nacional Electoral, este viernes 27 de agosto*, ratificará en la Presidencia de la República Bolivariana de Venezuela* a Hugo Chávez Frías, quien culminará su período constitucional en el año 2006. Y en efecto, en acto solemne efectuado ese día, el Consejo Nacional Electoral acordó "ratificar" al Presidente de la República en su cargo, a pesar de que un número de electores mayor que los que lo eligieron hubieran votado a favor de la revocación de su mandato. Otro tanto haría la Asamblea Nacional, sin que esa figura de la ratificación estuviese prevista en norma constitucional alguna." Véase además, *El Nacional*, Caracas, 28-08-2004, pp. A-1 y A-2

199 Véase nuestros estudios sobre el tema, elaborados apenas la Constitución fue sancionada: Allan R. Brewer-Carías, *Federalismo y Municipalismo en la Constitución de 1999 (Alcance de una reforma insuficiente y regresiva),* Editorial Jurídica Venezolana, Caracas-San Cristóbal 2001; "El Estado federal descentralizado y la centralización de la federación en Venezuela. Situación y perspectiva de una contradicción constitucional" en Diego Va-

puede identificar un núcleo esencial del sistema de distribución de competencias entre los niveles territoriales, es decir, entre el Poder Municipal, el Poder Estadal y el Poder Nacional, que no puede cambiarse sino mediante una reforma constitucional (artículos 136, 156, 164, 178 y 179).[200]

Específicamente, en materia de infraestructura para la circulación y el transporte, la Constitución establece por una parte que, corresponde en forma exclusiva al Poder Nacional "el sistema de vialidad y de ferrocarriles nacionales (artículo 156,27),[201] pero que corresponde en forma exclusiva a los Estados, "La conservación, administración y aprovechamiento de carreteras y autopistas nacionales... en coordinación con el Poder Nacional;" competencia que deben ejercer sujetos a "la coordinación con el Poder Nacional," que éste debe regular.

Este tema de la forma federal del Estado y de la distribución territorial de competencias establecidas en los artículos 156 y 164 de la Constitución, como se dijo, fue uno de los que se quiso cambiar con la propuesta de reforma constitucional de 2007, rechazada, con la que se buscaba terminar de centralizar materialmente todas las competencias del Poder Público en el nivel

---

ladés y José María Serna de la Garza (Coordinadores), *Federalismo y regionalismo,* Universidad Nacional Autónoma de México, Tribunal Superior de Justicia del Estado de Puebla, Instituto de Investigaciones Jurídicas, Serie Doctrina Jurídica Nº 229, México 2005, pp. 717-750.

200 Véase Allan R. Brewer-Carías, "Consideraciones sobre el régimen de distribución de competencias del Poder Público en la Constitución de 1999" en Fernando Parra Aranguren y Armando Rodríguez García Editores, *Estudios de Derecho Administrativo. Libro Homenaje a la Universidad Central de Venezuela, Facultad de Ciencias Jurídicas y Políticas, con ocasión del Vigésimo Aniversario del Curso de Especialización en Derecho Administrativo*, Tomo I, Tribunal Supremo de Justicia, Colección Libros Homenaje Nº 2, Caracas 2001, pp. 107-136.

201 Véase Decreto Nº 1.445, con fuerza de Ley de Sistema de Transporte Ferroviario Nacional en *G.O.* Nº 37.313 del 30 de octubre de 2001.

nacional. [202] En particular con la reforma se buscaba "nacionalizar," la referida competencia que el artículo 164,10 de la Constitución de 1999 atribuye a los Estados en materia de la conservación, administración y aprovechamiento de autopistas y carreteras nacionales."[203]

El rechazo de la reforma constitucional, sin embargo fue suplido por la Sala Constitucional, en sentencia N° 565 de 15 de abril de 2008[204], dictada con motivo de decidir un recurso autónomo de interpretación de dicho artículo formulado por el Procurador General de la República, en la cual pura y simplemente la sala modificó el contenido de la norma constitucional y dispuso, como interpretación vinculante de la misma, que esa "competencia exclusiva" *no era tal competencia exclusiva*, sino una competencia concurrente y que, incluso, el Poder Nacional podía revertirla a su favor eliminando toda competencia de los Estados.[205]

La Sala Constitucional, en efecto, decidió que la Administración Nacional "en ejercicio de la potestad de coordinación pueda asumir directamente la conservación, administración y el

---

202 Véase Allan R. Brewer-Carías, *Hacia la Consolidación de un Estado Socialista, Centralizado, Policial y Militarista. Comentarios sobre el sentido y alcance de las propuestas de reforma constitucional 2007,* Colección Textos Legislativos, N° 42, Editorial Jurídica Venezolana, Caracas 2007, pp. 41 ss.

203 Véase Allan R. Brewer-Carías, *La Reforma Constitucional de 2007 (Comentarios al Proyecto Inconstitucionalmente sancionado por la Asamblea Nacional el 2 de Noviembre de 2007),* Colección Textos Legislativos, N° 43, Editorial Jurídica Venezolana, Caracas 2007, pp. 72 ss.

204 *Cfr*. Sentencia de la Sala Constitucional, N° 565, caso *Procuradora General de la República*, recurso de interpretación del artículo 164.10 de la Constitución de 1999 de fecha 15 de Abril de 2008, en http://www.tsj.gov.ve/decisiones/scon/Abril/565-150408-07-1108.htm

205 Véase los comentarios a la sentencia en Allan R. Brewer-Carías, "La Sala Constitucional como poder constituyente: la modificación de la forma federal del estado y del sistema constitucional de división territorial del poder público, en *Revista de Derecho Público*, N° 114, (abril-junio 2008), Editorial Jurídica Venezolana, Caracas 2008, pp. 247-262

aprovechamiento de las carreteras y autopistas nacionales, así como los puertos y aeropuertos de uso comercial,", y que "corresponde al Ejecutivo Nacional por órgano del Presidente de la República en Consejo de Ministros, decretar la intervención para asumir la prestación de servicios y bienes de las carreteras y autopistas nacionales, así como los puertos y aeropuertos de uso comercial," en aquellos casos que la prestación del servicio "por parte de los Estados es deficiente o inexistente."

Con esta interpretación, lo que el Juez Constitucional ha hecho es mutar el texto constitucional usurpando la soberanía popular a la cual está reservado el poder constituyente, cambiado la forma federal del Estado al trastocar el sistema de distribución territorial de competencias entre el Poder Nacional y los Estados, y en particular "nacionalizando," contra lo que expresamente dispone la Constitución, competencias atribuidas en forma exclusiva a los Estados. La reforma constitucional de 2007 que fue rechazada por el pueblo, en fraude a la Constitución, y a solicitud del representante del Poder Nacional (Procurador General de la República) fundamentándose en la existencia de una supuesta "incertidumbre jurídica en cuanto al alcance y límites de su competencia" que existía en el Ministerio de Infraestructura." El Procurador General de la República, en efecto, consideró que la norma "no era lo suficientemente clara para lograr establecer de una forma eficiente y precisa el ámbito y forma de actuación del Ejecutivo Nacional, respecto a la coordinación con los Estados de la administración, conservación y aprovechamiento de carreteras y autopistas nacionales, así como de puertos y aeropuertos de uso comercial."

El resultado de la petición de interpretación, fue que la Sala Constitucional, de oficio, reformó la Constitución, y pura y simplemente, eliminó la competencia exclusiva de los Estados en la materia, y la convirtió en una competencia concurrente sujeta a la técnica puntual de "descentralización" que puede ser intervenida, revertida y reasumida por el Poder Nacional. La Sala, en efecto, olvidándose de que se trata de una competencia exclusiva de los

Estados que había sido descentralizada desde 1989 mediante la Ley de Orgánica de Descentralización, dispuso que como las carreteras y puentes nacionales son bienes de la República, lo que es obvio, "en caso de haber sido transferidos a los Estados *pueden ser cogestionados por éstos a través de convenios, pero también reasumidos por el Poder Público Nacional mediante un procedimiento de reversión, ya que la titularidad originaria de los mismos le corresponde a la República*." Al contrario, de acuerdo con la Constitución, el hecho de que los puertos o aeropuertos comerciales, autopistas, carreteras y puentes sean "nacionales", en tanto bienes públicos, no autoriza en forma alguna como lo afirmó la Sala, que "Ejecutivo Nacional, podrá ejercer competencias exorbitantes como la *intervención* en aras de garantizar la continuidad, calidad, y normalidad de tales servicios; hayan sido o no, transferidos a los Estados."

Después de muchos argumentos y malabarismos interpretativos la Sala Constitucional pasó a modificar el artículo 164,10 de la Constitución y dispuso entonces como interpretación vinculante de dicha norma, que la misma no dice lo que dice, sino que lo que dice es lo contrario, así:

a. Que *no se trata de una competencia exclusiva*, sino de una *competencia concurrente* sobre la cual el legislador nacional debe "establecer mediante *leyes de base* reguladoras... de las *competencias concurrentes*, de la República con los Estados y los Municipios, sino también de las de estos últimos entre sí."

b. Que los Estados *no tienen la competencia exclusiva que la Constitución les asigna* sino que lo que pueden es "ejercer *conforme a la legislación base* y en coordinación con el Ejecutivo Nacional la conservación, administración y el aprovechamiento de las carreteras y autopistas nacionales, así como los puertos y aeropuertos de uso comercial, *previa transferencia de competencias conforme al procedimiento de descentralización territorial*."

c. Que, por tanto, la Constitución no ha dispuesto distribución de competencias alguna en esta materia a favor de los Estados, sino que estos pueden sólo ser destinatarios "de una descentralización territorial" en la materia. Por ello, la Sala fue terminante en afirmar que "Sólo los Estados como entes político territoriales pueden ser objeto de una descentralización territorial sobre dichas materias."

d. Que los Estados no tienen la competencia exclusiva que les asigna la Constitución, en materia de carreteras y autopistas nacionales, así como de los puertos y aeropuertos de uso comercial nacionales (no Estadales), que son bienes y servicios nacionales; y que sólo en caso de sean "transferidos a los Estados (descentralización funcional) pueden ser cogestionados por éstos a través de convenios, pero también *revertidos*, ya que la titularidad originaria de los mismos le corresponde a la República, conforme al ordenamiento jurídico vigente." Sin embargo, de acuerdo con la Sala Constitucional, en estos casos, "se concibe que la Administración en ejercicio de la potestad de coordinación pueda *asumir directamente* la conservación, administración y el aprovechamiento de las carreteras y autopistas nacionales, así como los puertos y aeropuertos de uso comercial, en aras de mantener a buen resguardo los derechos de los usuarios a la prestación de un servicio público en condiciones de calidad."

En estos casos, sin base constitucional o legal alguna, la Sala Constitucional dispuso que "corresponde al Ejecutivo Nacional por órgano del Presidente de la República en Consejo de Ministros, decretar la intervención para asumir la prestación de servicios y bienes de las carreteras y autopistas nacionales, así como los puertos y aeropuertos de uso comercial, en aquellos casos que a pesar de haber sido transferidas esas competencias, la prestación del servicio o bien por parte de los Estados es deficiente o inexistente, sobre la base de los artículos 236 y 164.10 de la Constitución".

Después de una ilegítima "modificación constitucional" de esta naturaleza, realizada mediante interpretación vinculante, que trastocó el orden jurídico o, como lo dijo la propia Sala, la misma "genera una necesaria revisión y modificación de gran alcance y magnitud del sistema legal vigente." Por supuesto, después de lo que hizo, la Sala Constitucional no pudo concluir en otra forma que no fuera advirtiendo "de oficio y por razones de orden público constitucional, ... que el contenido de la presente decisión debe generar una necesaria revisión y modificación del ordenamiento jurídico legal vigente," para lo cual exhortó a la Asamblea Nacional que "proceda a la revisión y correspondiente modificación de la normativa legal vinculada con la interpretación vinculante establecida en la presente decisión[206], en orden a establecer una regulación legal congruente con los principios constitucionales y derivada de la interpretación efectuada por esta Sala en ejercicio de sus competencias." Es decir, la Sala conminó al legislador a legislar en contra de la Constitución de 1999, y conforme a una ilegítima modificación constitucional de la misma impuesta por la propia Sala. Ello provocó, como antes se indicó, que después del triunfo electoral de la oposición en Estados y Municipios claves, desplazando los Gobernadores oficialistas en las elecciones de diciembre de 2008, la Asamblea Nacional muy diligentemente reformara en marzo de 2009, entre otras, la Ley Orgánica de Descentralización, Delimitación y Transferencia de Competencias del Poder Público,[207] a los efectos de eliminar las competencias exclusivas de los Estrados establecidas en los ordinales 3 y 5 del artículo 11 de dicha Ley, agregando dos nuevas normas en dicha Ley en las cuales se dispone que "el Poder Público Nacional por órgano del Ejecutivo Nacional, podrá revertir por razones estratégicas, de mérito, oportunidad o conveniencia, la transferencia de las competencias concedidas a los estados, para la conservación, administración y aprovechamiento de los bienes o servicios considerados de interés público general,

206 De ello resultaba según la sentencia: "la necesaria revisión general de la Ley Orgánica de Descentralización, Delimitación y Transferencia de Competencias del Poder Público, Ley General de Puertos y la Ley de Aeronáutica Civil, sin perjuicio de la necesaria consideración de otros textos legales para adecuar su contenido a la vigente interpretación," lo que efectivamente se hizo meses después.

207 *Gaceta Oficial* N° 39.140 del 17 de marzo de 2009.

conforme con lo previsto en el ordenamiento jurídico y al instrumento que dio origen a la transferencia" (Art. 8); y que "El Ejecutivo Nacional, por órgano del Presidente o Presidenta de la República en Consejo de Ministros, podrá decretar la intervención conforme al ordenamiento jurídico, de bienes y prestaciones de servicios públicos transferidos para su conservación, administración y aprovechamiento, a fin de asegurar a los usuarios, usuarias, consumidores y consumidoras un servicio de calidad en condiciones idóneas y de respeto de los derechos constitucionales, fundamentales para la satisfacción de necesidades públicas de alcance e influencia en diversos aspectos de la sociedad" (Art. 9). Con ello se completó el fraude constitucional dispuesto por la Sala Constitucional, trastocándose el régimen federal.

V. LA ELIMINANCIÓN DE LA PROHIBICIÓN CONSTITUCIONAL DE FINANCIAMIENTO PÚBLICO A LAS ACTIVIDADES DE LOS PARTIDOS POLÍTICOS

El artículo 67 de la Constitución de 1999 expresamente prohibió "el financiamiento de las asociaciones con fines políticos con fondos provenientes del Estado", al establecer enfáticamente que el mismo "no se permitirá",[208] cambiando así, radicalmente, el régimen de financiamiento público a los partidos políticos que se había previsto en el artículo 230 de la Ley Orgánica del Sufragio y Participación Política de 1998. En dicha Ley se había buscado establecer un mayor equilibrio y equidad para la participación de los partidos en la vida democrática y en especial en las campañas electorales, tratando de mitigar los desequilibrios y perversiones que podían producirse con el solo financiamiento privado a los partidos, con el riesgo de presencia de "narcofinanciamiento" por ejemplo, y el eventual financiamiento

---

208 Véase sobre la versión inicial de esta norma y sobre nuestra propuesta para su redacción en Allan R. Brewer-Carías *Debate Constituyente (Aportes a la Asamblea Nacional Constituyente),* Tomo II (9 septiembre-17 octubre 1999). Fundación de Derecho Público-Editorial Jurídica Venezolana. Caracas, 1999, p. 129.

público indirecto, irregular y corrupto, sólo para los partidos de gobierno,[209] que en un sistema donde no existe control fiscal ni parlamentario del ejercicio del poder, puede magnificarse. Con la prohibición constitucional, al derogarse este artículo de la Ley Orgánica, quedó derogado con el régimen de financiamiento público a los partidos políticos, abandonándose la tendencia inversa que predomina en el derecho comparado. A pesar de lo absurdo de la prohibición constitucional, contraria a la tendencia universal en la materia de financiamiento a los partidos políticos, el constituyente de 1999 estableció esa prohibición como parte del espíritu anti-partidos que signó la aprobación de la Constitución.

Esta prohibición constitucional fue otro de los temas a los que se refirió la propuesta de reforma constitucional de 2007, con la cual expresamente se buscó modificar la mencionada prohibición constitucional del artículo 67, previéndose en la norma, al contrario, que "el Estado podrá financiar las actividades electorales", pero sin indicarse si se trata de un financiamiento a los partidos políticos en general. Como es sabido, la antes mencionada propuesta de Reforma Constitucional de 2007, fue rechazada por voluntad popular expresada abrumadoramente contra su aprobación en el referendo del 2 de diciembre de 2007, con lo que el régimen de financiamiento a los partidos políticos, a su funcionamiento interno y a sus actividades electorales continuó prohibida en la Constitución.

Sin embargo, a pesar de dicha prohibición constitucional y del rechazo popular a modificarla, la Sala Constitucional del Tribunal Supremo de Justicia, actuando como Jurisdicción Constitucional, en sentencia N° 780 de 8 de mayo de 2008 (Exp. N° 06-

209 Véase en general sobre el tema, Allan R. Brewer-Carías, "Consideraciones sobre el financiamiento de los partidos políticos en Venezuela" en *Financiamiento y democratización interna de partidos políticos. Memoria del IV Curso Anual Interamericano de Elecciones,* San José, Costa Rica, 1991, pp. 121 a 139.

0785), mediante una interpretación constitucional vinculante, mutó la Constitución, sustituyéndose a la voluntad popular y al poder constituyente originario, disponiendo que "en lo que respecta al alcance de la prohibición de financiamiento público de asociaciones políticas" contenida en la mencionada norma, la misma:

> "se circunscribe a la imposibilidad de aportar fondos a los gastos corrientes e internos de las distintas formas de asociaciones políticas, pero... dicha limitación, no resulta extensiva a la campaña electoral, como etapa fundamental del proceso electoral".

Es decir, la Sala Constitucional, ante una norma tan clara e igualmente tan criticable como la contenida en el artículo 67 de la Constitución, cuya reforma se había intentado hacer en 2007 pero sin lograrse por ser rechazada por la voluntad popular, en esta sentencia ni más ni menos, se erigió en poder constituyente, sustituyendo al pueblo, y dispuso la reforma de la norma, vía su interpretación, en el mismo sentido que se pretendía en la rechazada reforma constitucional,[210] disponiendo en definitiva, que la prohibición constitucional "no limita que en el marco del proceso electoral y como gasto inherente a una fase esencial del mismo, el Estado destine fondos con el objeto de financiar el desarrollo de las campañas electorales, de los partidos y asociaciones políticas," es decir, lo contrario de lo que dispone la Constitución.

Es evidente que siendo el financiamiento de las campañas electorales la motivación fundamental del financiamiento de los partidos políticos, pues los mismos tienen por objeto conducir a la ciudadanía en las opciones democráticas que necesariamente desembocan en elecciones, la Ley Orgánica del Sufragio y participación Política había dispuesto el financiamiento de los paridos

---

210 Véanse los comentarios en Allan R. Brewer-Carías, "El juez constitucional como Poder Constituyente: El caso del financiamiento de las campañas electorales de los partidos políticos en Venezuela," en *Revista de Derecho Público*, N° 117, enero-marzo 2009, Editorial Jurídica Venezolana, Caracas 2009, pp. 195-204.

políticos; y ello fue lo que sin embargo, se eliminó expresamente en la Constitución de 1999. En la Constitución de 1999, sin embargo, en su clara concepción antipartidos entre otras normas dispuso precisamente la prohibición constitucional del financiamiento público a los partidos políticos (art. 67) lo cual lamentablemente ha provocado la posibilidad no sólo al financiamiento privado ilegítimo (narcotráfico, comisiones de partidos), sino al financiamiento público irregular.[211] Y eso fue precisamente lo que se quiso corregir, de nuevo, con la proyectada Reforma Constitucional de 2007, la cual, sin embargo, fue rechazada por el pueblo.

Pero la Sala Constitucional, sin límite alguno, se sustituyó al pueblo y asumió el rol de poder constituyente originario, disponiendo que lo que la Constitución prohíbe cuando establece en el artículo 67 que no se permite "el financiamiento de las asociaciones con fines políticos con fondos provenientes del Estado", es sólo una prohibición al financiamiento por el Estado de "los gastos corrientes e internos de las distintas formas de asociaciones políticas", pero no de la "campaña electoral, como etapa fundamental del proceso electoral."

Es decir, el Juez Constitucional, simplemente, dispuso que la Constitución no dice lo que dice, sino todo lo contrario; que cuando dice que no se permite "el financiamiento de las asociaciones con fines políticos con fondos provenientes del Estado", no es eso lo que establece, sino lo que prohíbe es solamente "el financiamiento de los gastos corrientes e internos de las asociaciones con fines políticos con fondos provenientes del Estado"; y que los gastos de las campañas electorales de dichas asociaciones

211 Véase en Allan R. Brewer-Carías, "Regulación jurídica de los partidos políticos en Venezuela" en *Estudios sobre el Estado Constitucional (2005-2006)*, Cuadernos de la Cátedra Fundacional Allan R. Brewer-Carías de Derecho Público, Universidad Católica del Táchira, N° 9, Editorial Jurídica Venezolana. Caracas, 2007, pp. 655-686.

con fines políticas, en cambio, si pueden ser financiadas con fondos provenientes del Estado.

Y para llegar a esta conclusión, en una sentencia innecesariamente atiborrada de citas de autores sobre las técnicas de interpretación y la noción de democracia, y sobre las bondades del financiamiento público de las campañas electorales de los partidos políticos, concluyó en la mencionada distinción, de que una cosa es que el Estado financie "los gastos corrientes e internos" de los partidos políticos y otra cosa es que financie "sus campañas electorales," deduciendo sin fundamento alguno que lo que la Constitución prohíbe es lo primero y no lo segundo.

Se trata de una conclusión absurda, que contra toda lógica democrática, se deriva de una premisa falsa, y es que en sistemas democráticos supuestamente podría ocurrir que el Estado financie los gastos corrientes e internos de los partidos. Ello no se concibe en las democracias, por lo que no requiere de prohibición alguna. En democracias lo que se financia es el funcionamiento de los partidos pero con miras siempre a las campañas electorales, al punto de que este se suspende si los mismos no llegan a obtener un determinado porcentaje de votación en las elecciones.

Puede ser muy loable la intención del Juez Constitucional de permitir el financiamiento de las campañas electorales de los partidos políticos con fondos provenientes del Estado, pero habiendo sido ello prohibido expresamente por la Constitución[212] (ya que no tiene lógica afirmar que lo que se prohíbe es lo que nunca se ha permitido: el financiamiento de los gastos corrientes e internos de los partidos), sólo reformándola es que se podría lograr lo contrario. Y ello fue lo que en este caso hizo el Juez

212 Por ello fue, incluso, que entre otros aspectos salvamos nuestro voto en relación con dicha norma. Véase Allan R. Brewer-Carías, *Debate Constituyente (Aportes a la Asamblea Nacional Constituyente)*, Tomo III (18 octubre-30 noviembre 1999). Fundación de Derecho Público-Editorial Jurídica Venezolana. Caracas, 1999. pp. 239, 259.

Constitucional en Venezuela: reformar la Constitución, usurpando el poder constituyente originario que es del pueblo e, incluso contra su propia voluntad expresada cinco meses antes al rechazar precisamente esa reforma constitucional en igual sentido, estableció la posibilidad de financiar las campañas electorales de los partidos políticos.

VI. LA ELIMINACIÓN DEL RANGO SUPRACONSTITUCIONAL DE LOS TRATADOS INTERNACIONALES EN MATERIA DE DERECHOS HUMANOS

Siguiendo una tendencia universal contemporánea, que ha permitido a los tribunales constitucionales la aplicación directa de los tratados internacionales en materia de derechos humanos para su protección, ampliando progresivamente el elenco de los mismos, en el propio texto de las Constituciones se ha venido progresivamente reconociendo en forma expresa el rango normativo de los referidos tratados, de manera que en la actualidad pueden distinguirse cuatro rangos diversos reconocidos en el derecho interno, rango supra constitucional, rango constitucional, rango supra legal o rango legal.[213]

En el caso de la Constitución venezolana de 1999, el artículo 23 dispuso expresamente lo siguiente:

---

213 En relación con esta clasificación general, véase: Rodolfo E. Piza R., *Derecho internacional de los derechos humanos: La Convención Americana*, San José 1989; y Carlos Ayala Corao, "La jerarquía de los instrumentos internacionales sobre derechos humanos", en *El nuevo derecho constitucional latinoamericano*, IV Congreso venezolano de Derecho constitucional, Vol. II, Caracas 1996 y *La jerarquía constitucional de los tratados sobre derechos humanos y sus consecuencias*, México, 2003; Humberto Henderson, "Los tratados internacionales de derechos humanos en el orden interno: la importancia del principio *pro homine*", en *Revista IIDH*, Instituto Interamericano de Derechos Humanos, N° 39, San José 2004, pp. 71 y ss. Véase también, Allan R. Brewer-Carías, *Mecanismos nacionales de protección de los derechos humanos*, Instituto Internacional de Derechos Humanos, San José, 2004, pp. 62 y ss.

> *"Artículo 23.* Los tratados, pactos y convenciones relativos a derechos humanos, suscritos y ratificados por Venezuela, tienen jerarquía constitucional y prevalecen en el orden interno, en la medida en que contengan normas sobre su goce y ejercicio más favorables a las establecidas en esta Constitución y en las leyes de la República, y son de aplicación inmediata y directa por los tribunales y demás órganos del Poder Público".

Esta norma, sin duda, es uno de las más importantes en materia de derechos humanos en el país, única en su concepción en América Latina, pues por una parte, le otorga a los tratados internacionales en materia de derechos humanos no sólo rango constitucional, sino rango *supra constitucional,* es decir, un rango superior respecto de las propias normas constitucionales, los cuales deben prevalecer sobre las mismas en caso de regulaciones más favorables a su ejercicio. Además, por otra parte, el artículo establece el principio de la aplicación inmediata y directa de dichos tratados por los tribunales y demás autoridades del país. Su inclusión en la Constitución, sin duda, fue un avance significativo en la construcción del esquema de protección de los derechos humanos, que se aplicó por los tribunales declarando la prevalencia de las normas de Convención Americana de Derechos Humanos en relación con normas constitucionales y legales. Fue el caso, por ejemplo, del derecho a la revisión judicial de sentencias, a la apelación o derecho a la segunda instancia que en materia contencioso administrativa se excluía en la derogada Ley Orgánica de la Corte Suprema de Justicia de 1976,[214] respecto de la impugnación de actos administrativos ante la Jurisdicción contencioso administrativa emanados de institutos autónomos o Administraciones independientes'. La Constitución de 1999 solo reguló como derecho constitucional el derecho de apelación en materia de juicios penales a favor de la persona declarada culpable (Art. 40,1); por lo que en el mencionado caso de juicios con-

---

214 Véase los comentarios en Allan R. Brewer-Carías y Josefina Calcaño de Temeltas, *Ley Orgánica de la Corte Suprema de Justicia,* Editorial Jurídica Venezolana, Caracas 1978.

tencioso administrativos, no existía una garantía constitucional expresa a la apelación, habiendo sido siempre declarada inadmisible la apelación contra las decisiones de única instancia de la Corte Primera de lo Contencioso. La aplicación del artículo 23 de la Constitución llevó finalmente a la Sala Constitucional del Tribunal Supremo, a resolver en 2000 la aplicación prevalente de la Convención Interamericana de Derechos Humanos, considerando:

> "que el artículo 8, numerales 1 y 2 (literal h), de la Convención Americana sobre Derechos Humanos, forma parte del ordenamiento constitucional de Venezuela; que las disposiciones que contiene, declaratorias del derecho a recurrir del fallo, son más favorables, en lo que concierne al goce y ejercicio del citado derecho, que la prevista en el artículo 49, numeral 1, de dicha Constitución; y que son de aplicación inmediata y directa por los tribunales y demás órganos del Poder Público."[215]

---

215 Sentencia N° 87 del 13 de marzo de 2000, Caso: *C.A. Electricidad del Centro (Elecentro) y otra vs. Superintendencia para la Promoción y Protección de la Libre Competencia. (Procompetencia*), en *Revista de Derecho Público*, N° 81, Editorial Jurídica Venezolana, Caracas 2000, pp. 157. La Sala Constitucional incluso resolvió el caso estableciendo una interpretación obligatoria, que exigía la re-redacción de la Ley Orgánica, disponiendo lo siguiente: "En consecuencia, visto que el último aparte, primer párrafo, del artículo 185 de la Ley Orgánica de la Corte Suprema de Justicia, dispone lo siguiente: "Contra las decisiones que dicto dicho Tribunal en los asuntos señalados en los ordinales 1 al 4 de este artículo no se oirá recurso alguno"; visto que la citada disposición es incompatible con las contenidas en el artículo 8, numerales 1 y 2 (literal h), de la Convención Americana sobre Derechos Humanos, las cuales están provistas de jerarquía constitucional y son de aplicación preferente; visto que el segundo aparte del artículo 334 de la Constitución de la República establece lo siguiente: "En caso de incompatibilidad entre esta Constitución y una ley u otra norma jurídica, se aplicarán las disposiciones constitucionales, correspondiendo a los tribunales en cualquier causa, aun de oficio, decidir lo conducente", ésta Sala acuerda dejar sin aplicación la disposición transcrita, contenida en el último aparte, primer párrafo, del artículo 185 de la Ley Orgánica en referencia, debiendo aplicarse en su lugar, en el caso de la sentencia que se pronuncie, de ser el caso, sobre el recurso contencioso administrativo de anulación interpuesto por la parte actora ante la Corte

Sin embargo, en sentencia N° 1.939 de 18 de diciembre de 2008 (Caso: *Gustavo Álvarez Arias y otros*) la Sala Constitucional al declarar inejecutable una sentencia de la Corte Interamericana de Derechos Humanos, de fecha 5 de agosto de 2008, dictada en el caso de los ex-magistrados de la Corte Primera de lo Contencioso Administrativo (*Apitz Barbera y otros ("Corte Primera de lo Contencioso Administrativo") vs. Venezuela*), ha resuelto definitivamente que:

> "el citado artículo 23 de la Constitución no otorga a los tratados internacionales sobre derechos humanos rango "supraconstitucional", por lo que, en caso de antinomia o contradicción entre una disposición de la Carta Fundamental y una norma de un pacto internacional, correspondería al Poder Judicial determinar cuál sería la aplicable, tomando en consideración tanto lo dispuesto en la citada norma como en la jurisprudencia de esta Sala Constitucional del Tribunal Supremo de Justicia, atendiendo al contenido de los artículos 7, 266.6, 334, 335, 336.11 eiusdem y el fallo número 1077/2000 de esta Sala."

A los efectos de fundamentar su decisión, y rechazar la existencia de valores superiores no moldeables por el proyecto político autoritario, la Sala aclaró los siguientes conceptos:

> "Sobre este tema, la sentencia de esta Sala Nº 1309/2001, entre otras, aclara que el derecho es una teoría normativa puesta al servicio de la política que subyace tras el proyecto axiológico de la Constitución y que la interpretación debe comprometerse, si se quiere mantener la supremacía de la Carta Fundamental cuando se ejerce la jurisdicción constitucional atribuida a los jueces, con la mejor teoría política que subyace tras el sistema que se interpreta o se integra y con la moralidad institucional que le sirve de base axiológica (*interpretatio favor Constitutione*). Agrega el

---

Primera de lo Contencioso Administrativo (expediente N° 99-22167), la disposición prevista en el último aparte, segundo párrafo, del artículo 185 *eiusdem*, y la cual es del tenor siguiente: 'Contra las sentencias definitivas que dicte el mismo Tribunal ... podrá interponerse apelación dentro del término de cinco días, ante la Corte Suprema de Justicia (*rectius:* Tribunal Supremo de Justicia)'. Así se decide." *Idem* p. 158.

fallo citado: "en este orden de ideas, los estándares para dirimir el conflicto entre los principios y las normas deben ser compatibles con el proyecto político de la Constitución (Estado Democrático y Social de Derecho y de Justicia) y no deben afectar la vigencia de dicho proyecto con elecciones interpretativas ideológicas que privilegien los derechos individuales a ultranza o que acojan la primacía del orden jurídico internacional sobre el derecho nacional en detrimento de la soberanía del Estado".

Concluye la sentencia que: "no puede ponerse un sistema de principios supuestamente absoluto y suprahistórico por encima de la Constitución" y que son inaceptables las teorías que pretenden limitar "so pretexto de valideces universales, la soberanía y la autodeterminación nacional".

En el mismo sentido, la sentencia de esta Sala N° 1265/2008 estableció que en caso de evidenciarse una contradicción entre la Constitución y una convención o tratado internacional, "deben prevalecer las normas constitucionales que privilegien el interés general y el bien común, debiendo aplicarse las disposiciones que privilegien los intereses colectivos...(...) sobre los intereses particulares..." [216]

En esta forma, la Sala Constitucional en Venezuela ha dispuesto una ilegítima mutación constitucional, reformando el artículo 23 de la Constitución al eliminar el carácter supranacional de la Convención Americana de Derechos Humanos en los casos en los cuales contenga previsiones más favorables al goce y ejercicio de derechos humanos respecto de las que están previstas en la propia Constitución.[217]

---

216 Véase en http://www.tsj.gov.ve/decisiones/scon/Diciembre/1939-181208-2008-08-1572.html

217 Véase los comentarios en Allan R. Brewer-Carías, "El juez constitucional vs. La justicia internacional en materia de derechos humanos,"en *Revista de Derecho Público*, N° 116, (julio-septiembre 2008), Editorial Jurídica Venezolana, Caracas 2008, pp. 249 ss; y en "La ilegitima mutación de la Constitución por el juez constitucional mediante la eliminación del rango supra constitucional de los tratados internacionales sobre derechos humanos, y el desconocimiento en Venezuela de las sentencias de la Corte Interamericana de Derechos Humanos", trabajo enviado para ser publicado

Debe advertirse, por otra parte, que tan se trata de una reforma constitucional ilegítima, que esa fue una de las propuestas de reforma que se formularon por el "Consejo Presidencial para la Reforma de la Constitución," designado por el Presidente de la República,[218] en informe de junio de 2007,[219] en el cual, en relación con el artículo 23 de la Constitución, lo que se buscaba era eliminar totalmente la jerarquía constitucional de las previsiones de los tratados internacionales de derechos humanos y su prevalencia sobre el orden interno, proponiéndose la formulación de la norma sólo en el sentido de que: "los tratados, pactos y convenciones relativos a derechos humanos, suscritos y ratificados por Venezuela, mientras se mantenga vigentes, forma parte del orden interno, y son de aplicación inmediata y directa por los órganos del Poder Público".

Esa propuesta de reforma constitucional que afortunadamente no llegó a cristalizar, era un duro golpe al principio de la progresividad en la protección de los derechos que se recoge en el artículo 19 de la Constitución, que no permite regresiones en la protección de los mismos.[220] Sin embargo, lo que no pudo hacer el régimen autoritario mediante una reforma constitucional, la cual al final fue rechazada por el pueblo, lo hizo la Sala Consti-

---

en el *Libro Homenaje al Capítulo Venezolano de la Asociación Mundial de Jóvenes Juristas y Estudiantes de Derecho*, Caracas 2009 (en prensa).

218 Véase Decreto Nº 5138 de 17-01-2007, *Gaceta Oficial* Nº 38.607 de 18-01-2007

219 El documento circuló en junio de 2007 con el título Consejo Presidencial para la Reforma de la Constitución de la República Bolivariana de Venezuela, "Modificaciones propuestas". El texto completo fue publicado como *Proyecto de Reforma Constitucional. Versión atribuida al Consejo Presidencial para la reforma de la Constitución de la república Bolivariana de Venezuela*, Editorial Atenea, Caracas 01 de julio de 2007, 146 pp.

220 Véase esta proyectada reforma constitucional Allan R. Brewer-Carías, *Hacia la consolidación de un Estado Socialista, Centralizado, Policial y Militarista. Comentarios sobre el sentido y alcance de las propuestas de reforma constitucional 2007,* Colección Textos Legislativos, Nº 42, Editorial Jurídica Venezolana, Caracas 2007, pp. 122 ss.

tucional del Tribunal Supremo en su larga carrera al servicio del autoritarismo.[221]

VII. LA ELIMINACIÓN DE LA POTESTAD DE LOS JUECES PARA APLICABILIDAD INMEDIATA DE LOS TRATADOS INTERNACIONALES EN MATERIA DE DERECHOS HUMANOS

En materia de derechos humanos, el artículo 23 de la Constitución no sólo otorga rango supraconstitucional a las normas de los tratados, pactos y convenciones internacionales relativos a derechos humanos suscritos y ratificados por Venezuela, "en la medida en que contengan normas sobre su goce y ejercicio más favorables a las establecidas en esta Constitución y en las leyes de la República", lo que como antes se ha visto ya ha sido mutado ilegítimamente; sino que declara además expresamente que los mismos son "de aplicación inmediata y directa por los tribunales y demás órganos del Poder Público" (Art. 23).

Sobre esta norma, la Sala Constitucional del Tribunal Supremo, al reivindicar un carácter de máximo y último intérprete de la Constitución y de los tratados, pactos y convenios sobre derechos humanos que no tiene, pues todas las Salas del Tribunal Supremo lo tienen, ha establecido en sentencia N° 1492 de 15 de julio de 2003 (Caso: *Impugnación de diversos artículos del Código Penal*), que por adquirir los mencionados tratados jerarquía constitucional e integrarse a la Constitución vigente, "*el único capaz de interpretarlas*, con miras al derecho venezolano, es el juez constitucional, conforme al artículo 335 de la vigente Constitución, en especial, al intérprete nato de la Constitución de 1999, y, que es la Sala Constitucional, y así se declara". De allí la Sala señaló que

---

221 Véase entre otros aspectos, los contenidos en el libro Allan R. Brewer-Carías, *Crónica sobre la "In" Justicia Constitucional. La Sala Constitucional y el autoritarismo en Venezuela*, Colección Instituto de Derecho Público N° 2, Universidad Central de Venezuela, Caracas 2007.

"es la Sala Constitucional quien determina cuáles normas sobre derechos humanos de esos tratados, pactos y convenios, prevalecen en el orden interno; al igual que cuáles derechos humanos no contemplados en los citados instrumentos internacionales tienen vigencia en Venezuela"[222].

Con esta decisión inconstitucional, la Sala Constitucional ha mutado ilegítimamente la Constitución, pues conforme a la norma de su artículo 23, esa potestad no sólo corresponde a la Sala Constitucional, sino a todos los tribunales de la República cuando actúen como juez constitucional, por ejemplo, al ejercer el control difuso de la constitucionalidad de las leyes o al conocer de acciones de amparo. La pretensión de la Sala Constitucional en concentrar toda la justicia constitucional no se ajusta a la Constitución y al sistema de justicia constitucional que regula, de carácter mixto e integral; y menos aún en materia de derechos humanos, cundo es la propia Constitución la que dispone que los tratados, pactos e instrumentos internacionales sobre derechos humanos ratificados por la República son "de aplicación inmediata y directa por los tribunales" (art. 23).

VIII. LA NEGACIÓN DEL DERECHO CIUDADANO A LA PROTECCIÓN INTERNACIONAL DE LOS DERECHOS HUMANOS Y LA "INEJECUTABILIDAD" DE LAS SENTENCIAS DE LA CORTE INTERAMERICANA DE DERECHOS HUMANOS

Pero además del desconocimiento del rango supra constitucional de la Convención Americana de Derechos Humanos, la Sala Constitucional en la sentencia indicada N° 1.939 de 18 de diciembre de 2008, que se identifica como Caso *Gustavo Álvarez Arias y otros*, cuando en realidad es el Caso: *Estado venezolano vs. La Corte Interamericana de Derechos Humanos*, ha desconocido las decisiones de la Corte Interamericana de Derechos

---

222 Véase en *Revista de Derecho Público*, N° 93-96, Editorial Jurídica Venezolana, Caracas 2003, pp. 135 ss.

Humanos, declarándolas inejecutables, contrariando el régimen internacional de los tratados.

Con dicha sentencia, dictada en juicio iniciado por la Procuraduría General de la República que es un órgano dependiente del Ejecutivo Nacional, la sala Constitucional declaró "inejecutable" en Venezuela la sentencia de la Corte Interamericana de Derechos Humanos de fecha 5 de agosto de 2008," dictada en el caso de los ex-magistrados de la Corte Primera de lo Contencioso Administrativo (*Apitz Barbera y otros ("Corte Primera de lo Contencioso Administrativo") vs. Venezuela*). En dicha sentencia, la Corte Interamericana en demanda contra el Estado formulada por la Comisión Interamericana de derechos Humanos a petición de dichos ex magistrados de la Corte Primera de lo Contencioso Administrativo, decidió que el Estado Venezolano les había violado las garantías judiciales establecidas en la Convención Americana al haberlos destituido de sus cargos, condenando al Estado a pagar las compensaciones prescritas, a reincorporarlos en sus cargos o en cargos similares, y a publicar el fallo en la prensa venezolana.[223]

Ahora bien, aparte de que el caso de la Convención Americana de Derechos Humanos una vez que los Estados Partes han reconocido la jurisdicción de la Corte Interamericana de Derechos Humanos, conforme al artículo 68.1 de la Convención, los mismos "se comprometen a cumplir la decisión de la Corte en todo caso en que sean partes;"[224] es la propia Constitución la que

223 Véase en www.corteidh.or.cr . Excepción Preliminar, Fondo, Reparaciones y Costas, Serie C N° 182.

224 Como lo señaló la Corte Interamericana de Derechos Humanos en la decisión del Caso *Castillo Petruzzi*, sobre "Cumplimiento de sentencia" del 7 de noviembre de 1999 (Serie C, N° 59), "Las obligaciones convencionales de los Estados parte vinculan a todos los poderes y órganos del Estado," (par. 3) agregando "Que esta obligación corresponde a un principio básico del derecho de la responsabilidad internacional del Estado, respaldado por la jurisprudencia internacional, según el cual los Estados deben cumplir sus obligaciones convencionales de buena fe (*pacta sunt servanda*) y, co-

ha garantizado expresamente en Venezuela el acceso de las personas a la protección internacional en materia de derechos humanos, con la obligación del Estado de ejecutar las decisiones de los órganos internacionales. A tal efecto el artículo 31 de de la Constitución dispone:

> "*Artículo 31.* Toda persona tiene derecho, en los términos establecidos por los tratados, pactos y convenciones sobre derechos humanos ratificados por la República, a dirigir peticiones o quejas ante los órganos internacionales creados para tales fines, con el objeto de solicitar el amparo a sus derechos humanos.
>
> El Estado adoptará, conforme a procedimientos establecidos en esta Constitución y en la ley, las medidas que sean necesarias para dar cumplimiento a las decisiones emanadas de los órganos internacionales previstos en este artículo.

No han faltado Estados, sin embargo, que se hayan rebelado contra las decisiones de la Corte Interamericana y hayan pretendido eludir su responsabilidad en el cumplimiento de las mismas. La sentencia de la Corte Interamericana en el Caso *Castillo Petruzzi* de 30 de mayo de 1999 (Serie C, núm. 52), es prueba de ello, pues después de que declarar que el Estado peruano había violado en un proceso los artículos 20; 7.5; 9; 8.1; 8.2.b,c,d y f; 8.2.h; 8.5; 25; 7.6; 5; 1.1 y 2,[225] la Sala Plena del Consejo Su-

---

mo ya ha señalado esta Corte, no pueden por razones de orden interno dejar de asumir la responsabilidad internacional ya establecida." (par. 4). Véase en Sergio García Ramírez (Coord.), *La Jurisprudencia de la Corte Interamericana de Derechos Humanos*, Universidad Nacional Autónoma de México, Corte Interamericana de Derechos Humanos, México, 2001, pp. 628-629.

225 Como consecuencia, en la sentencia la Corte Interamericana declaró "la invalidez, por ser incompatible con la Convención, del proceso en contra de los señores Jaime Francisco Sebastián Castillo Petruzzi" y otros, ordenando "que se les garantice un nuevo juicio con la plena observancia del debido proceso legal," y además, "al Estado adoptar las medidas apropiadas para reformar las normas que han sido declaradas violatoria de la Convención Americana sobre Derechos Humanos en la presente sentencia y asegurar el goce de los derechos consagrados en la Convención Ameri-

premo de Justicia Militar del Perú se negó a ejecutar el fallo, considerando que la misma desconocía la Constitución Política del Perú y la sujetaba a "la Convención Americana sobre Derechos Humanos en la interpretación que los jueces de dicha Corte efectúan *ad-libitum* en esa sentencia."[226]

Ahora le ha correspondido a Venezuela seguir los pasos del régimen autoritario del Presidente Fujimori en el Perú, y la Sala Constitucional del Tribunal Supremo también ha declarado en la mencionada decisión N° 1.939 de 18 de diciembre de 2008 (Caso *Abogados Gustavo Álvarez Arias y otros*), como "inejecutable" la sentencia de la Corte Interamericana de Derechos Humanos Primera de 5 de agosto de 2008 en el Caso *Apitz Barbera y otros ("Corte Primera de lo Contencioso Administrativo") vs. Vene-*

---

cana sobre derechos Humanos a todas las personas que se encuentran bajo su jurisdicción, sin excepción alguna." Véase en http://www.tsj.gov.ve/decisiones/scon/Diciembre/1939-181208-2008-08-1572.html

226 Precisamente frente a esta declaratoria por la Sala Plena del Consejo Supremo de Justicia Militar del Perú sobre la inejecutabilidad del fallo de 30 de mayo de 1999 de la Corte Interamericana de Derechos Humanos en el Perú, fue que la misma Corte Interamericana dictó el fallo subsiguiente, antes indicado, de 7 de noviembre de 1999, declarando que "el Estado tiene el deber de dar pronto cumplimiento a la sentencia de 30 de mayo de 1999 dictada por la Corte Interamericana en el Caso *Castillo Petruzzi y otros.*" Sergio García Ramírez (Coord.), *La Jurisprudencia de la Corte Interamericana de Derechos Humanos*, Universidad Nacional Autónoma de México, Corte Interamericana de Derechos Humanos, México, 2001, p. 629 Ello ocurrió durante el régimen autoritario que tuvo el Perú en la época del Presidente Fujimori, y que condujo a que dos meses después de dictarse la sentencia de la Corte Interamericana del 30 de mayo de 1999, el Congreso del Perú aprobase el 8 de julio de 1999 el retiro del reconocimiento de la competencia contenciosa de la Corte, lo que se depositó al día siguiente en la Secretaría General de la OEA/ Este retiro fue declarado inadmisible por la propia Corte Interamericana, en la sentencia del Caso *Ivcher Bronstein* de 24 de septiembre de 1999, considerando que un "Estado parte sólo puede sustraerse a la competencia de la Corte mediante la denuncia del tratado como un todo." *Idem*, pp. 769-771. En todo caso, posteriormente en 2001 Perú derogó la Resolución de julio de 1999, restableciéndose a plenitud la competencia de la Corte interamericana para el Estado.

zuela acusando a la Corte Interamericana de haber usurpado el poder del Tribunal Supremo.[227]

En su decisión, la Sala Constitucional, citando la previa decisión N° 1.942 de 15 de julio de 2003, y considerando que se trataba de una petición de interpretación formulada por la República, precisó que la Corte Interamericana de Derechos Humanos, no podía "pretender excluir o desconocer el ordenamiento constitucional interno," y que había dictado "pautas de carácter obligatorio sobre gobierno y administración del Poder Judicial que son competencia exclusiva y excluyente del Tribunal Supremo de Justicia" y establecido "directrices para el Poder Legislativo, en materia de carrera judicial y responsabilidad de los jueces, violentando la soberanía del Estado venezolano en la organización de los poderes públicos y en la selección de sus funcionarios, lo cual resulta inadmisible." Acusó además, a la Corte Interamericana de haber utilizado su fallo "para intervenir inaceptablemente en el gobierno y administración judicial que corresponde con carácter excluyente al Tribunal Supremo de Justicia," argumentando que con la "sentencia cuestionada" la Corte Interamericana pretendía "desconocer la firmeza de decisiones administrativas y judiciales que han adquirido la fuerza de la cosa juzgada, al ordenar la reincorporación de los jueces destituidos." Para realizar estas afirmaciones, la Sala Constitucional recurrió como precedente para considerar que la sentencia de la Corte Interamericana de Derechos Humanos era inejecutable en Vene-

---

227 El tema, ya lo había adelantado la Sala Constitucional en su conocida sentencia N° 1.942 de 15 de julio de 2003 (Caso: *Impugnación de artículos del Código Penal, Leyes de desacato*) (Véase en *Revista de Derecho Público*, N° 93-96, Editorial Jurídica Venezolana, Caracas 2003, pp. 136 ss.) en la cual al referirse a los Tribunales Internacionales "comenzó declarando en general, que en Venezuela "por encima del Tribunal Supremo de Justicia y a los efectos del artículo 7 constitucional, no existe órgano jurisdiccional alguno, a menos que la Constitución o la ley así lo señale, y que aun en este último supuesto, la decisión que se contradiga con las normas constitucionales venezolanas, carece de aplicación en el país, y así se declara."

zuela, precisamente la decisión antes señalada de 1999 de la Sala Plena del Consejo Supremo de Justicia Militar del Perú, que consideró inejecutable la sentencia de la Corte Interamericana de 30 de mayo de 1999, dictada en el caso: *Castillo Petruzzi y otro.*

Pero no se quedó allí la Sala Constitucional, sino en una evidente usurpación de poderes, ya que las relaciones internacionales es materia exclusiva del Poder Ejecutivo, solicitó instó "al Ejecutivo Nacional proceda a denunciar esta Convención, ante la evidente usurpación de funciones en que ha incurrido la Corte Interamericana de los Derechos Humanos con el fallo objeto de la presente decisión; y el hecho de que tal actuación se fundamenta institucional y competencialmente en el aludido Tratado."

Así concluyó el proceso de desligarse de la Convención Americana sobre Derechos Humanos, y de la jurisdicción de la Corte Interamericana de Derechos Humanos por parte del Estado Venezolano, utilizando para ello a su propio Tribunal Supremo de Justicia.

Debe recordarse en efecto, que en esta materia la Sala Constitucional también ha dispuesto una ilegítima mutación constitucional, reformando el artículo 23 de la Constitución en la forma cómo se pretendía en 2007 en la antes mencionada propuesta del "Consejo Presidencial para la Reforma de la Constitución," designado por el Presidente de la República, al buscar agregar al artículo 23 de la Constitución, también en forma regresiva, que "corresponde a los tribunales de la República conocer de las violaciones sobre las materias reguladas en dichos Tratados", con lo que se buscaba establecer una prohibición constitucional para que la Corte Interamericana de Derechos Humanos pudiera conocer de las violaciones de la Convención Americana de Derechos Humanos. Es decir, con una norma de este tipo, Venezuela hubiera quedado excluida constitucionalmente de la jurisdicción de dicha Corte internacional y del sistema interamericano de protección de los derechos humanos.[228]

En esta materia, también, lo que no pudo hacer el régimen autoritario mediante una reforma constitucional, la cual al final fue rechazada por el pueblo, lo hizo la Sala Constitucional del Tribunal Supremo en su ya larga carrera al servicio del autoritarismo.

IX. LA ILEGÍTIMA MUTACIÓN DE LA CONSTITUCIÓN HECHA POR EL JUEZ CONSTITUCIONAL EN MATERIA DE ANTEJUICIOS DE MÉRITO DE ALTOS FUNCIONARIOS DEL ESTADO

El artículo 266,3 de la Constitución establece un privilegio a favor de altos funcionarios públicos, en el sentido de que para poder ser enjuiciados se requiere que previamente se declare, por el Tribunal Supremo de Justicia, si hay o no méritos para tal enjuiciamiento. Se trata del denominado antejuicio de mérito, siendo atribución del Tribunal Supremo:

> "3. Declarar si hay o no mérito para el enjuiciamiento del Vicepresidente Ejecutivo o Vicepresidenta Ejecutiva, de los o las integrantes de la Asamblea Nacional o del propio Tribunal Supremo de Justicia, de los Ministros o Ministras, del Procurador o Procuradora General, del Fiscal o la Fiscal General, del Contralor o Contralora General de la República, del Defensor o Defensora del Pueblo, los Gobernadores o Gobernadoras, oficiales, generales y almirantes de la Fuerza Armada Nacional y de los jefes o jefas de misiones diplomáticas de la República y, en caso afirmativo, remitir los autos al Fiscal o a la Fiscal General de la República o a quien haga sus veces, si fuere el caso; y si el delito fuere común, continuará conociendo de la causa hasta la sentencia definitiva".

---

228 Véase sobre esta proyectada reforma constitucional Allan R. Brewer-Carías, *Hacia la consolidación de un Estado Socialista, Centralizado, Policial y Militarista. Comentarios sobre el sentido y alcance de las propuestas de reforma constitucional 2007,* Colección Textos Legislativos, N° 42, Editorial Jurídica Venezolana, Caracas 2007, p. 122.

En cuanto a la competencia para conocer de los juicios, la norma, dispone claramente lo que se desprende de su propio texto y del sentido propio de las palabras utilizadas: que en los casos en los cuales el Tribunal Supremo declare que hay méritos para enjuiciar a altos funcionarios indicados (distintos al Presidente de la República), si se trata de delitos comunes es el Tribunal Supremo el que debe conocer de la causa hasta sentencia definitiva; lo que significa que respecto de otros delitos, incluidos los políticos, los autos se deben remitir al Fiscal General de la República para que este siga el proceso ante la jurisdicción ordinaria. Sean cuales fueren las fallas que el interprete le encuentre a esta regulación, eso es lo que dispone la Constitución.

Sin embargo, la Sala Constitucional del Tribunal Supremo de Justicia, en sentencia N° 1684 del 4 de noviembre de 2008 (Caso: *Carlos Eduardo Giménez Colmenárez*, **Expediente** N° 08-1016), ha cambiado la redacción de la norma constitucional, usurpando la voluntad del pueblo al asumir el poder constituyente originario[229] en contravención con las exigencias del propio texto fundamental que expresamente dispone, no sólo los procedimientos que pueden ser seguidos para las reformas constitucionales (Enmienda, Reforma, Asamblea Constituyente) (arts. 340-349), sino la necesaria intervención del pueblo para efectuarla, mediante referendo o mediante la elección de una Asamblea Constituyente.

La Sala Constitucional, en efecto, en dicha sentencia, ha dispuesto que si el Tribunal Supremo declarase que hay méritos para enjuiciar a esos mismos altos funcionarios, en ese caso:

---

229 Véase los comentarios en Allan R. Brewer-Carías, "La ilegítima mutación de la constitución hecha por el juez constitucional en materia de antejuicios de mérito de altos funcionarios del Estado", en *Revista de Derecho Público*, N° 116, (julio-septiembre 2008), Editorial Jurídica Venezolana, Caracas 2008, pp. 261 ss.

"deben remitirse los autos al Fiscal o a la Fiscal General de la República o a quien haga sus veces, si el delito fuere común a los fines contemplados en el Código Orgánico Procesal Penal; y si el delito fuere político, continuará conociendo de la causa el Tribunal Supremo de Justicia en Sala Plena, hasta la sentencia definitiva."

Es decir, la Sala Constitucional reformó completamente la norma, estableciendo una regulación radicalmente distinta, en el sentido de que en casos de delitos comunes, en lugar de ser el Tribunal Supremo el que conozca de la causa hasta sentencia definitiva como lo dice expresamente el artículo 266,3 de la Constitución, sean los tribunales ordinarios los que conozcan de dichas causas; agregando, además, una previsión que no estaba en el texto de la Constitución, y es la relativa a los "delitos políticos", disponiendo una nueva competencia del Tribunal Supremo para conocer de las causas sobre los mismos, que no existe en la Constitución.

Para materializar esta usurpación la Sala Constitucional siguió un camino tortuoso, a través de los siguientes pasos:

Primero, partió de un auto de la Sala Plena del Tribunal Supremo en el cual ésta había renunciado a aplicar la Constitución y, consecuencialmente, declinó en la Sala Constitucional la competencia para conocer, no de un "recurso o acción de interpretación constitucional", sino de una declinatoria de competencia para resolver una colisión de leyes.

Segundo, la Sala Constitucional, al recibir los autos, convirtió de oficio, es decir, sin que nadie se lo hubiese pedido, dicha declinación de competencia en un "recurso o acción de interpretación constitucional," que supuestamente había intentado o interpuesto el propio Tribunal Supremo de Justicia en Sala Plena, para lo cual declaró que el máximo Tribunal de la República, tenía la "legitimación activa" necesaria para intentarlo; y que en virtud de ello, entonces, la Sala Constitucional tenía que resolverlo, cuando la Sala Plena, en realidad, no había intentado "recurso" o "acción" algunos y menos uno de interpretación constitucional, y lo único que había hecho era haber declinado la competencia para conocer de una colisión de leyes en la Sala Constitucional, que era lo que había solicitado la Fiscal General de la República.

En efecto, el origen remoto del proceso fue una solicitud de antejuicio de mérito que formuló la Fiscal General de la República ante la Sala Plena del Tribunal Supremo, contra un Gobernador de uno de los Estados de la Federación (Estado Yaracuy), en la cual se planteó la necesidad de resolver una colisión de leyes que supuestamente existía entre los artículos 5 y 22 de la Ley Orgánica del Tribunal Supremo de Justicia y el artículo 378 del Código Orgánico Procesal Penal a los efectos de determinar el Tribunal que debía conocer el juicio penal contra un Gobernador de un Estado de la República, por la presunta comisión de los delitos de peculado doloso impropio, evasión de procesos licitatorios y concierto con contratista, tipificados en los artículos 52, 58 y 70 de la Ley contra la Corrupción.

En tal sentido, la Ley Orgánica del Tribunal Supremo de Justicia, en su artículo 5,2, siguiendo lo expresado en la Constitución, disponía que si el delito fuere común, el Tribunal Supremo era el que debía continuar conociendo de la causa hasta sentencia definitiva; y el Código Orgánico Procesal Penal, por su parte, establecía en su artículo 378, que "Cuando se trate de los otros altos funcionarios del Estado y se declare que hay lugar al enjuiciamiento, el Tribunal Supremo de Justicia deberá pasar los autos al tribunal ordinario competente si el delito fuere común, y continuará conociendo de la causa hasta sentencia definitiva, cuando se trate de delitos políticos, salvo lo dispuesto en la Constitución de la República respecto del allanamiento de la inmunidad de los miembros de la Asamblea Nacional". Se trataba, por tanto, de una previsión que no se ajustaba a lo dispuesto en la Constitución, por lo que debía considerarse como tácitamente derogada o contraria a la previsión constitucional.

Pero la Sala Plena (es decir, el Tribunal Supremo en pleno), a pesar de constatar esta situación, se declaró incompetente para aplicar la Constitución, lo que fue insólito, y resolvió que existía una colisión normativa entre el Código Orgánico Procesal Penal, por un lado, y la Constitución y la Ley Orgánica del Tribunal Supremo de Justicia, por el otro, que exigía "el examen y análisis de la disposición constitucional y de las disposiciones legales," pero renunciando a hacerlo, indicando:

> "que la Sala Plena sólo tiene competencia para decidir si procede o no la solicitud de antejuicio de mérito. Por consiguiente, no tiene competencia para examinar y analizar los artículos constitucional y legales que regulan la competencia del tribunal que conocerá un eventual juicio penal producto de la declaratoria con lugar del antejuicio de mérito; en casos como el presente, en los cuales se hace imprescindible acudir a la interpretación constitucional para resolver la colisión de normas supra referida; determinándose que tal competencia está atribuida constitucional y legalmente a la Sala Constitucional...."

Para llegar a esta conclusión, la Sala Plena consideró que la Constitución otorgaba a la Sala Constitucional "la competencia exclusiva para conocer de cualquier acción cuya naturaleza sea de orden constitucional," y que "consecuencia de ello, constituye la interpretación que del artículo 266 (numeral 3) de la Constitución de la República Bolivariana de Venezuela debe hacer la Sala Constitucional en relación con los artículos 5 y 22 de la Ley Orgánica del Tribunal Supremo de Justicia y el artículo 378 del Código Orgánico Procesal Penal." Planteado en esa forma, era evidente que la Sala Plena del Tribunal Supremo no tenía competencia para resolver sobre la colisión de leyes, que es una competencia expresa de la Sala Constitucional, por lo que la petición de la Fiscal General condujo a que la Sala Plena, mediante sentencia N° 90 de 22 de julio de 2008, declinara la competencia para conocer de tal colisión de leyes denunciada, en la Sala Constitucional.

Pero en lugar de resolver sobre la colisión de leyes, la Sala Constitucional, estimó de oficio, "de la solicitud planteada," que la misma se traducía "en realidad en una pretensión de interpretación" del contenido del artículo 266,3 de la Constitución, "específicamente en lo concerniente a la determinación del tribunal competente para seguir conociendo de la causa, una vez declarada con lugar la solicitud de antejuicio de mérito presentada en contra de cualquiera de los altos funcionarios públicos;" agregando además, que "la presunta colisión no se limita a las disposiciones aludidas contenidas en dos leyes orgánicas, sino que la antinomia también involucra una norma constitucional cuya redacción coincide con una de las disposiciones legales, es decir, la Ley Orgánica del Tribunal Supremo de Justicia."

De allí, en lugar de resolver la Sala Constitucional que la otra disposición legal (Código Orgánico Procesal Penal) era contraria a la disposición constitucional y a la propia la Ley Orgánica del Tribunal Supremo, por lo que debía considerarse derogada, sin embargo lo que hizo fue decidir que debía resolver la "antinomia entre leyes" pero considerando "imprescindible precisar mediante la interpretación" el adecuado sentido que debe darse al artículo 266.3 de la Constitución vigente, todo de conformidad con lo dispuesto en el artículo 5,52 y primer aparte de la Ley Orgánica del Tribunal Supremo de Justicia que regulan la acción de interpretación constitucional, es decir, como si se tratase de una "acción de interpretación constitucional," la cual sin embargo nadie había intentado. Para ello comenzó analizando los requisitos de admisibilidad de estas acciones, considerando que en este caso, "el recurso fue planteado" (cuando ningún recurso o acción había sido interpuesto) cumpliéndose dichos requisitos, en particular, el referente a la legitimación activa, considerando que la acción "la había interpuesto" el Tribunal Supremo de Justicia, en Sala Plena, como "interesada en la interpretación," ante otra de sus Salas, la Constitucional.

Después de hacer un recorrido histórico sobre la institución del antejuicio de mérito en las Constituciones anteriores, la Sala constató que la Constitución de 1961, que había sido derogada por la Constitución de 1999, en su artículo 215,2 establecía que en el caso de altos funcionarios del Estado, si la Corte Suprema de Justicia declaraba que *había mérito para el enjuiciamiento, debía* "pasar los autos al Tribunal ordinario competente, si el delito fuere común, o continuar conociendo la causa hasta sentencia definitiva, cuando se trate de delitos políticos, *salvo lo dispuesto en el artículo 144 con respecto a los miembros del Congreso*...". (Subrayado de la Sala). Es decir, la Sala constató que la Constitución anterior, que fue derogada por la Constitución de de 1999, sí distinguía entre delitos comunes y delitos políticos para disponer la competencia judicial para la continuación del proceso, lo que expresamente fue "suprimido" de esta última, y con ello se modificó "el criterio para determinar el órgano jurisdiccional competente que deberá continuar conociendo de la causa una vez declarada ha lugar la solicitud de antejuicio de mérito."

Sin atender al hecho de que esa fue precisamente la voluntad del Constituyente al cambiar el régimen, la Sala simplemente expresó que de la nueva norma le llamaba la atención "su inconsistencia con los antecedentes históricos de su creación," entrando en una larga disquisición sobre lo que debe entenderse por "delito común" y por "delito político," la cual concluyó señalando que "delitos comunes" son los "sancionados en la legislación criminal ordinaria," y que pueden lesionar u ofender bienes jurídicos individuales (como los delitos de violación, robo, hurto, lesiones, etc.) o causar daños o afectación de trascendencia social, como los delitos perpetrados contra la cosa o erario público, tipificados, por ejemplo, en la Ley contra la Corrupción; y los "delitos políticos" son aquellos "que atentan contra los poderes públicos y el orden constitucional, concretamente, los delitos de rebelión y sedición, así como también los que atentan contra la seguridad de la Nación, entre ellos la traición y el espionaje."

En cuanto al cambio introducido en el artículo 266,3 de la Constitución, la Sala simplemente concluyó señalando que "a pesar de representar un cambio, no se puede entender como una eliminación absoluta del vocablo, ya que el mismo se encuentra presente de manera tácita en el contenido de la norma, es decir, cuando el delito no sea común este se debe considerar político," lo que por lo demás, nadie duda. Pero de que el cambio en la norma constitucional se estableció, no hay la menor duda, aún cuando la Sala lo haya considerado en cuanto a "determinar el órgano jurisdiccional competente que deberá continuar conociendo de la causa una vez declarada ha lugar la solicitud de antejuicio de mérito" como "una sustancial alteración del espíritu, propósito y razón de la referida norma -en lo que respecta a sus antecedes históricos- ..."

Continuó la Corte considerando que la consecuencia jurídica que presenta la nueva norma constitucional al atribuirle al Tribunal Supremo continuar conociendo de las causas sólo en los casos de delitos comunes, "constituye una situación inconsistente con el criterio que históricamente se ha mantenido en nuestro ordenamiento jurídico sobre la naturaleza del delito común y del delito político y con ello del tribunal competente para conocer de los mismos;" considerando al contrario de lo dispuesto en la norma que:

> "en virtud de la respectiva entidad de los delitos y la distinta afectación del orden social, la competencia para el conocimiento de los delitos comunes debe corresponder a los tribunales ordinarios, mientras que en el caso de los delitos políticos el bien jurídico protegido a través del mismo es el orden jurídico y social del Estado."

Pero esto en realidad no fue así, siendo la voluntad del Constituyente que sólo quedaran en el conocimiento del Tribunal Supremo las causas por delitos comunes. Pero en lugar de respetar lo que decidió el pueblo al sancionar la Constitución, la Sala Constitucional consideró que:

"atribuirle a la Sala Plena de este Máximo Tribunal el conocimiento de las causas instauradas contra los altos funcionarios públicos cuando el delito por ellos presuntamente cometido fuese calificado como "delito común", revela la existencia de un error material del Constituyente de 1999, y con ello una inconsistencia de la norma, es decir, que la solución aportada no responde a las propiedades que tomó en cuenta el mismo Constituyente para establecer el supuesto de hecho de dicha consecuencia jurídica. Siendo así, se está en presencia de un enunciado que presenta una laguna, que a su vez conduce a una solución jurídica ilógica e inaceptable."

En otras palabras, la Sala Constitucional consideró "absurdo" que el Constituyente hubiese dispuesto lo que dispuso: "que solo si el delito es común corresponderá a la Sala Plena el enjuiciamiento de los altos funcionarios comprendidos en el cardinal 3 del artículo 266; mientras que si se tratare de un delito de naturaleza política deberán seguir conociendo del juicio los tribunales ordinarios."

Frente a esta solución constitucional del artículo 266,3 de la Constitución, que la Sala Constitucional consideró como una "solución inconsistente," la misma Sala Constitucional se preguntó en la sentencia si un juez podía "apartarse de la solución que le ha dado el constituyente a un caso;" y si "un juez, a la hora de resolver una controversia, sólo puede aplicar el derecho según el sentido evidente de las expresiones usadas por el 'legislador', sea éste constituyente o constituido;" concluyendo su inquisición con la afirmación de que "si bien los jueces están vinculados al derecho, el propio derecho los habilita para elaborar un juicio en caso de incongruencia, inconsistencia o falta de pertinencia en una norma, y corregir dicha situación;" y, además, de que los jueces tienen potestad "de corregir una falta de previsión normativa o apartarse de la solución dada por el legislador ante su evidente injusticia o incoherencia."

En otras palabras, que existe "la posibilidad de que los jueces, ante la ausencia de norma aplicable, o ante la incoherencia de la solución que una norma contiene, resuelva integrar el derecho en ambos casos;" y que "el juez no está atado de manos frente a una posible incoherencia o inconsistencia por parte del legislador."

En definitiva, la Sala consideró que en el caso había una "laguna axiológica" debido a la inconsistencia del enunciado del artículo 266,3 de la Constitución, en cuyo caso, consideró que "puede darse la posibilidad política y jurídica **de acudir a un texto constitucional derogado** para integrar dicha laguna," resolviendo, entonces que el artículo 266,3 de la Constitución no dice lo que dice sino que dice otra cosa; es decir, que dicha norma, a pesar de que dispone que en caso de declararse que hay méritos para el enjuiciamiento de los altos funcionarios, el Tribunal Supremo debe remitir los autos al Fiscal General de la República, si fuere el caso, "y si el delito fuere común, continuará conociendo de la causa hasta la sentencia definitiva," sin embargo no dispone lo que dispone sino que lo que dice es que en esos supuestos de declararse que hay méritos para el enjuiciamiento de los altos funcionarios, "deben remitirse los autos al Fiscal o a la Fiscal General de la República o a quien haga sus veces, si el delito fuere común a los fines contemplados en el Código Orgánico Procesal Penal; y si el delito fuere político, continuará conociendo de la causa el Tribunal Supremo de Justicia en Sala Plena, hasta la sentencia definitiva."

Y en esa forma, pura y simplemente, "vista la integración de la laguna axiológica de que adolecía la norma constitucional," la Sala declaró "resuelta la interpretación solicitada" modificando o "corrigiendo" ilegítimamente la Constitución.

ÍNDICE GENERAL

PRÓLOGO

CUARTA PARTE:

LA RECHAZADA "REFORMA CONSTITUCIONAL" DE 2007, APROBADA EN FRAUDE A LA CONSTITUCIÓN, Y LA RENUNCIA DEL JUEZ CONSTITUCIONAL A CONTROLAR SU CONSTITUCIONALIDAD 123

QUINTA PARTE:

LOS RECHAZADOS CAMBIOS CONSTITUCIONALES QUE SE HABÍAN PROPUESTO EN 2007 Y SU INCONSTITUCIONAL IMPLEMENTACIÓN 161

www.ingramcontent.com/pod-product-compliance
Ingram Content Group UK Ltd.
Pitfield, Milton Keynes, MK11 3LW, UK
UKHW041857190726
13854UKWH00002B/951